KB168170

—— 켄 피셔 ——
역발상 주식 투자

KENFISHER

BEAT
THE
CROWD

— 켄 피셔 —

역발상 주식 투자

— 켄 피셔·엘리자베스 델린저 지음 | 이건 옮김 —

한국경제신문

솔직하게 고백한다. 나는 또 이렇게 서문을 쓸 생각이 없었다. 이미 오랜 기간 책을 펴냈으므로 독자들에게 더 이상 부담을 주고 싶지 않았다. 그러나 한 권 더 펴내라는 요구가 갑자기 튀어나왔다!

정말이지 이 책은 내가 쓰려고 했던 책이 아니다. 나는 10권으로 만족하고 있었다. 10권은 딱 떨어지는 충분한 숫자이니까. 내가 쓴 새 책이 세상에 또 필요하다고 생각하지도 않았다. 그런데도 아이디어가 떠오르니 어쩌겠는가! 오랜만에 만난 편집자 로라 개츠코 그리고 공저자 엘리자베스 델린저와 대화하던 중 갑자기 아이디어가 줄줄이 떠올랐고 나도 모르게 다시 책을 쓰게 되었다. 11도 재미있는 숫자 아니겠는가?

'역발상'은 1984년에 출판된 책 《슈퍼 스톡스Super Stocks》 이후 내 모든 책에서 일관되게 거론되던 개념이었지만 명확하게 설명한 적은 한 번도 없다. 내게 역발상이란 항상 독자적인 사고방식을 의미했고, 책을 쓸 때마다 역발상 사례를 제시하곤 했다. 그러나 2013년 12월 개츠코, 델린저와 대화하던 바로 그날, 그 빌어먹을 역발상이 도대체 무엇이며 어떻게 실행해야 하는지를 내가 명확히 설명한 적이 없음을 깨달았다. 역발상을 오해해서 잘못 실행하는 사람과 자신도 모르게 역발상을 실행하는 사람도 많을 터이므로 이제는 명확하게 설명할 때가 왔다는 생각이 들었다.

사람들은 '모든 사람'과 반대로 행동하는 것을 역발상이라 생각한다. '모든 사람'의 판단은 대부분 빗나가므로 반대로 하면 틀림없이 성공한다고 믿기 때문이다. 그러나 이런 생각은 맞을 때도 있지만 틀릴 때도 많다. 반대로 행동하는 사람들 역시 사고방식이 군중과 같아서 시장은 '모든 사람'을 우롱하듯 이들도 우롱하기 때문이다. 실제로 시장은 군중과 역발상 투자자가 대결하는 구도가 아니다. 시장은 주류 군중, 그 반대로 행동하는 군중, 독자적으로 생각하는 진정한 역발상 투자자로 구성된다. 진정한 역발상 투자자는 양쪽 군중의 생각을 들여다보고 모든 가감 요소를 저울질한 다음 독자적으로 결론을 내린다.

이 책은 주먹구구식 계산, 대중매체의 과장보도, 금융업계의 그릇된 통념에 염증을 느껴 독자적으로 사고하려는 사람들에게 제공하는 지침서다. 일종의 두뇌훈련 지침서다. 물론 완벽하지는 않다.

그러나 완벽한 지침서는 세상에 존재하지 않는다. 이 책은 내가 자산을 운용하던 지난 40년 동안 실수를 줄여 승률을 높여준 사고방식을 가르쳐줄 뿐이다. 당신도 실수를 줄여 승률을 높일 수 있다!

이 책은 여러 사람의 노력이 낳은 결과물이다. 앞에서 언급한 개츠코가 아이디어 도출을 도와줬고, 초고를 편집해 튤라 바탄키예프에게 넘겨줬다. 바탄키예프는 주디 하우어스 등 팀원과 함께 정규 편집을 맡아줬다. 편집팀은 늘 그랬듯이 근면하고 인내심이 넘쳤다. 이들과 연결해준 탁월한 에이전트 제프 허먼에게도 감사한다. 나와 함께 오래 일한 자드 크리즈, 마이클 올슨, 로렌 셰크먼, 에릭 하거, 나다니엘 비먼도 아이디어를 제공해줬다. 토머스 페레즈는 우리 주제에 완벽하게 들어맞는 멋진 표지를 또 디자인해줬다. 제시카 울프, 찬디프 마단, 샘 올슨, 마이클 레옹, 팀 슐터, 브래드 파일스, 탈리아 호센퍼드는 조사를 도와줬고 자드, 토드 블리먼, 질 히치콕, 저스틴 아버클, 몰리 리네쉬는 초고를 검토해 논리 전개가 일관성을 유지하도록 도와줬다. 토드는 세 가지 일을 맡아줬는데 콘텐츠 전체를 편집하고, (정신적으로 엄청나게 지원해주면서)

델린저의 작업량 대부분을 짊어졌으며, 자신의 일상적인 집필 업무까지 미뤄가면서 이 프로젝트에 시간을 내줬다. 우리 회사의 전도유망한 작가인 크리스토퍼 윙과 에밀리 던바는 교열을 봐줬다. 끝으로 패브 오너니, 데이비드 에컬리, 크리스토퍼 보아즈, 시어도어 길러런드는 홍보와 웹 마케팅을 담당해줬다. 내가 여기에서 미처 언급하지 못한 모든 분들, 나의 아내 셰릴린과 가족에게도 감사하다. 그리고 독자 여러분에게도 감사하다! 우리가 이 책을 쓰면서 즐겼듯이 여러분도 이 책을 즐기기 바란다.

워싱턴 주 카마스에서
켄 피셔

KENFISHER
BEAT
THE
CROWD

차례

서문 004

1장　두뇌 훈련 지침
월스트리트의 역발상 투자자 정의는 모순 __ 016
심술궂은 비주류 군중 __ 018
어디에나 예외는 있다 __ 019
대부분 투자자가 대부분 시점에 대부분 틀리는 이유 __ 021
역발상 투자의 첫 번째 원칙 __ 028
만물을 꿰뚫어보는 시장 __ 031
다른 방향이지, 반대 방향이 아니다 __ 032
올바른 마음자세 __ 033
자신을 억제하라 __ 035

2장　종형 곡선이 들려주는 이야기
달력에 집착하는 월스트리트 __ 041
전문가들의 집단사고 __ 045
역발상 투자자가 전문가들의 예측치를 이용하는 방법 __ 046
대가도 실수할 때가 있다 __ 053
월스트리트를 누르는 법 __ 065

3장 흡혈귀와 종말론자들

대중매체의 관점은 결함투성이다 __ 078

코앞의 흡혈귀 __ 082

쓸모없는 지표 분석 __ 089

신통한 지표 __ 093

전쟁이 미치는 영향 __ 105

소가 되지 말고 역발상 투자자가 되라 __ 112

4장 30개월 안에는 일어나지 않을 사건

베이비붐 세대는 폭탄인가? __ 122

사회보장제도와 노인의료보험제도는? __ 124

젊은 세대가 계속 방황에서 벗어나지 못한다면? __ 129

국가 부채 __ 133

부채 때문에 인플레이션이 치솟는다면? __ 140

미국이 혁신을 중단한다면? __ 141

지구온난화? __ 143

소득 불균형? __ 146

달러가 세계 준비통화의 지위를 상실한다면? __ 150

시장이 아는 것 __ 154

5장 방 안의 코끼리를 바로 보는 법

코끼리는 어떻게 힘을 얻는가? __ 161

아기 코끼리 덤보, 총이익률, 기타 하늘을 나는 코끼리들 __ 163

호재가 악재로 위장할 때 __ 166

수익률 곡선 __ 171

코끼리가 공격할 때 __ 180

비극의 역사 __ 181

교과서가 거짓말할 때 __ 184

코끼리가 될 수 없는 것 __ 190

6장   당신이 혐오할 챕터

우선 편견을 버려라 __ 197

내가 지지하는 후보가 최고일까? __ 199

교착상태라는 마법의 코끼리 __ 203

의회에서 잠자는 법안 __ 213

보이는 것과 보이지 않는 것 __ 221

정치인보다 나쁜 집단 __ 224

다음 위기를 더 심각하게 만든 정부 정책 __ 229

7장   교과서는 치워라

교과서를 내던지지는 마라, 그러나 한계는 알아둬라! __ 239

첫 번째 원칙: PER은 예측력이 없다 __ 243

혁신적인 CAPE 비율도 만능이 아니다 __ 247

소형주가 유리하다? __ 252

환상적인 학문 공식 __ 256

이론과 현실은 다르다 __ 264

그러면 어떻게 배워야 하는가? __ 268

8장   이 책도 버려라!

마일리 사이러스, 저스틴 비버, 팝스타 경제학 __ 275

고전이 된 이유 __ 278

철학과 경제학 개론 __ 287

전설적 투자가로부터 배우는 방법 __ 296

역사를 기억하지 못하는 사람들 __ 310

21세기 고전 __ 317

9장 감정과 편견을 통제하라: 행동재무학

행동재무학의 탄생 __ 324

표류하는 행동재무학 __ 326

학문과 자본주의와 마케팅의 결합 __ 327

행동재무학과 전술적 포지셔닝 __ 330

최근정보편향과 심리 __ 339

행동재무학에서 얻는 전술적 이점 __ 344

종목 선택 __ 350

시장을 떠나야 할 때 __ 358

자제력의 중요성 __ 362

10장 부정적이고 근시안적인 대중매체

뉴스를 이용하는 법 __ 378

대중매체가 항상 놓치는 것 __ 384

우리는 기술을 믿나이다 __ 389

책을 마치며 392

역자 후기 394

주 396

KENFISHER

BEAT THE CROWD

1
장

두뇌 훈련 지침

두뇌 훈련 지침

세상에 자명한 사실은 거의 없다. 그러나 거의 자명한 사실이 하나 있다. 군중의 투자 판단은 적중할 때보다 빗나갈 때가 훨씬 많다는 사실이다. 대부분의 사람들이 이 사실을 받아들인다. 그들은 자신이 실수로 겪었던 고통을 기억한다. 친구, 친척, 이웃, 직장 동료가 시장에서 피투성이가 되었던 모습도 기억한다. 유명한 시장 예측 전문가들이 망신당하는 모습도 지켜봤다. 학계 연구에서도 군중의 투자 판단력이 부족한 것으로 밝혀졌다.

그런데도 사람들은 군중을 따라간다. 따라갈 수밖에 없다! 금융 블로그, 웹사이트, 케이블 TV 출연자들이 집단사고를 우리 두뇌에 끊임없이 주입하기 때문이다. 이런 집단사고에 저항하지 않으면 우리는 반복되는 거짓말을 사실로 받아들이기 쉽고 결국 군중에 휩쓸려 비싸게 사서 싸게 팔게 된다.

그러나 다른 길도 있다. 자신의 두뇌를 훈련해 대중매체, 군중, 친구, 이웃, 금융회사 사람들의 말에 넘어가지 않고 독자적으로 생각하는 것이다. 여기에 방대한 시장 지식, 재무학 학위, 경제학 박사학위, 끝없는 공부가 필요한 것은 아니다. 몇 가지 기본 원칙으로 무장하고 경계심과 독자적 사고 습성을 갖추면 당신도 군중을 이기는 진정한 역발상 투자자가 될 수 있다.

요기 베라^{Yogi Berra}는 말했다. "야구는 정신력이 90퍼센트이고, 신체는 나머지 10퍼센트 중에서도 절반에 불과하다." 이 말은 투자에도 적용된다! 두뇌 훈련이 성공의 열쇠라는 말이다. 이 책은 당신의 두뇌를 훈련하는 지침서다. 대중매체의 과장보도로부터 당신의 두뇌를 보호하고 군중보다 한 수 앞서가는 원칙을 이 책에서 배울 것이다.

역발상 투자란 뭘까? 실수를 줄여 승률을 높이는 비결은 무엇인가? 이제부터 답을 찾아보자. 1장에서는 기본부터 시작하기로 한다.

- 역발상 투자에 대한 월스트리트의 정의가 틀린 이유
- 일반 통념이 어리석은 이유
- 진정한 역발상 투자자의 자질

월스트리트의 역발상 투자자 정의는 모순

월스트리트에서는 모든 투자자를 둘로 구분한다. 주가가 상승한다고 생각하는 낙관론자와 주가가 하락한다고 생각하는 비관론자다.

대중이 낙관하면 월스트리트는 누구든 비관하는 사람을 역발상 투자자로 본다. 반면 대중이 비관하면 낙관하는 사람을 역발상 투자자로 본다.

그러나 이는 잘못된 이분법이다. '모든 사람'이 주류 군중이 되어 주가를 한 방향으로 예측하면 '나머지 모두'가 비주류 군중이 되어 주가를 반대 방향으로 예측한다고 보는 방식이다. '나머지 모두'는 종종 자신이 역발상 투자자라고 생각한다. 이들은 '모든 사람'이 군중이고 군중의 판단은 항상 빗나간다고 생각한다. 수많은 학계 연구에서도 대다수 투자자의 판단력은 형편없어서 대개 비싸게 사서 싸게 파는 것으로 밝혀졌다. 이들은 군중과 반대로 하면 틀림없이 싸게 사서 비싸게 팔게 된다고 믿는다.

문제는 '나머지 모두' 역시 '모든 사람'과 마찬가지로 군중처럼 행동한다는 사실이다. 이들의 의견도 진부하기는 마찬가지고 이들의 분석도 주류 군중보다 나을 바가 없다. 단지 주류 군중의 판단에 반대하고 거들먹거리면서 조롱할 뿐이다. 이런 식으로 생각하면서 자신이 역발상 투자자라고 믿는 사람들은 주류 군중과 다를 바 없는 사람들이다. 이들이 얻는 실적도 거의 다르지 않다.

그러나 반가운 소식도 있다. 당신은 진정한 역발상 투자자가 될 수 있다! 군중이 왜 길을 잃는지 알면 더 합리적으로 생각하고 행동하는 것이 어렵지 않다. 완벽해지기는 불가능해도 군중보다 앞서가기는 그다지 어렵지 않다.

심술궂은 비주류 군중

군중은 세상이 아날로그시계와 같다고 생각한다. 주류 군중이 시곗바늘이 1시 방향을 가리킬 것으로 예측하면, 역발상 투자자를 자처하는 비주류 군중은 정반대로 7시 방향을 예측한다. 이들은 반대를 위한 반대를 한다. 주류 군중보다 한 치도 더 깊이 생각하는 법이 없다. 단지 "모두가 유쾌하니, 나는 불쾌하다"라고 본능적으로 심술을 부린다. "모두가 유쾌하지만, 더 유쾌해야 마땅할지도 몰라!" 같은 대안은 생각해내지 못한다. 물리학에서는 모든 작용에 대해 같은 크기의 반작용이 존재하지만 투자에서는 그렇지 않다. 이분법적 사고로 시장을 대하면 큰 실수를 저지를 수 있다.

군중은 주가도 아날로그시계처럼 생각한다. 주류 군중이 주가가 연 10퍼센트 상승한다고 생각하면, 심술궂은 비주류 군중은 주가 하락에 돈을 건다. 정확히 10퍼센트 하락을 주장하는 것은 아니겠지만 아무튼 하락에 돈을 건다. 이들은 성격이 고약할 뿐 정교한 사람들은 아니다. 단지 주류 군중의 반대 방향에 돈을 거는 정도로 충분하다고 생각한다.

연준의 양적 완화(Quantitative Easing, QE)와 같은 조처에 대해서도 이들의 사고방식을 적용해볼 수 있다. 주류 군중은 양적 완화가 주가를 받쳐주므로 호재라고 생각한다. 그러나 자칭 역발상 투자자들은 인플레이션 위험을 불러오므로 악재라고 생각한다. 역시 잘못된 이분법적 사고다. 내 생각은 주류 군중과도 다르고 비주류 군중과도 다르다. 양적 완화는 디플레이션을 불러올 수 있으므로 악재라고 본다. 이 개념을 뒷받침하는 경제이론과 분석은 많지만 주류 군중은 흔한 설명을 받아들인다. 비주류 군중 역시 집단사고에 빠져 정말로 중요한 문제를 간과한 채 아무 생각 없이 주류 군중의 반대 방향을 선택한다(양적 완화는 나중에 더 논의하겠다).

그렇다면 무엇이 문제일까? 시곗바늘이 오로지 두 가지 방향만 가리키는 것은 아니다. 12가지 시간이 있고 그 사이에 60분도 있다. 주류 군중의 예측이 빗나가더라도 비주류 군중 역시 틀릴 확률이 11분의 10이다. 즉 적중 확률이 11분의 1에 불과하다. 시장도 마찬가지다. 모두가 주가 상승률 연 10퍼센트를 예측할 경우 주가가 꼭 하락해야 예측이 빗나가는 건 아니다. 주가가 보합이어도 빗나간다. 주가가 20퍼센트, 30퍼센트 또는 그 이상 상승해도 빗나간다. 10퍼센트 상승을 예측한 사람들은 15퍼센트 정도 상승한 시점에 모두 팔아버릴 것이기 때문이다. 주가 하락에 돈을 건 사람들의 예측은 확실히 빗나간다. 그러나 10퍼센트 상승을 예측했을 경우 30퍼센트 상승해도 포지션을 바로 잡고 너무 서둘러 팔지만 않으면 심각한 실수는 피할 수 있다(2장에서 더 논의하겠다).

어디에나 예외는 있다

시장은 모욕의 달인이다. 시장은 최대한 많은 사람을, 최대한 자주,

최대한 오랫동안 모욕하고 싶어 한다. 그래서 주로 군중을 제물로 삼아 단번에 수많은 사람을 모욕한다! 시장은 주로 군중을 손쉬운 먹잇감으로 삼지만 어떤 사람도 영원히 내버려두는 법이 없다. 진정한 역발상 투자자조차 예외가 없다.

항상 통하는 기법은 없다. 군중의 판단이 빗나간다는 가정도 마찬가지다. 군중의 판단도 간혹 적중한다! 시장은 대개 모든 사람의 예상에서 벗어나지만 항상 벗어나는 것은 아니다. 시장이 늘 군중의 예상에서 벗어난다면 군중은 존재할 수 없다! '추세는 우리 친구'라고 믿는 모멘텀 투자자들은 투자하는 즉시 손실을 본다. 시장은 사람들이 사거나 파는 즉시 모욕하므로 사람들은 자신의 실수를 깨닫게 된다. 그러면 시장은 모욕할 사람이 없어진다. 사람들을 모욕하는 것이 시장의 가장 큰 기쁨인데도 말이다.

군중이 사라지지 않게 하려면 가끔 군중의 판단도 적중시켜 기분 좋게 해줘야 한다. 그래야 군중이 확신을 얻게 되며 자신이 똑똑하다고 착각한다. 이때 시장은 짐짓 모르는 척하다가 군중을 다시 끌어들여 실수를 모르도록 유도하고 적정한 시간이 되면 최대한 고통을 안겨준다(이때 시장은 만화에 등장하는 악당처럼 큰 소리로 웃을지도 모른다). 바로 이런 이유로 "5월에 팔아라." 또는 "9월이 가장 위험하다"와 같은 그릇된 통념이 옳은 말처럼 들리곤 한다. 미신은 틀릴 때가 더 많지만 가끔은 맞는다. 5월, 여름, 9월 수익률이 과거 평균 밑으로 내려가면 미신은 생기를 띤다. 가끔 극적으로 적중하면 미신은 힘을 얻는다.

시장은 일시적으로 군중의 예상을 따르다가 갑자기 군중을 공격한다. 2011년, 사람들은 유로존 위기 탓에 강세장이 끝날 것이라고 믿었다. 세계 주식시장이 깊은 조정을 겪고 있던 10월까지만 해도 사람들의 예상은 놀라울 정도로 적중하는 듯했다. 그러나 주식시장은 반등해 2012년, 2013년, 그 후로도 강세를 이어갔고 그리스의 사상 최대 규모 채무 불이행 위험도 무시한 채 비관론자들을 모욕했다.

악재를 예상했을 때 조정이 오면 군중은 자신들의 예상이 적중했다고 생각한다. 하지만 몇 주간 10~20퍼센트 하락하는 조정은 언제든, 어떤 이유로든, 심지어 아무 이유 없이도 찾아올 수 있다. 그러나 비관론자들은 때맞춰 찾아오는 조정이 자신이 경고했던 악재를 뒷받침한다고 믿는다. 이러한 태도는 확증편향(confirmation bias, 자신의 생각과 일치하는 것만 받아들이는 경향)으로서 위험스럽다. 이렇듯 사람들은 적중과 우연을 구분하지 않는 경향이 있다(9장에서 논의하겠다).

군중의 판단도 적중할 때가 있듯이 진정한 역발상 투자자의 판단도 가끔 빗나갈 때가 있다. 누구나 틀릴 때가 있는 법이다! 우리의 목표는 실수를 줄여 승률을 높이는 것이다.

대부분의 투자자가 대부분 시점에 대부분 틀리는 이유

지식이 부족해서도 아니고 지능이 부족해서도 아니다. 매우 박식하고 똑똑한 사람들도 시장 흐름에 몰두하다 보면 종종 형편없는 판단을 내린다! 대부분 한 가지 단순한 이유 때문이다. 무심코 시장여론에 끌려가는 것이다. 기법이 아무리 세심하고 신중한 사람도 집단사고에 빠질 수 있다. 사람들은 투자를 일종의 학문이나 기술이나 과학처럼 생각하지만 사용하는 기법은 위험스럽게도 일반 통념으로 변질된다. 그래서 다양한 믿음을 바탕으로 호재인지 악재인지를 판단하고 매매 시점을 선택한다.

의사, 변호사, 엔지니어들에게서 흔히 이런 모습이 보인다. 이들에게 문제가 있어서가 아니다. 이들에게는 잘못이 없다! 단지 전문직으로 훈련받는 과정에서 그렇게 되었을 뿐이다. 이들은 전문직을 수행하면서 규정 중심의 기법을 적용해 성과를 거둔다. 그러나 시장에서는 이런 방식이 통하지 않는다. 의사들은 통제실험에서 확인된 과학적 근거가 있어야 치료를 할 수 있다. 이들은 투자에도 같은 기법을 적용하려고 한다. 그래서 성과가 입증된 과거의 기법을 찾는다. 변호사들은 직업상 논리를 중시하므로 시장도 규정, 절차, 단순한 논리를 따를 것으로 기대한다. 엔지니어들도 마찬가지다. 이들이 일상적으로 구축하는 시스템처럼 시장도 합리적인 선형이라고 예상한다.

흔히 규정을 중시하는 투자자들은 이와 비슷한 논리를 사용해 비슷한 결론에 도달한다. 이들은 똑같은 패턴과 똑같은 가정을 사용한다. 결국 이들이 예상한 비슷한 결론은 시장여론으로 변질되며 대부분 매우 합리적인 것처럼 보인다. 그러나 곧 확인하겠지만 시장은 이런 논리를 수용하지 않는다.

학문적 이론과 교과 과정을 통해 규정과 신념을 얻는 사람들도 있다. 이론과 교과 과정은 본질적으로 해롭지 않다. 독자적으로 생각하는 사람에게는 이론과 교과 과정이 유용하다. 그러나 이들은 이론을 교리로 바꾸고 교과 과정을 규정집으로 바꾼다. 이들은 문헌에서 말하는 온갖 호재와 악재가 어디에서나 항상 옳다고 믿는다. 규정집에서 고PER, 고금리가 나쁘다고 말하면 이것들은 정말 나쁜 것이 된다! 원리주의자에게 경전은 진실이다. 그러나 경전을 읽는 사람은 다양하다. 그래서 여론도 다양하다. 여론에 의해 형성된 시장가격은 매우 빠르게 바뀐다. 이렇게 바뀌는 가격이야말로 진정한 역발상 투자자가 알고자 하는 것이다.

격언과 경험법칙을 지침으로 삼는 투자자들도 있다. 이 기법 역시 그럴듯해 보인다. 이 지침에는 세월의 시험을 견뎌낸 지혜가 가득할 테니까! 이런 지혜가 아니라면 지침에 들어가지 못했을 것이다. 그러나 격언과 속담 등 모두가 아는 사실을 바탕으로 판단할수록 독자적으로 생각하기가 어려워지고 진정한 역발상 관점을 유지하기 어려워진다.

이런 지침은 기본적인 논리시험도 거치지 않는다(4장에서 논의하겠다). 또 '반락할 때는 매수(주식이 헐값으로 쏟아질 때 사 모으라는 의미)'라는 친숙한 격언이 들어 있다. 그러나 '손실을 줄여라(주식이 휴지조각이 되기 전에 손실 종목을 팔라는 의미)'라는 조언도 들어 있다. 어떤 페이지에는 '이익은 달리게 하라(주가가 상승하면 계속 보유하라는 의미)'라는 말도 있다. 또 '이익 일부는 챙겨둬라'라는 말도 있다. 어떤 조언을 따라야 할까? 직관적으로는 다 맞는 말 같다. 주식이 달리면 계속 달리게 하고 싶다. 그러나 달리다가 절벽 아래로 떨어질 수도 있다. 조언처럼 이익의 일부는 챙겨두는 게 현명해 보인다. 하지만 지침은 어느 쪽을 선택하라고 알려주지 않는다.

경험법칙이 주가 흐름만 다루는 것은 아니다. 오래된 경험법칙 중 하나는 기업의 발표를 이용해 이익을 보는 비결을 가르쳐준다. 주식을 하는 사람이라면 "소문에 사서 뉴스에 팔아라"라는 말을 들어봤을 것이다. 예들 들면 애플이 매력적인 새 스마트폰을 개발 중이라는 소문이 돈다. 새 스마트폰은 염력(정신력)으로 작동하며, 차고 문을 열어주고, 아이들에게 밥도 먹여주며, 오랫동안 연락이 끊겼던 고모의 연락처도 자동으로 찾아주고, 고모와 통화하는 동안 먼 곳에 있는 행성까지도 찾아준다고 한다. 그러나 이 소문이 사실인지 확인하려고 하면 안 된다! 더 늦기 전에 주식을 사야 한다. 그리고 회사가 신제품을 발표하고 풋내기들이 주식을 사겠다고 몰려들 때는 팔아야 한다. 마치 주가 상승이 불가능한 것처럼, 회사의 성장잠재력이 소진된 것처럼, 이제는 멋진 신제품 개발이 불가능한 것처럼, 회사의 발표 직후에 나온 소문에 따라 무슨 일이라도 벌어질 것처럼 생각하면서 미련 없이 내던져야 한다. 미래 일은 아무도 알 수 없으니까!

이는 사람들이 이미 알고 있으며 똑같이 해석하는 정보를 이용하는 기법이다. 아무리 직관적이고 논리적이라고 해도 이미 모든 사

람이 아는 정보다. 진정한 역발상 투자자는 시장여론과 일반 통념
에 얽매이지 않는다. 활짝 열린 공간이 훨씬 더 짜릿하기 때문이다.

미우나 고우나 대중매체를 이용하라

대중매체는 대중 심리를 반영하는 동시에 대중 심리에 영향도
미친다. 그래서 지난 20년 동안 대중 심리에서 집단사고가 강화
되었다고 나는 생각한다. 오늘날 대중매체는 오래전 존 메이너
드 케인스가 말한 다음과 같은 좌우명을 구현했다. "세속적 지
혜에 의하면, 관례를 거슬러 성공하는 것보다 관례를 따르다 실
패하는 쪽이 평판에 유리하다."

그러나 예전에는 이러지 않았다. 인터넷과 케이블 TV가 등장하
기 전에는 언론인들이 종종 독특한 견해를 제시했다. 주요 뉴스
방송 채널이 3개이고 주요 경제신문이 몇 개 안 되던 시절에는
전문가들이 경쟁하듯 통찰력을 보여줬다. 이들은 획기적인 아
이디어를 제시하고자 했다. 그러나 오늘날은 온종일 방송하는
케이블 TV 채널이 수십 개고, 경제신문 웹사이트도 수십 개며,
블로그는 수없이 많다. 모든 기사와 블로그 게시물에는 누구든
익명으로 댓글을 달 수 있으므로 공개적인 혹평을 할 수도 있다.
주류의 생각과 동떨어진 기사처럼 혹평당하기 쉬운 기사도 없
다. 따라서 글쟁이들은 좌우 극단론자들의 댓글 테러에 위축되

어 메시지를 절제하게 되며 집단사고를 조장하는 매체가 된다. 경쟁 촉진이 항상 좋은 것만은 아니다.

그래도 긍정적인 측면이 있다! 현대 대중매체를 이용하면 대중의 생각과 심리를 매우 쉽게 파악할 수 있다는 점이다. 대중매체는 주로 주류 군중이나 비주류 군중의 생각만을 보도하기 때문이다. 나는 기자들이 양적 완화에 대해 내 의견을 물을 때마다 이 사실을 몸소 경험했다. 당신도 양적 완화에 대해 들어봤을 것이다. 2008년 금융위기 기간에 연준이 도입한 프로그램으로서 유동성을 늘려 장기금리를 낮춤으로써 기업과 개인들의 대출 수요를 촉진하려는 조처였다. 장기간에 걸쳐 연준은 은행들로부터 국채와 정부기관의 주택저당증권을 사들이고 새로 창출한 지급준비금으로 대금을 지불했다. 이렇게 창출된 자금이 2조 달러가 훨씬 넘는다! 이 과정에서 장기금리가 하락했으며 은행들은 새 지급준비금을 담보로 이용해 통화공급을 늘릴 전망이었다.

기자들이 내 의견을 물었을 때 나는 그들이 원치 않는 대답을 해줬다. 주류 군중이나 비주류 군중의 생각과 다른 의견이었기 때문이다. 단기금리가 거의 제로로 고정되어 있을 때 장기금리를 낮추면 수익률 곡선yield curve이 평평해지면서 장기금리와 단기금리의 차이가 축소된다. 그러나 실제로 통화공급이 일어나려면 금리 차이가 확대되어야 한다는 증거가 100여 년 전부터 쌓여왔다. 그 이유는 무엇일까? 은행 대출을 생각해보자. 단기

금리는 은행의 조달 비용이다. 장기금리는 은행의 대출 수익이다. 장기금리와 단기금리의 차이는 은행의 영업이익률에 해당한다.

은행은 자선단체가 아니다. 영리법인이다. 그래서 수익성이 높을수록 대출을 더 많이 해준다. 수익성이 낮으면 은행은 대출을 꺼리고 수수방관한다. 실제로 양적 완화 기간 내내 은행들은 수수방관했다. 오래전부터 군중은 연준 홀로 성장을 떠받쳤다고 생각했다. 그러나 실제로는 연준이 대출을 막아놓은 탓에 대출 성장률이 지난 수십 년 동안 최저를 기록했다. (눈치 챈 사람이 거의 없겠지만) 통화량(M4)도 거의 증가하지 않아 제2차 세계대전 이후 GDP 증가율도 최저였다.

나는 방대한 데이터를 제시하면서 이 사실을 기자들에게 자세히 설명했다. 기자들은 이치에 맞는다고 대답했다. 그러나 신문에는 관련 기사를 싣지 않았다. 모두 한목소리로 양적 완화가 통화확대정책이라고 말하는데 그렇지 않다는 미친 사람의 말을 어떻게 기사로 내보내겠는가? 기자들은 좌우 극단론자들의 혹평을 감당할 수 없다.

주요 대중매체는 양적 완화에 대한 이런 견해를 기사화할 의지도 없었고 능력도 없었다. 전문가, 연준, IMF, 세계은행, 세계 각국의 재무장관과 중앙은행이 한결같이 양적 완화는 경제를 떠받치는 생명줄이므로, 양적 완화를 중단하면 세계 경제가 엄청난 위험에 처한다고 말했다. 제정신인 기자들은 다른 견해를 제시할 수 없었다. 평론가와 블로거들에게 처참하게 물어뜯기고 일자리까지 빼앗길 판이었다.

이런 현실을 알면 진정한 역발상 투자자들은 대중매체를 제대로 파악할 수 있다. 예외는 항상 있는 법이지만, 대중매체에서 대대적으로 보도하는 말은 역발상 투자자의 견해가 아니라고 봐도 무방하다. 보도를 따를 필요가 없다는 말이다. 우리는 스스로 견해를 정립해야 한다.

역발상 투자의 첫 번째 원칙

이제 진정한 역발상 투자의 기본 특성을 설명하겠다. 이 책의 내용을 모두 잊더라도 이것 하나만은 기억하기 바란다. 사람들이 시장에서 어떤 사건이 일어난다고 믿으면 역발상 투자자는 그와 다른 사건이 일어난다고 믿는다.

바로 이 대목에서 비주류 군중이 혼란에 빠진다. 나는 반대 사건이 일어난다고 말하지 않았다. 단지 다른 사건이 일어난다고 말했다. 시장은 군중이 인식하는 정보를 오늘 주가에 모두 반영한다. 모두가 악재를 목격했다면 그것이 실제로 악재이더라도 비관할 필요까지는 없다! 모두가 악재를 보는 순간, 그 악재는 모두 TV와 인터넷으로 퍼져나가면서 주가에 반영되었을 것이기 때문이다. 이런 악재는 전혀 중요하지 않다. 실제로 중요한 것은 우리가 전혀 모르는 악재와 우리 예상보다 나빠지는 악재다.

2007년 말에 그런 악재가 발생했다. 당시 모든 사람이 주택, 비우량 주택담보대출, 주택저당증권이 문제라고 말했다. 그래서 경기가 침체하고 주가가 하락한다고 말했다. 많은 사람이 그렇게 말했고 많은 사람이 그렇게 알고 있었다!

그러나 조용히 다가오는 훨씬 큰 문제를 (나를 포함해서) 아무도 보지 못했다. 그것은 2007년 11월부터 시행되는 시가평가 회계규정(재무회계기준보고서Statement of Financial Accounting Standards 157, '공정가치 측정')이었다. 이 규정이 각국 은행들의 대차대조표에서 2조 달러를 없애버릴 수 있었다. 이제는 모든 금융기관이 대차대조표의 유동자산을 시장가격으로 표시해야 하므로 누군가 주택저당증권을 헐값에 팔면 모두가 타격을 받게 되었다. 그러나 아무도 이 위험을 예상하지 못했다. 모든 미국 은행이 보유 유가증권에서 평가손실을 봐야 하는 상황이었다.

비우량 주택담보대출에서 이미 발생한 문제 탓에 수개월 만에 미국 은행 시스템에서 약 2조 달러가 사라질 판이었다. 그러나 아무도 이 위험을 예상하지 못했다. 유동성을 상실해 공황에 빠진 시장은 베어스턴스Bear Stearns에 대한 자금 지원을 거부했고 6개월 뒤에는 리먼브라더스에 대한 자금 지원도 거부해 결국 5대 투자은행 중 2개가 사라졌다. 그러나 아무도 이 위험을 예상하지 못했다. 연준은 JP모건체이스에 자금을 지원해 베어스턴스를 인수하게 했지만 바클레이스Barclays에는 인수자금을 지원하지 않아 리먼 브라더스를 파산으로 내몰았다. 그러나 아무도 이 위험을 파악하지 못했다. 이 사건이 공황을 유발해 하루 주가 하락률이 8퍼센트에 이르렀으나 아무도 이 위험을 예상하지 못했다. 연준은 위기 상황에서 자신의 역할을 망각했고, 중앙은행들은 위기에 전통적으로 대응하던 조처를 망각했으며 최종대부자로서 전통적인 유동성 확대 조처도 망각했다. 역시 아무도 이 위험을 예상하지 못했다.

만일 2008년 위기가 단지 비우량 주택담보대출과 주택 문제에서 그쳤다면 십중팔구 큼직한 조정으로 위기가 마무리되었을 것이다. 그러나 증권 투매와 상각의 악순환이 이어지다가 2008년 중반에 가서야 엄청난 트라우마가 시작되었다.

나 역시도 실수했으므로 여기서 역발상 투자의 두 번째 원칙이 도출되었다. 역발상 투자자도 간혹 틀린다는 사실이다. 역발상 투자자들도 이를 인정한다. 그러나 항상 적중해야 좋은 실적을 거두는 것은 아니다. 승률이 60~70퍼센트이면 대부분 경쟁자보다 앞서 나갈 수 있다. 이전 책에도 썼지만, 투자에서 승률 70퍼센트를 계속 유지할 수 있으면 살아 있는 전설이 된다(그러나 흡혈귀 같은 비판자들이 등장해 살아 있는 전설을 제거할 수도 있다. 물론 역발상 투자자는 이들의 비난에 개의치 않으며 이미지도 걱정하지 않는다. 당신도 나에 대한 비판을 읽어봤는지 모르겠지만 나는 내 이미지를 걱정하지 않는다. 당신도 걱정할 필요 없다).

만물을 꿰뚫어보는 시장

역발상 투자자들은 움직이지 말아야 할 시점도 알고, 가지 말아야 할 곳도 안다. 어떻게 알까? 시장이 대체로 효율적임을 알기 때문이다. 물론 시장이 모든 시점에 완벽하게 효율적인 것은 아니다. 그렇다면 기회가 아예 존재하지 않을 것이다. 역발상 투자자들은 시장이 단기적으로는 매우 비효율적이라는 사실을 안다. 그러나 장기적으로는 공개 정보가 모두 주가에 반영된다. 투자자들이 공개 정보를 이용해 매매하기 때문이다.

지침, 일반 통념, 시장여론은 모두 공개된 정보다. 사상, 편견, 전문가들의 견해도 마찬가지로 공개 정보다. 시장은 모든 이론, 규정집, 지침서도 속속들이 알고 있다. 시장은 사람들이 세운 원칙, 가정, 온갖 뉴스에 대한 반응도 내다보고 있다. 또한 군중이 스스로 인지하기 전에 그들의 행동까지도 내다본다.

시장은 미신과 기술적 지표도 알고 있다. 다우 이론이 아마도 가장 극단적인 사례일 것이다. 19세기 말에 등장한 다우 이론에 의하면, 다우 운송지수와 산업지수가 함께 신고가를 기록할 때 장기 강세장이 펼쳐진다. 그러나 두 지수가 함께 신저가를 기록하면 장기 약세장이 온다. 양 극단 사이에 무의미한 말도 많이 등장하지만 중요한 것은 양 극단이므로 생략한다. 다우 이론이 옳다면 강세장은 끝없이 이어질 것이다. 강세 신호가 계속 강세 신호를 불러 주가가 계속 상승할 것이기 때문이다. 약세장도 마찬가지다. 그러나 시장은 항상 순환하는 법이다! 시장은 다우 이론의 예상까지도 모두 주가에 반영했으므로, 결국 군중들의 예상과 다른 방향으로 움직일 것이다.

다른 방향이지, 반대 방향이 아니다

군중의 예상이 무엇이든, 장담컨대 시장은 그 예상을 벗어날 것이다. 그러나 시장이 군중의 예상과 반대로 간다는 뜻은 아니다! 앞에서 예로 든 아날로그시계를 다시 생각해보자. 주류 군중이 시곗바늘이 1시 방향을 가리킬 것으로 예측하면, 비주류 군중은 7시 방향을 예측한다. 진정한 역발상 투자자는 시장이 효율적이라는 걸 알기 때문에 십중팔구 11~3시 방향은 아니라고 생각한다. 주류 군중의 예측에 지나치게 가깝다고 보기 때문이다. 이렇게 역발상 투자자는 4가지 가능성을 배제할 수 있다. 그러나 여전히 8가지 가능성이 남아 있다. 예를 들어 주류 군중이 주가상승률 연 10퍼센트를 예상한다면, 진정한 역발상 투자자는 십중팔구 상승률 5~15퍼센트 범위를 배제할 것이다. 그래도 상승률은 매우 높을 수도 있고, 보합일 수도 있으며, 하락할 수도 있다.

시장이 공개정보를 반영하는 방식을 이해하면 가능성 범위를 좁힐 수 있다. 발생할 일을 알 수는 없지만 거의 발생하지 않을 일을 알면 유력한 대안을 숙고해 승률을 높일 수 있다. 가능성 범위를 좁히려고 진정한 역발상 투자자는 주류 군중과 비주류 군중이 무시하는 대안도 조사한다. 아니면 똑같은 대안을 다른 각도에서 바라본다. 이렇게 해서 군중이 놓치는 위험과 기회를 발견한다.

올바른 마음자세

역발상 투자자는 인내심이 있어 장기적으로 생각한다. 단기적 사고에 빠지면 불안해져 잘못된 결정을 내린다. 단지 가장 많이 올랐다는 이유로 인기종목을 마구잡이로 사들이는 사람들이 있다. 강세장 기간에 이들은 따분한 분산투자 대신 화끈한 인기종목에 집중적으로 투자한다. 장기적 사고를 버리고 단기적 사고를 선택하는 것이다. 1999년과 2000년을 돌아보자. 인터넷 관련주가 하늘로 치솟았다. 광섬유는 차세대 대박주였다. 나스닥이 치솟자 모두가 신경제에 올라타고 싶어 했다. 닷컴은 벼락부자가 되는 궁극의 마법처럼 보였다.

이는 지극히 단기적인 사고방식이었지만 바이러스처럼 퍼져나갔다. 10년이나 20년 뒤를 내다보는 사람은 거의 없었다. 매출 없이 엄청난 속도로 자금을 소비하는 기업에 대해서도 1년 뒤의 생존 가능성을 따져보는 사람이 드물었다. 사람들은 오로지 인기주를 원했고 최대한 사 모으려 했다. 그러나 2000년 3월 약세장이 시작되고서야 사람들은 정신을 차렸다.

공포에 휩싸인 사람들도 단기적으로 생각한다. 금융공황의 고통이 극에 달했던 2009년 3월을 돌이켜보자. 사람들은 주식이 실제로 휴지조각이 될 수 있다고 생각했다. 내 말을 못 믿겠다면 구글에서 '주식시장이 완전히 사라질 수 있는가?Can the stock market go to zero?'를 검색해보라. 실제로 사람들이 던진 질문이다. 시장이 폭락하자 사람들은 이런 불안감에 빠졌다.

당신은 십중팔구 "합리적인 반응이 아닌걸"이라고 말할 것이다. 공포도 합리적인 반응이 절대 아니다! 공포에 쌓이면 앞으로도 엄청난 손실이 계속 이어진다고 추정한다. 사람들은 시장이 항상 순환한다는 단순한 진리를 망각하고 있다. 시장은 내릴 때보다 오를 때가 더 많다. 자본주의가 존재하는 한 기업들은 이익을 내고 성장하는 방법을 찾아낸다. 신기술이 충돌해 새로운 이익과 성장의 원천을 가져다줄 것이다. 강심장 역발상 투자자들은 2009년 3월에 그렇게 믿었다.

강심장 역발상 투자자들은 과거의 단기적 시장 흐름도 돌아본다. 강세장 기간에도 하락, 반등, 조정이 일상적으로 나타나므로 이런 흐름에 즉각적으로 반응하면 안 된다는 사실을 안다. 그래서 주식이 하락하면 헐값에 팔지 말고 쪼그리고 앉아 기다려야 한다. 변동성에 일일이 반응하면 비싸게 사서 싸게 파는 꼴이 된다.

사회 정치적 대변동 같은 거대 사건도 마찬가지다. 소규모 접전, 국지전, 혁명, 무력시위 등은 문명이 시작되면서 함께 나타난 현상이다. 사선에 있는 사람들에게는 끔찍한 일이지만 주식시장에서는 대부분 끔찍한 일이 아니다. 시장은 네덜란드에서 튤립 투기가 벌어지기 전부터 물리적 충돌을 다뤘으며, 강세장을 끝낸 것은 제2차 세계대전처럼 세계적이고 심각한 대전뿐이었다. 삶은 항상 계속되며, 이렇게 계속되는 삶이 중요하다.

자신을 억제하라

앞에서도 말했듯이, 역발상 투자자들은 자신이 항상 옳을 수 없다는 사실을 안다. 완벽하기는 불가능하기 때문이다. 노련한 역발상 투자자조차 판단의 30~40퍼센트는 틀린다고 예상해야 한다. 그러나 판단의 3분의 2만 적중해도 무리에서 앞서 나갈 수 있다. 사실은 적중률이 절반만 넘어도 매우 우수한 실력이다. 이미 말했듯이, 장기간 적중률 70퍼센트를 유지하면 살아 있는 전설이 된다. 따라서 당신도 실패율 30퍼센트에 익숙해지는 편이 낫다.

어떻게 하면 적중률이 절반을 넘어갈까? 나는 이미 말해줬다. 시장은 군중이 예상하는 방향으로 가지 않는다! 이 사실을 반드시 기억하라! 이 단순한 원칙을 적용하는 방법은 많다. 이제부터 자세히 설명하겠다. 주목하기 바란다.

BEAT
THE
CROWD

**2
장**

종형 곡선이 들려주는 이야기

새해 첫날만큼 전통과 의식이 많은 날도 드물 것이다. 그동안 가정 불화를 겪었더라도 새해 첫날을 맞이하면서 우리는 즐거운 하루를 보낸다. 샴페인으로 건배도 한다! 노래 〈올드 랭 사인Auld Lang Syne〉을 부르고 새해맞이 결심도 한다. TV 아나운서가 자정을 알리는 카운트다운을 하면 반짝이는 거대한 공이 위에서 떨어진다.

전통의식이 또 있다. 투자 전문가들의 연례 시장 예측이다. 퀴즈 프로에서도 전문가들의 예측을 다룰까? 그럴 일은 절대 없다. 그러나 전문가들의 시장 예측을 이해하면 퀴즈프로에서 버는 것보다 훨씬 더 많은 돈을 벌 수 있다.

전문가들의 예측을 분석하면 역발상 투자의 가장 기본적인 원칙을 개발할 수 있다. 반대로 생각하지 않고 다르게 생각하는 것이다. 월스트리트의 전략가들은 개인 투자자들보다 다루기가 훨씬 쉽다. 2000년, 내가 공동 연구자 마이어 슈태트만Meir Statman과 함께 분석한 논문을 〈파이낸셜애널리스트저널Financial Analysts Journal〉에 실은 적이 있다. 보통 사람들보다 전문가들이 더 많이 틀리고, 주장이 더 강하며, 오류가 더 많다는 내용이다. 대부분 개인 투자자는 고집이 세지 않아 추세가 바뀌면 생각을 바꾼다. 즉 자신의 예측이 틀렸는데도 오랫동안 고집부리는 일은 없다. 처음엔 비관적이었다가도 강세장이 4개월 정도 이어지면 낙관론으로 돌아선다. 반대로 낙관적이었다가도 한 번 크게 하락하면 곧바로 비관론자로 바뀐다. 아마추어들은 대개 자신의 견해를 확신하지 않는다. 마이어와 내가 조사한 바로는 대중매체의 논조가 바뀌면 개인 투자자들의 생각도 바뀐다.

그러나 전문가들은 완고하다. 우리는 다음과 같이 썼다.

— 개인 투자자들과 뉴스레터 작가들의 심리는 시장의 단기 수익률에 따라 바뀐다. 1개월 동안 S&P500 수익률이 높으면 이들은 낙관론자가 된다. 그러나 월스트리트 전략가들의 심리는 수익률의 영향을 거의 받지 않는다. S&P500 수익률과 월스트리트 전략가들의 심리 변화 사이에서는 통계적 유의성이 발견되지 않았다.[1]

전문가들의 심리는 개인 투자자들처럼 쉽게 바뀌지 않는다. 지위가 주는 자신감 때문이다. 이들은 시장의 미래 흐름을 안다고 확신하고 있으므로 기꺼이 인내심을 발휘한다. 평균을 따라가며 조정은 해도 견해는 절대 포기하지 않는다. 그해 예측이 지나치게 비관적이어서 지수보다 너무 낮으면 이들은 다소 상향 조정한다. 시장이 강세로 끝나더라도 바보처럼 보이면 안 되기 때문이다. 2014년, 전문가들은 연간 수익률을 한 자릿수 중반으로 예측했으나 그해 중반쯤 시장수익률이 연간 수익률을 뛰어넘자 예측치를 상향 조정했다. 그러나 이후 시장수익률이 하락하자 이들은 3분기에 또 예측치를 '슬그머니' 조정했다. '모욕의 달인'인 시장이 솜씨를 발휘한 것이다.

월스트리트 전문가들이 더 많이 틀리고, 주장이 더 강하며, 오류가 더 오래간다는 사실을 알고만 있으면 이들을 이용할 수 있다. 1장에서 논의했듯이 비주류 군중은 전문가들이 낙관하면 비관하고, 전문가들이 비관하면 낙관해야 한다고 주장한다. 그러나 이는 지나친 흑백논리다! 투자의 대가들도 많이 틀리지만 예측할 때마다 시장이 반대로 흘러가는 것은 아니다. 전문가들이 어떻게 해서 틀리고 왜 틀리는지 이해하는 작업이 우리의 적중률을 높이는 첫 단계다.

2장에서는 그것들에 대해 다룰 것이다.

- 전문가들이 대부분 시점에서 대부분 틀리는 이유
- 전문가들의 오류를 이용해 시장을 예측하는 방법
- 정밀한 예측이 중요하지 않은 이유

달력에 집착하는 월스트리트

월스트리트는 어리석게도 연간 수익률 예측에 집착한다. 그러나 연간 수익률은 중요하지 않다. 정말이다! 중요한 것은 시장 주기인데, 시장 주기는 달력에 관심이 없다. 강세장이나 약세장이 달력에 따라 움직이는 사례는 거의 없다. S&P500지수 기준으로, 1926년 이후 강세장이 1월에 시작된 사례는 한 건도 없었고, 12월에 끝난 사례도 1957~1961년에 딱 한 번뿐이었다. 만약 시장 주기가 달력과 맞아떨어지는 날이 온다면 최초의 사례가 될 것이다. 그러나 그렇게 맞아떨어지더라도 본질적으로 달라지는 것은 전혀 없다.

그런데도 월스트리트는 연간 수익률에 집착하며, 전문가들은 앞다퉈 연간 수익률 예측치를 발표한다. 대중매체를 통해 사람들의 관심을 끌어모을 수 있기 때문이다(전문가들에게는 항상 좋은 일이다). 달랑 숫자 하나라서 눈에 확 띄며 이해하기도 쉽다. 구체적인 지수 숫자다. 추적해서 평가하기도 쉽고 전문가들이 책임지고 말하는 것처럼 보이기도 한다. 그러나 나중에 성적표를 제출하는 전문가는 거의 없고 성적표를 보려는 사람도 거의 없다.

예측에는 모든 사람이 참여한다. 대형 증권사들은 경제전문가와 대가들을 대거 투입시켜 전담팀을 꾸린다. 대중매체들은 숭배하듯 찾아다니며 펀드매니저들의 예측치를 받아낸다. 지명도 낮은 전문가들은 자신의 분기 보고서에서 예측치를 제시하기도 한다. 블로거와 칼럼니스트들도 예상 지수를 발표한다.

개별 예측치는 일반 투자자에게 그다지 유용하지 않다. 고객들에게도 유용하지 않다. 부차적인 구경거리에 불과하다. 전문가의 예측 실적이 고객의 수익률을 좌우하는 것은 아니다. 실적은 포지션에 따라 결정된다. 실제로 시장수익률이 연 18퍼센트라면 강세장 포지션을 구축했을 때 고객의 수익률이 높아진다. 전문가 예측치가 7퍼센트냐 20퍼센트냐는 중요하지 않다.

전문가들의 예측치를 이용하는 비결은 이들의 예측을 무시하는 것이다. 농담이 아니다. 전문가들의 연간 예측치를 모두 수집하면 월스트리트에서 예상하는 시장의 방향과 강도를 멋지게 파악할 수 있다. 그러면 우리는 시장이 어떤 정보를 반영했는지, 그래서 어떤 방향으로 가지 않을지를 알게 된다.

월스트리트 전문가들만 연간 수익률에 집착하는 것이 아니다. 기업들도 연간 실적에 집착한다. 나의 아버지 필립 피셔Phillip Fisher 는 이런 현실에 대해 항상 불평했다. 아버지는 자신이 증권시장 분석가라기보다는 기업 분석가라고 생각했고, 상장 회사들이 올해나 내년 주당 순이익에 지나치게 집중하면서 항상 연간 실적을 고민한다고 말했다. 비상장 기업이라면 훨씬 더 긴 안목으로 생각할 것이라고도 말했다. 만일 20년 동안 수익률이 매우 높은 투자 기회가 있다면 선지급 비용, 경기 순환, 단기 손실 등은 크게 걱정하지 않을 것이다. 가끔 발생하는 손실까지 반영해서 20년 동안 얻는 총수익에 훨씬 더 많은 관심을 둘 것이다.

기업이 공장 건설을 시작하면 현금이 흘러나간다. 계획, 설계, 건설 과정에서 자본이 지출된다. 기업이 연간 실적에 지나치게 집중하면, 나중에 매출과 이익을 대폭 높여줄 투자조차 할 수 없다.

그렇다면 사람들은 왜 그토록 연간 실적에 집착할까? 이런 습성은 먼 옛날 우리 뇌리에 새겨졌다. 우리의 먹거리는 농업에서 나왔으며, 농업은 달력이 정말로 중요했다. 기후는 계절에 따라 바뀌고, 추수기는 매년 찾아오며, 19세기에는 한 해 실적이 중요했다. 농업, 목축업, 벌목, 제분, 모두 수확기가 1년에 한 번이었다.

시장경제가 시작되던 시점을 돌아보자. 대부분의 미국인들은 농업에 종사했다. 제조업은 비중이 아주 작았고 서비스업은 거의 없었다. 상업과 은행업도 있었지만 지금처럼 거대한 서비스업은 아니었다. 농업이 시대를 지배했고 농업의 사고방식이 대세였다. 그래서 모든 일의 기준은 달력이었다. 우리 생존은 달력에 좌우되었고, 우리 생활의 핵심이 되었다. 여기에 적응하지 못하는 사람들은 후손을 남기지 못했다.

이제 달력에 대한 집착에서 벗어나면 우리는 독자적으로 사고할 수 있다. 연간 실적은 중요하지 않다. 강세장이 2년 가느냐, 10년 가느냐가 중요하다. 각 연도의 실적은 그다지 중요하지 않다. 조정기와 하락기를 포함한 전체 기간의 실적이 평가기준이 되어야 한다. 12개월 대신 14개월 단위로 시장수익률을 측정해도 괜찮다.

전문가들의 집단사고

전문가들에게도 집단사고 경향이 있다. 물론 이들은 극구 부인할 것이다! 이들은 모두 자신의 견해는 독창적이고, 더 참신하며, 더 우수하다고 단언한다. 일부는 틀림없이 그럴 것이다. 그러나 전문가들의 예측치도 무리를 구성하는 경향이 뚜렷하다.

극단치는 항상 존재한다. 실력이든 운이든 정확하게 예측하는 전문가가 해마다 몇 사람은 나온다. 그러나 대부분의 예측치는 매우 좁은 범위에 집중되어 모욕의 달인인 시장의 손쉬운 표적이 된다. 시장은 이런 예측치들을 현재 가격에 반영해 수많은 전문가를 한방에 날려버린다.

전문가들이 의도적으로 비슷한 예측치를 제시하는 것은 아니다. 그러나 이들은 모두 똑같은 정보를 사용하고 비슷한 방식으로 해석한다. 어떤 식으로 부르든 결국 이들도 군중이 되어 시장가격에 반영되므로 역발상 투자자는 이들을 반드시 피해야 한다. 기본 분석가들도 모두 똑같이 연준 정책, 경제의 가감 요소, 금리, 평가 정치에 주목하며 호재와 악재에 대해서도 똑같은 가정을 세운다. 그리고 이들 모두 평균회귀 경향이 있어서 장기 실적을 예측할 때는 강세장과 약세장이 교차한다고 가정한다. 기술적 분석가들도 모두 똑같은 차트, 패턴, 원칙을 사용한다. 나머지 군중 역시 똑같은 공개 정보를 매일 되새긴다. 다우 이론가들은 다우 이론을 따른다. 로버트 실러Robert Shiller를 따르는 사람들은 실러가 창시한 10년

PER(Cyclically Adjusted PER, CAPE)을 똑같이 해석한다.

그 결과 전문가들이 합의한 모든 사항이 가격에 반영된다. 이들이 예상한 사건들이 주가에 영향을 미칠까? 이미 주가에 반영되었다! 보고서와 기사에서 논의된 위험이 주가에 영향을 미칠까? 역시 주가에 반영되었다! 전문가들이 예상하는 대로 시장이 흘러갈 가능성은 지극히 희박하다. 일부 사건이 전문가들의 예상대로 전개되더라도 시장의 반응은 십중팔구 다를 것이다.

역발상 투자자들은 이 사실을 알고 있다. 대부분의 투자자들이 전문가들의 예상을 따른다는 사실도 알고 있다. 대중매체는 전문가들의 예측을 널리 보도해 투자자들의 전망에 영향을 미친다. 투자를 과학처럼 하는 사람들은 비슷한 방법론, 논리, 이론을 쓰는 대가들을 따라간다. 기술적 분석가들은 똑같은 차트 패턴과 원칙을 사용하는 전문가들을 따라간다. 역발상 투자자들은 비주류 군중이 반대 방향으로 간다는 사실도 알고 있다.

역발상 투자자가 전문가들의 예측치를 이용하는 방법

전문가들의 예측치가 가격에 반영된다는 사실을 역발상 투자자들은 알고 있다. 전문가들의 예측은 실현되지 않을 것이다. 그러면 도대체 무엇이 가격에 반영되는 것일까? 실제 수익률이? 컨센서스가 6퍼센트라면 시장은 8퍼센트를 내놓을까? 그럴지도 모른다. 그러나 십중팔구 아닐 것이다. 그 정도로는 재미가 없다!

비결을 알려주겠다. 실제 숫자는 그다지 중요하지 않다. 시장은 더 보편적인 척도를 사용한다. 예측치 6퍼센트는 수익률을 한 자릿수 중반으로 본다는 뜻이다. 예측치 6퍼센트와 8퍼센트는 의미상 큰 차이가 없다. 전문가들의 예측치가 6퍼센트라면 우리는 시장이 십중팔구 그 예측치에서 벗어날 것으로 봤다. 물론 시장이 주류 군중 대신 비주류 군중을 모욕할 수도 있다. 이전에도 그런 적이 있다. 그러나 흔히 시장은 전문가들의 예측치와는 매우 다른 숫자를 내놓는다.

전문가들을 추적하기는 생각보다 쉽다. 구글에서 검색해서 엑셀로 기본 작업만 하면 된다. 엑셀 사용법을 모른다면 이 방법도 구글에서 찾아 배울 수 있다(인터넷의 수많은 기적 중 하나는 기술 지침서가 엄청나게 많다는 사실이다). 이제 최소한의 시간과 노력만으로도 당신은 우리 회사가 하는 일을 해낼 수 있다. 그러나 이 작업을 하는 독자는 거의 없을 것이다. 이치에 맞지 않는 것처럼 보이기 때문이다. 매년 우리 회사 조사부 직원들은 주요 국가 벤치마크 지수에 대한 전문가들의 예측치를 모두 수집한다. 미국의 S&P500, 독일의 닥스DAX, 일본의 니케이Nikkei 등이다. 요점만 설명하겠다. 국가별로 예측치를 모두 모아 간단한 차트를 작성한다. 막대그래프를 그리는 것이다.

가로축에는 5퍼센트 단위로 수익률 범위를 표시한다. 0~5%, 5~10%, 10~15%, 이런 식이다. 이어서 모든 예측치를 해당 범위에 쌓아올린다. 마치 숫자가 표시된 레고 벽돌을 쌓는 방식이다. 작업을 마무리하면 대개 종형 곡선이 나타난다. 뚱뚱한 부분이 예측치가 집중된 범위다. 예측치가 0~5퍼센트와 5~10퍼센트에 몰려 있다면 대부분의 사람들이 소폭 상승, 즉 한 자릿수 상승률을 기대한다는 뜻이다. 만일 예측치가 마이너스 한 자릿수와 플러스 한 자릿수에 몰려 있다면 사람들은 보합을 예상할 것이다. 그리고 10~20퍼센트 범위에 몰려 있다면 근사한 강세장을 기대할 것이다. 반면 예측치가 −10~−20퍼센트에 몰려 있다면 대부분 약세장을 예상할 것이다.

이제 군중이 예상하는 방향과 강도가 나타났다면 이는 십중팔구 발생하지 않을 시나리오가 된다. 시나리오 범위를 좁히기는 생각보다 더 쉽다! 넓게 보면 실제로 시장이 가는 방향은 4가지뿐이다. 소폭 상승, 대폭 상승, 소폭 하락, 대폭 하락이다. '보합'까지 포함하면 5가지다. 그러나 보합은 S&P500 역사상 단 한 번(1947년)뿐이었다. 못 믿겠다면 케이시 스텡걸Casey Stengel(미국 야구선수, 감독)의 말대로 직접 찾아보기 바란다.

종형 곡선을 보기만 해도 꽤 넓은 범위를 시나리오에서 제외할 수 있다. 4가지 범위 중 예측치가 집중되는 범위를 제외하면 된다. 이제 남은 대안은 3가지다. 모든 사람이 주가가 소폭 상승한다고 예상하면 시장은 주가를 소폭 하락시켜 놀라게 할 수도 있고, 대폭 상승시켜 날려버릴 수도 있으며, 대폭 하락시켜 얼빠지게 할 수도 있다. 물론 심술궂은 비주류 군중은 이 방식을 따르지 않을 것이다.

전문가들이 소폭 상승한다고 말하면, 비주류 군중은 하락을 믿는다. 전문가들이 대폭 상승한다고 말하면, 비주류 군중은 폭락을 예상한다. 그리고 가끔 비주류 군중의 예상이 적중하기도 한다. 그러나 이들의 예상이 거듭 적중할 것으로 기대해서는 안 된다. 시장은 이들도 후려치고 싶어 한다.

가장 유력한 시나리오를 찾아내려면 전문가들이 간과하는 위험이나 기회가 있는지 조사해봐야 한다. 이에 대해서는 다음 장들에서 다룰 것이다. TV 해설자들의 말에 귀 기울여보라. 이들은 어떤 위험을 논하는가? 무엇을 좋게 보는가? 이것들을 파악하면 무엇이 가격에 반영되었는지 대강 알 수 있다. 이들은 무엇을 보지 못하는가? 무엇을 오해하고 있는가? 바로 여기에 위험과 기회가 있다.

이번에는 군중이 놓치는 것들을 찾아보라. 그리고 세계를 둘러보라. 여러 주요 국가에서 진행되는 불량 통화정책을 사람들이 간과하고 있는가? 모두가 이 문제를 알고 있다면 이미 주가에 반영되었다고 봐야 한다. 우리는 극소수만 아는 사실을 찾아내야 한다. 새로운 관세와 규제 탓에 무역이 급감하는데 아무도 눈치 채지 못하고 있는가? 끔찍한 규제가 수익성을 갉아먹는데도 사람들이 모르고 있는가(2007년에 시행된 시가평가 회계규정을 기억하라)?

이렇게 숨은 위험이 있다고 해서 주가가 폭락하는 것은 아니다. 시장은 가능성이 아니라 확률에 따라 움직인다. 우리는 숨은 위험이 실제로 발생해서 시장이 폭락할 확률을 가늠해봐야 한다. 그러나 장기 투자자라면 주식을 보유하지 않을 때 대단히 위험하다. 예측이 빗나가서 대형 강세장이 펼쳐진다면 놓친 기회를 만회하기 어렵기 때문이다.

내가 치르는 1월 의식

나도 1월 의식을 치른다. 매년 〈포브스〉가 요구하고, 내 고객들도 원하는 의식이다. 우리는 12~18개월 전망에 따라 자산을 배분하므로, 고객들이 우리의 전망을 알고 싶어 하는 것은 당연하다. 그러나 나는 전망을 숫자로 제시하지 않는다. 숫자는 중요하지 않다. 강세장이면 강세장으로 충분하다. 내가 15퍼센트를 예측했는데 주가가 30퍼센트 상승하면 틀린 것인가? 아니면 강세장이 이어지는 동안 포지션을 계속 유지했을 터이므로 내 예측이 적중한 것인가?

나는 범위로 예측한다. 〈포브스〉 1월호 칼럼과 우리 회사 분기 보고서에서 소폭 상승, 대폭 상승, 소폭 하락, 대폭 하락 4가지로 전망을 제시한다. 숫자로 표현하면 소폭 상승은 수익률 0~20퍼센트, 대폭 상승은 수익률 20퍼센트 초과, 소폭 하락은 수익률 0~-20퍼센트, 대폭 하락은 수익률 -20퍼센트 초과로 보면 된다. 물론 이 기준도 완벽한 것은 아니다. 내가 대폭 상승이라고 말했는데 수익률이 16퍼센트라면 어떻게 이해해야 할까? 그래도 나는 기분이 매우 좋을 것이다. 나는 포지션을 맞는 방향으로 구축했을 것이고 16퍼센트라면 근사한 수익률이기 때문이다.

약세장은 조금 더 복잡하다. 약세장이 1년을 다 채우는 사례는 많지 않다. 예를 들면 약세장은 전년도 하반기에서 올해 상반기에 걸쳐 나타나는 식이다. 그러면서 두 해 모두 수익률이 플러스가 되기도 한다. 사람들은 대개 시장주기가 어떻게 바뀔 것인지를 궁금해한다. 강세장으로 한 해가 시작되었다면 중간에 약세장으로 바뀔 확률은 얼마나 되는지, 약세장으로 한 해가 시작되었다면 해가 저물기 전에 강세장이 시작될 확률은 얼마나 되는지 알고 싶어 한다.

1987년을 돌아보자. 8월 25일부터 12월 사이에 강세장에서 약세장으로 그리고 다시 강세장으로 바뀌었다. 1년 수익률은? 미미하게 상승했다. 만일 약간 상승할 것으로 예측했는데 약세장을 미처 생각하지 못했다면 실적은 어땠을까?

1987년에 대해 이렇게 예측한 사람은 많지 않았다. 연초에 전문가들은 한결같이 낙관적이었다. 지난 4년 동안 주가가 약 150퍼센트 상승했으므로 이 추세가 계속 이어져 상승을 거듭할 것이라고 예측했다. 그해 1월 내가 〈포브스〉에 칼럼을 쓸 때도 이런 시장 심리가 매우 강했다. 내가 아는 목수까지도 주가가 대폭 상승한다고 예측했다. 이유를 묻자 TV에서 들었다고 대답했다. 낙관론자는 목수뿐만이 아니었다. 1987년 6월, 칼럼에서 자세히 설명했듯이 투자자들의 심리는 공포에서 탐욕으로 바뀌어갔고

"그동안 이어진 대형 강세장 탓에 사람들의 기대는 도를 넘어섰다."[2] 시장은 버나드 바루크Bernard Baruch가 말했듯이 "거지, 구두닦이, 이발사, 미용사가 부자 되는 법을 가르쳐주는" 단계에 도달했다. 모두들 도취감에 빠져버린 것이다!

대부분의 전문가들은 터무니없는 근거를 인용하면서 주가가 계속 상승할 수밖에 없다고 주장했고 위험 신호를 무시하라고 말했다. 내 역발상 사고방식으로는 그런 말을 받아들일 수 없었다. "극도의 낙관론자들이 말하듯이 엄청난 유동성이 떠다니면서 주가를 밀어올린다면, 금리는 도대체 왜 상승하는가? 유동성이 넘친다면 금리는 유지되거나 하락해야 마땅하지 않은가?"[3]

그 무렵 마지막으로 접한 사소한 사건을 계기로 나는 포트폴리오를 방어형으로 변경했다. 그 사건은 방송국에서 걸려온 전화로부터 시작되었다. 〈맥닐-레러 뉴스 아워MacNeil-Lehrer NewsHour〉에서 내게 시장을 비관하느냐고 물었다. 당시 나는 시장을 다소 비관적으로 내다보고 논평을 했으므로 다소 비관적이라고 대답했다. 방송사는 유명한 낙관론자인 댄 도프먼Dan Dorfman과 토론 프로그램을 준비하고 있는데 그와 토론할 비관론자가 필요하다고 말했다. 재미있을 것 같았다. 그런데 하필이면 왜 나를 선택했는지 물어봤다. 당시 나는 3년 동안 〈포브스〉에 기고하고 책을 낸 서부 사나이에 불과했을 뿐 유명인사도 아니었다. 방송사가 유명인사도 아닌 나를 왜 선택했는지 궁금했다.

그들은 다른 출연자를 찾을 수 없었다고 말했다. 그들이 찾은 비관론자들은 TV에 출연하지 않으려 했기 때문이다. 도프만 같은 거물급 낙관론자와 맞서서 그의 주장을 공개적으로 반박하려는 사람은 아무도 없었던 것이다. 이는 사람들이 지나친 도취감에 빠졌다는 뚜렷한 신호였다. 아니나 다를까 10월이 되어 금리가 상승하면서 유동성 경색 신호가 나타났다. 대부분의 전문가들은 어찌할 바를 몰랐다. 소폭 하락하던 시장은 폭락의 조짐이 역력해 보였다. 그리고 내 예상대로 시장은 폭락했다. 그러나 곧바로 반등했다. 1987년에는 포지션이 절대적으로 중요했다. 한 해가 진행되는 동안 포지션 방향을 제대로 잡아야 했다. 연간 수익률 예측은 전혀 의미가 없었다.

대가도 실수할 때가 있다

어느 예측 기법이든 한계가 있다. 효과가 좋은 예측 기법은 인기를 끌며 널리 사용된다. 그러나 사용자가 늘어나면 이 기법도 시장가격에 반영되어 효과가 사라진다. 그리고 잊힌다. 이 기법도 여러 해 전에 그런 과정을 거쳤다. 한때 효과가 매우 높았다가 이후 효과가 사라졌다. 그러나 사람들이 사용하지 않게 되자 요즘 다시 효과를 발휘하고 있다. 언젠가 또 많은 사람들이 사용하게 되면 역시 시장가격에 반영되어 효과가 사라질 것이다.

이는 특이한 현상이 아니다. 5장에서 자세히 설명하겠지만, 대부분의 투자자는 기억력이 나쁘다. 이에 관해서 내가 2011년에 쓴 책이 《시장은 기억하지만, 사람들은 기억하지 못한다Market Never Forget, But People Do》이다. 당시에도 그러했고 지금도 그렇다. 어떤 기법이 한동안 효과가 없으면 사람들은 그 기법을 잊어버린다. 그러면 그 기법은 다시 마력을 회복한다. 나는 이런 현상을 '방 안의 코끼리'라고 부른다. 항상 그곳에 있지만 보이지 않는 사물을 가리키는 말이다. 코끼리가 우리 방에 있다면 이는 대단한 사건이다! 방에서 코끼리를 처음 본다면 우리는 십중팔구 놀라서 자빠질 것이다. 거대한 코끼리란 말이다! 그러나 어느 정도 시간이 흐르면 코끼리에 익숙해진다. 코끼리는 회색이라서 십중팔구 눈에도 잘 띄지 않는다. 곁을 지나치면서도 못 볼 수 있다. 그러나 코끼리가 움직이기 시작하면 깜짝 놀란다. 시장도 마찬가지다. 투자자들이 어떤 기법이나 위험을 충분히 인지하고 있을 때는 놀랄 일이 좀처럼 발생하지 않는다. 시장은 장기 환경에 불과해서 특별한 존재가 아니다. 그러나 시장의 존재를 잊는 순간 시장은 다시 사람들에게 강펀치를 날린다.

나는 오랫동안 전문가들의 예측치를 이용해왔다. 효과가 뛰어난 비밀 기법이었다. 과거에는 이 기법을 이용하기가 쉬웠다. 매년 12월 〈비즈니스위크Business Week〉가 발표하는 전문가 예측치 조사를 이용하기만 하면 됐다. 그 페이지에 월스트리트의 심리를 알려주는 훌륭한 표본이 충분히 들어 있어 군중을 파악하고 이용할 수 있었다. 그러나 이제는 예측치를 한 페이지에 정리한 기사가 나오지 않는다. 전문가들의 예측치를 수집하려면 〈블룸버그Bloomberg〉, 〈배런스 Barron's〉 등을 샅샅이 뒤져야 한다. 따라서 이전보다 시간과 노력이 더 많이 들어간다.

다음은 1996년 이후 전문가들의 예측치와 실제 수익률을 보여 주는 자료다. 이것들은 새로운 자료가 아니다. 도표 2.1의 1996~2003년 자료는 내가 2006년에 쓴 《3개의 질문으로 주식시 장을 이기다The Only Three Questions That Count》에서 그대로 가져온 것이다. 이 책에서도 언급했지만 이것들은 모두 〈비즈니스위크〉의 한 페이 지에 실린 예측치로 만든 자료다. 2004년 이후의 자료는 새로운 것 이지만, 모두 우리 회사 조사부에서 똑같은 기법으로 만들어 보관 하던 자료를 가져온 것이다. 〈블룸버그비즈니스위크Bloomberg Businessweek〉에 실리던 예측치 기사가 중단된 이후 우리 조사부에서 수집해 분석한 자료다.

자료에서 보듯이, 1996~2002년에는 실제 지수 수익률이 사람들 의 예측치에서 크게 벗어났다. 1996, 1997, 1998, 1999년에 전문가 들은 지수가 소폭 상승한다고 예측했으나 실제로는 대폭 상승했다. 2000년에 전문가들은 매우 낙관적이었으나 실제 지수는 하락했다. 2001년과 2002년에 전문가들은 더 낙관적이었으나 실제 지수는 더 심하게 하락했다. 7년 동안 실제 지수 수익률은 종형 곡선에서 거의 완벽하게 벗어났다. 7년 중 3년은 완전히 벗어났다.

그러나 2003년에는 전문가들이 대폭 상승한다고 예측했는데 실

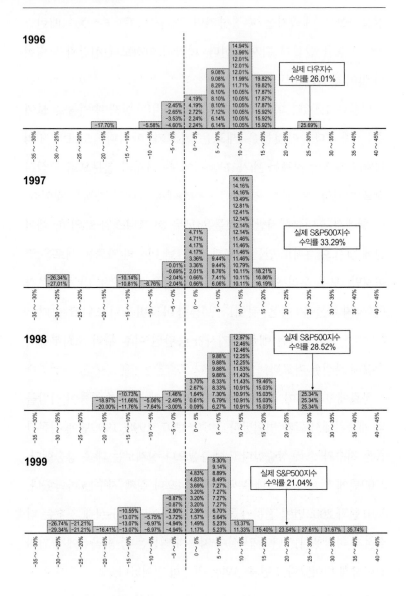

켄 피셔 역발상 주식 투자

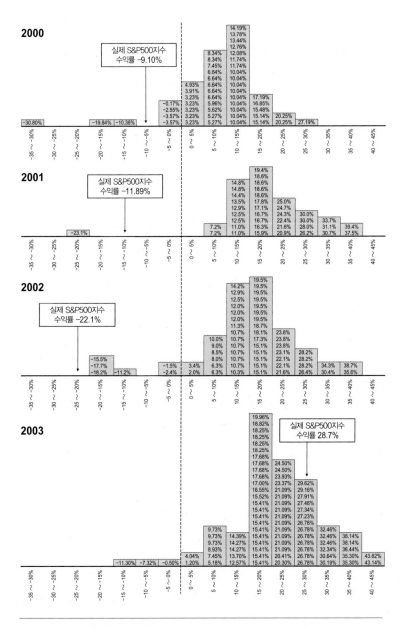

자료: 〈비즈니스위크〉, 팩트세트FactSet, 피셔인베스트먼트리서치Fisher Investments Research.

제 지수 수익률도 대폭 상승했다. S&P500지수는 28.7퍼센트로 종형 곡선의 한가운데에 들어맞았다. 나는 이런 결과가 나오면 무시하려는 유혹을 받는다. 이 결과는 단지 우연일 뿐 내 기법이 틀릴리 없다고 주장하고 싶어진다. 그러나 이는 자존심을 세우려는 주장이어서 투자에서는 치명적인 실수가 된다. 자신의 잘못을 합리화하려는 작은 목소리가 머릿속에서 맴돌기 시작하면 즉시 억제해야한다. 합리화를 중단하고 합리적으로 생각해야 한다. 누구나 실수를 저지른다. 대가들조차 실수의 비중이 3분의 1이나 된다. 실수가매우 흔하다는 뜻이다. 자신의 실수를 합리화하면 그 잘못으로부터배울 수 없다. 자신의 실수로부터 배워야 역발상 투자를 유지할 수있다.

2003년 이후 내가 그랬다. 낌새가 좋지 않았다. 전문가들의 예측이 적중한 데에는 틀림없이 근본적인 원인이 있을 터였다. 나는 심하게 고민하지는 않았다. 이번에도 포지션이 중요했고 우리는 전적으로 강세 포지션을 구축했다. 2002년에 대폭 하락했으므로, 평균회귀 성향이 매우 강한 전문가들이 2003년에 대폭 상승을 예측한것은 당연하다고 생각했다.

2004년 말이 되자, 종형 곡선 기법이 효과를 상실했음이 분명해졌다(도표 2.2 참조). 그해 대부분의 예측치가 한 자릿수 후반과 두 자릿수 초반에 몰렸다. 실제 S&P500지수 수익률도 10.9퍼센트로서, 종형 곡선의 한가운데에 들어맞았다. 이번에도 월스트리트의 예측이 적중한 것이다! 일부 전문가는 우리와 비슷한 기법을 사용한다

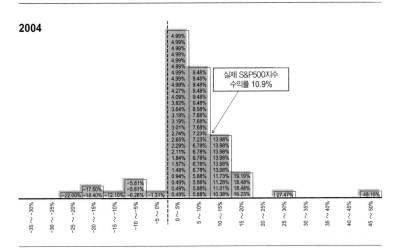

2004

실제 S&P500지수
수익률 10.9%

자료: 〈비즈니스위크〉, 팩트세트, 피셔인베스트먼트리서치.

고 공개적으로 시인했다. 이들은 모든 사람의 예측치를 수집해서
분석한 뒤 주류의 예측을 피하는 방식으로 적중률을 높였다고 밝혔
다. 이들은 오류를 벗어나 적중의 영광을 얻고자 했다. 모든 새로운
투자기법과 마찬가지로 이 기법도 인기를 얻어 널리 사용되면 가격
에 반영되어 효과가 사라진다. 모두가 코끼리를 바라보고 있었으므
로 이제 우리는 다른 곳을 살펴봐야 했다.

도표 2.3에서 보듯이 이 기법은 여러 해 효과를 상실했다. 2005
년에는 대부분 예측치가 한 자릿수였다. 실제 S&P500지수 수익
률도 4.9퍼센트였다. 2006년에는 예측치가 10퍼센트대 초반에서
중반에 집중되었다. 실제 수익률은 15.8퍼센트였다. 2007년에는

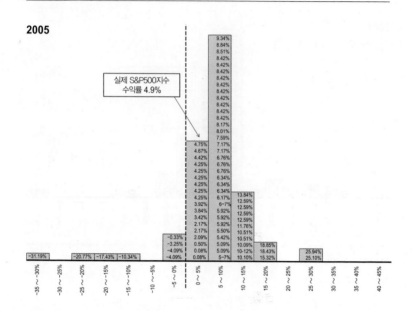

2005

실제 S&P500지수
수익률 4.9%

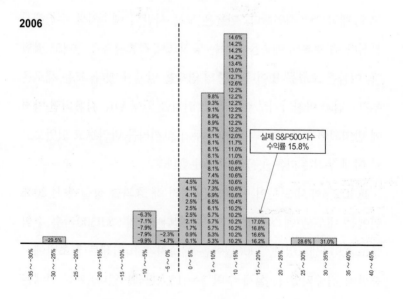

2006

실제 S&P500지수
수익률 15.8%

　켄 피셔 역발상 주식 투자

2007

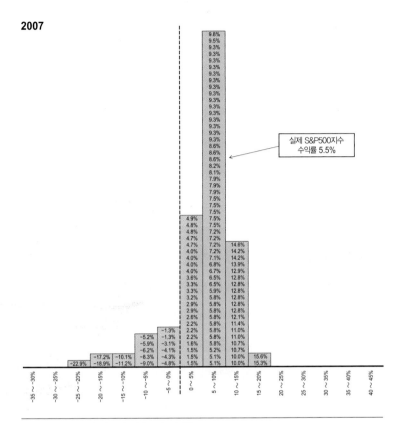

실제 S&P500지수
수익률 5.5%

자료: 〈비즈니스위크〉, 팩트세트, 피셔인베스트먼트리서치.

도표 2.4 2008년

2008

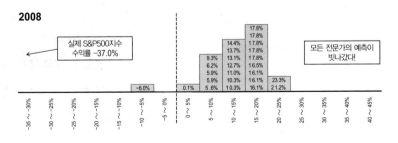

실제 S&P500지수
수익률 -37.0%

모든 전문가의 예측이
빗나갔다!

자료: 〈비즈니스위크〉, 팩트세트, 피셔인베스트먼트리서치.

대부분 예측치가 한 자릿수였고 실제 수익률도 5.5퍼센트로 적중했다.

2008년에는 전문가들의 예측이 빗나갔다(도표 2.4 참조). 대부분의 예측치가 10~20퍼센트 사이였다. 나도 틀렸다. 우리 모두 시장에 모욕당했다. 2008년 이후에는 우리 기법이 효과를 회복했다고 말하고 싶었다! 그러나 인과관계를 파악하지 못한 상태에서 상관관계를 주장하는 것은 잘못이다! 우선 그 원인을 파악해야 한다. 2008년에 전문가들의 예측이 빗나간 원인은 분명했으나 종형 곡선 기법이 효과를 회복했는지가 분명하지 않았다. 예측이 빗나간 것은 우리 모두 시가평가 회계규정이 미치는 영향을 뒤늦게 파악했기 때문이다(1장 참조). 시간이 흐를수록 은행들의 상각 부담이 커지면서 파산 위험이 증가했는데, 이에 대해 연준과 재무부가 상반된 반응을 보이리라고는 아무도 추측하지 못했다. 주식시장과 경제가 주저앉았는데, 이것이 주가에 반영되지 않았던 거대한 악재였다.

나는 2009년에 들어와서야 이 사실을 깨달았다. 2008년에 전문가들의 예측이 빗나간 것은 이상한 일이 아니었다. 그리고 당시 시장은 약세장 초보다는 약세장 말에 가까웠으므로, 포트폴리오를 더 방어적으로 구축하는 것은 어리석은 일이었다. 게다가 시장이 반등했다가 약세장 저점보다도 더 내려간 상황이었다. 따라서 수많은 전문가의 예측치가 20퍼센트를 웃돌았지만 나도 거리낌 없이 낙관론에 동참했다. 물론 이들은 모두 평균회귀론자들이어서 전년도 대폭 하락을 근거로 대폭 상승을 예측했지만, 평균회귀론자들도 가끔

은 적중한다. 2009년에 주가가 하락할 가능성은 거의 없었다. 개인
투자자들은 주가가 대폭 하락할 것으로 예상했지만 대폭 상승할 수
밖에 없었다.

　그러나 2009년의 수익률은 뜻밖이었다. 예측이 적중한 전문가도
많았지만, 실제 S&P500 수익률은 종형 곡선의 정점에서 벗어났다.
2010년에도 마찬가지였다(도표 2.5 참조). 예측치는 한 자릿수에 집중

도표 2.5 2009~2010년

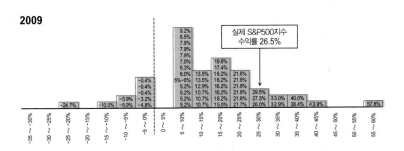

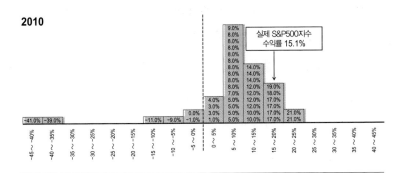

자료: 〈비즈니스위크〉, 팩트세트, 피셔인베스트먼트리서치.

되었다. 그러나 강세장이 시작되고 채 1년도 지나지 않아 기본 경제 지표가 빠르게 회복되는 중이었으므로 지나치게 보수적인 예측치였다. 전문가 중 주가 하락을 예측한 사람은 다섯 명뿐이었고, 대폭 하락을 예측한 사람은 두 명에 불과했다.

이는 좋은 신호였다. 이들은 여전히 평균회귀 성향을 보이고 있었다. 전년에 대폭 상승했으므로 그해 실적은 신통치 않을 것으로 예상한 것이다. 이제 이들은 종형 곡선 기법을 사용하지 않는 듯했다. 또한 비합리적인 집단이 되어가고 있었으므로 시장으로부터 모욕당하기 딱 좋은 상태였다.

전문가 수십 명이 상승한다고 예측했으므로 비주류 군중은 하락한다고 주장할 게 뻔했다. 그러나 경제는 회복 중이었고, 신흥시장은 활활 타오르고 있었으며, 임기 중반을 넘기고서 기운이 빠진 민주당은 인기를 잃었고, 주요 뉴스들은 매우 비관적이었다. 악재가 곳곳에 널렸다. 사람들은 호재를 일시적인 현상으로 보고 무시하거나 악재로 왜곡해서 받아들였다. 성장 둔화를 '잃어버린 10년'의 징조로 봤다. 수요를 촉진하는 통화정책과 재정정책은 장래에 감당할 수 없는 부채 증가로 이어져 극심한 인플레이션을 부를 것으로 생각했다. 그러나 이렇게 근심의 벽이 높은 걸 보니 주가 하락 가능성은 희박해 보였다.

전문가들은 말이 없었고 해설자들은 시무룩했으므로 주가가 사람들 예상보다 더 상승할 듯했다. 그리고 더 상승했다. 실제 수익률은 15.1퍼센트였다. 2009년과 마찬가지로 종형 곡선을 완전히 벗어나지는 않았지만 고점에서 벗어나 극단으로 이동하고 있었다.

월스트리트를 누르는 법

실제 수익률이 종형 곡선의 고점에서 다시 벗어났으므로 전문가들이 모두 과거의 집단사고로 돌아갔음이 이제 분명해졌다. 그들에게는 안된 일이지만 우리에게는 잘된 일이다! 물론 전문가들의 예측을 제외하는 것은 적중률을 높이는 작업의 첫 단계에 불과하다. 단지 시나리오 숫자를 4개에서 3개로 줄이는 일이다. 내게 수정구슬이 있는 것이 아니므로 내년, 후년, 20년 뒤에 시장이 어떻게 될지 말해줄 수 없다. 그러나 지난 3년 동안 내가 어떻게 했는지는 말해줄 수 있다. 당신은 이 기법을 배워 언제든 원하는 해에 적용할 수 있다. 단지 보는 방법과 생각하는 방법만 배우면 된다.

2011년에는 시장 심리에서 예측 작업을 시작했다. 아래 박스는 〈포브스〉 2011년 2월호에 내가 쓴 기사에서 주요 생각을 간추린 내용이다. 전문가들의 예측치는 이번에도 한 자릿수 중반과 두 자릿수 초반에 몰렸지만 당시는 여전히 강세장 시작 단계였다. 그런데도 투자자들의 심리가 전반적으로 이상했다. 개인투자자들의 의견과 언론인들의 의견이 갈렸다.

'종목 선정이 중요한 해'

올해 예측은 작년보다 다소 우울하다. 올해는 시장에 뚜렷한 추세가 나타나지 않을 것이며 낙관론자와 비관론자 모두 좌절감을 맛보게 될 것이다. 2010년 2월 8일, 나는 우리가 '불신감 가득한 비관론'에 빠졌다고 선언했다. 사람들이 대형 약세장의 후유증에서 벗어나지 못한 채 호재는 무시하고 악재는 과장하면서 추가 악재를 두려워하고 있었기 때문이다. 그래서 나는 2010년 시장이 매우 좋을 것이며 비관론은 감소할 것이라고 내다봤다.

내가 조사한 결과 올해는 낙관론자들이 매우 많다. 이는 악재에 해당한다! 그러나 비관론자 역시 매우 많다. 뿌리 깊은 비관론자도 많고 새로 고소공포증을 느끼는 사람들도 늘어났다. 지난 2년 동안 주가가 어지러울 정도로 상승했다며 두려워하는 사람들이다. 이는 호재에 해당한다.

지금은 낙관론자와 비관론자들이 역기처럼 평형을 이룬 상태다. 나는 늘 시장을 '모욕의 달인'이라고 불렀다. 시장은 최대한 많은 사람을, 최대한 자주, 최대한 오랫동안 모욕하고 싶어 하는 거의 전능한 존재다. 시장은 당신과 나와 우리 모두를 뒤쫓는다. 올해는 시장이 보합 근처에서 끝나야 낙관론자와 비관론자들을 한꺼번에 좌절시킬 수 있다.

사람들 중 절반은 2011년 시장이 멋질 것으로 생각했다. 2010년에는 재난이 발생하지 않았다. 이중 침체도 없었다. 그리스 파산이 임박했고 아일랜드에 긴급구제가 필요했으나, 세계가 두려워하던 유로 붕괴는 일어나지 않았다. 주가는 2010년 중반에 조정을 거친 다음 강하게 반등했다. 그래서 신중론에 머물던 대중 심리가 개선되어 확실한 낙관론으로 바뀌었다. 대중은 최근의 추세가 앞으로도 이어질 것으로 단순하게 믿어버렸다. 이는 전혀 합리적인 사고가 아니었으므로 시장으로부터 모욕당하기 좋은 행태였다.

이렇게 경제지표가 개선되었지만 장기 비관론자들은 요지부동이었다. 다양한 개선 신호가 나오는데도 이들은 비관론을 고수했다. 2011년에는 유로존 탓에 세계 경제가 무너지거나, 미국이 이중 침체를 겪거나, 중국의 국운이 다할 것으로 생각했다. 영원한 비관론자들은 목소리가 더 커졌다. 2008년 이후에는 이들의 말이 먹혀들었다. 이들은 "그럴 줄 알았어! 내 말이 맞았잖아!"라고 주장했다. 그러나 이들이 주장하는 비관론은 근거가 모두 틀렸으므로 큰 의미가 없었다. 그런데도 대중매체는 이들의 이야기를 받아들였다. 영원한 비관론자 누리엘 루비니Nouriel Roubini는 세계적인 유명인사였다. 나는 이런 영원한 비관론자들과 근래 주가 급등에 고소공포증을 느끼는 사람들을 보면 시장이 대폭 하락할 것 같지 않았다. 모욕의 달인인 시장에게는 도무지 재미없는 일이었기 때문이다.

그래서 우리는 전문가들의 예측치(도표 2.6 참조)와 양 극단을 모두 제외했다. 이제 남은 시나리오는 보합뿐이었다. 강세장 초기에는

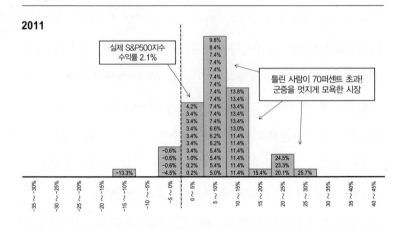

2011

자료: 〈비즈니스위크〉, 팩트세트, 피셔인베스트먼트리서치.

보합이 전혀 어울리지 않을 듯하지만, 사실은 매우 흔히 나타나는 현상이다. 당시가 강세장 3년 차였으므로, 1994년에도 그랬듯이 쉬어갈 시점이었다. 모든 신호가 수익률 보합이 가장 유력하다고 말해줬다.

2011년의 시장 흐름은 롤러코스터였다. 출발은 멋졌으나 여름에 끔찍한 조정을 겪었고, 이후 손실을 회복해 미세하게 상승하면서 한 해를 마감했다(10월 초에 −11.3퍼센트까지 내려갔다).[4]

2012년은 더 무미건조했다(도표 2.7 참조). 이번에도 전문가들의 예측치는 한 자릿수에 몰렸으며, S&P500 수익률 예측치 평균은 7.3퍼센트였다. 그러나 소폭 마이너스를 예상한 사람도 적지 않았는데, 이들은 2011년 롤러코스터 시장에서 겁먹은 사람들이었다. 몇

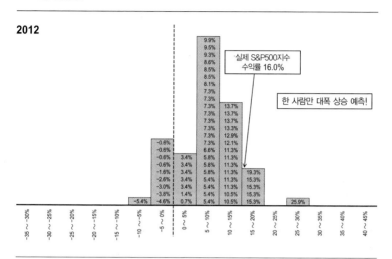

2012

실제 S&P500지수 수익률 16.0%

한 사람만 대폭 상승 예측!

자료: 〈비즈니스위크〉, 팩트세트, 피셔인베스트먼트리서치.

몇 사람은 두 자릿수 초반을 예상했고, 단 한 사람만 대폭 상승을 예상했다. 2011년이 저문 뒤에도 기초경제는 여전히 튼튼했으며, 선거가 있는 해여서 의회에서도 특별한 움직임이 없을 터였고, 사람들은 심리적으로 커다란 근심의 벽을 쌓아올리고 있었으므로 시장이 대폭 상승해 모두를 놀라게 할 태세였다. 과연 시장은 대폭 상승했다.

2013년에는 전문가들의 예측치가 5퍼센트와 15퍼센트 사이에 몰렸다(도표 2.8 참조). 이들은 평범한 한 해가 될 것으로 예상했다. 모두가 평균을 예상하면, 시장은 사람들이 지루해하지 않도록 극단적으로 상승하거나 하락하기 일쑤다. 그러나 2013년에는 주가가 폭락

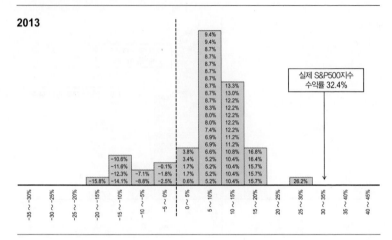

자료: 〈비즈니스위크〉, 팩트세트, 피셔인베스트먼트리서치.

할 이유가 없었다. 열기가 식거나 예상 못한 거대 악재를 만나지 않는 한 강세장은 계속 달리는 경향이 있다. 사람들의 심리는 여전히 우울했으므로 열기가 식을 것 같지 않았다. 사람들의 심리가 이른바 '근심의 벽'을 타고 올라 극도의 도취감에 도달하고서야 강세장의 열기가 식는 법이다. 거대 악재도 보이지 않았다. 강세장이 시작된 이래 사람들은 거대한 근심의 벽에 매달린 채 늘 똑같은 악재만 되새기고 있었다. 이는 2013년에 대폭 상승이 유력하다는 뜻이었다. 세계 경제도 개선되는 중이었고, 이익도 여전히 증가세였으며, 정치권은 교착상태였고, 사람들은 모든 호재를 계속 무시하고 있었다. 아니나 다를까 시장수익률은 전문가들이 예측한 수준의 두 배를 기록했다.

2014

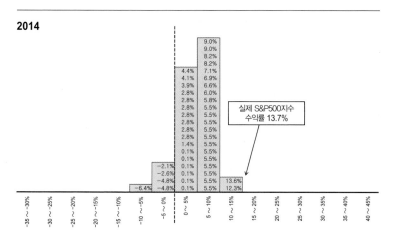

자료: 〈비즈니스위크〉, 팩트세트, 피셔인베스트먼트리서치.

2014년에는 전문가들의 예측치가 더 좁은 범위에 집중되었다(도표 2.9 참조). 뿌리 깊은 비관론자들은 비관론에서 다소 후퇴하고, 고점이 두려워진 낙관론자들은 낙관론에서 다소 후퇴했기 때문이다. 2013년 주가가 대폭 상승하자 비관론자들은 번번이 빗나가는 예측에 신물이 났다. 이들은 2008년과 같은 위기가 다시 온다고 장기간 예측했으나 위기는 오지 않았다. 그래서 대부분의 사람들은 이들의 말을 믿지 않았다. 나는 〈포브스〉에서 이를 양치기 소년 증후군이라고 설명했다. 반면 낙관론자들은 2013년 주가가 지나치게 급등했다고 믿었다. 그래서 연수익률 예측치를 10퍼센트 초과로 본 사람은 두 명뿐이었다.

S&P500지수 수익률 평균 예측치는 약 6퍼센트였다. 말하자면 소

폭 상승이었다. 나는 1월 20일 〈포브스〉에 이렇게 썼다. "예측치가 이런 분포일 때 주가는 거의 틀림없이 훨씬 상승하거나 하락했다. 나는 훨씬 상승할 것으로 예상한다."[5] 2월호에는 다음과 같이 썼다. "나는 과거의 사례를 조사해봤다. 2014년 예측치는 19퍼센트포인트 안에 밀집되어 있는데(최고치와 최저치의 차이가 19퍼센트), 이런 분포는 주가에 이미 반영되어 있다. 따라서 시장은 필시 계속 강세를 이어가 20퍼센트 이상 상승하거나 본격적으로 조정을 받아 10퍼센트 넘게 하락할 것이다. 모 아니면 도가 나와 모두를 당혹스럽게 할 것이다. 예상 밖의 대형 악재가 나타나면 시장은 대폭 하락할 것이다. 그런 악재가 없으면 시장은 대폭 상승할 것이다. 현재로는 그런 생각이다."[6]

대형 악재는 나타나지 않았다. 가을에 주가가 급락하긴 했지만 본격적인 조정장도 오지 않았다. 연말 S&P500지수는 13.7퍼센트 상승했다. 군중이 예상했던 것보다는 높았지만 내가 예상했던 것보다는 낮았다. 나 역시 시장에 모욕당한 셈이다.[7] 다시 말하지만 전문가들의 예측치를 이용하는 기법은 시장이 갈 방향이 아니라, 가지 않을 듯한 방향을 말해줄 뿐이다. 시장수익률이 20퍼센트를 넘지 않았지만, 2014년에는 우리 기법이 효과가 있었다. 게다가 우리는 대폭 상승을 예상하고 포트폴리오를 구축했으므로 이 상승장에서도 좋은 실적을 올렸다. 강세장은 강세장이었으며, 우리는 시장의 변동폭이 아니라 시장의 방향에 따라 포지션을 구축하기 때문이다.

"다른 방향이지, 반대 방향이 아니다." 이것이 전문가들의 예측 치를 이용하는 열쇠이며 역발상 투자의 핵심이다. 다음 장에서 알 게 되겠지만 "당신은 왜 그렇게 생각하는가?"라는 질문만 던져도 다르게 생각할 수 있다.

BEAT THE CROWD

3장

흡혈귀와 종말론자들

흡혈귀와 종말론자들

바로 앞장에서 말했듯이, 우리는 방 안에 숨어 있는 코끼리를 찾아내야 한다. 그리고 제대로 찾으려면 엉뚱한 곳을 뒤지고 다녀서는 안 된다. 그런데 대중매체는 엉뚱한 곳만 뒤지고 다닌다. 그래서 투자자들도 엉뚱한 곳을 바라보게 된다. 코끼리는 방 안에서 찾아야 한다. 그러나 방 안에서 찾는 사람은 드물다. 투자자 대부분이 창 너머 먼 곳을 바라본다. 사회적 문제, 주변 지역의 혼란, 학문적 논쟁 등 시장과 무관한 분야를 바라본다. 아니면 당장 일어날 사안을 들여다본다.

그러나 이런 것들은 전혀 중요하지 않다. 먼 훗날의 일, 사회적 문제, 최근에 일어난 사건, 내일 당장 일어난다고 모두가 말하는 사안 등은 중요하지 않다. 시장은 먼 훗날에도 관심이 없고 당장 닥칠 일에도 관심이 없다. 시장은 3~30개월 뒤를 내다보며, 특히 12~18개월 뒤를 주목한다. 2020년 12월 31일 틀림없이 세상이 끝난다고 해도 이 사실은 아무리 빨라도 2018년이 되어야 주가에 반영되기 시작한다. 시장의 관점이 그렇기 때문이다. 시장은 30개월을 넘어서는 미래의 일에는 관심이 없다.

3장과 4장에서는 신문, 인터넷, 케이블 TV를 대하는 방법에 대해 논의할 것이다. 종말론을 쏟아 붓는 흡혈귀 같은 대중매체에 휩쓸리지 않는 방법도 설명할 것이다. 주요 내용은 다음과 같다.

- 중요한 뉴스와 소음을 구분하는 방법
- 대중매체의 과장보도를 분쇄하는 간단한 논리
- 대중매체의 거짓말을 파악하는 방법

대중매체의 관점은 결함투성이다

제목이 다소 가혹해보일지 모르겠다. 물론 기자들은 장님이 아니다. 가까운 것도 보고 먼 것도 본다. 그러나 기자들은 투자자들만을 대상으로 글을 쓰지 않는다. 독자 중에 정확한 시장 정보를 원하는 투자자는 많지 않다. 그래서 기자들은 시장과 무관해도 일반 독자들이 중시하는 기사를 쓸 수밖에 없다. 당장 일어날 일과 먼 훗날의 일을 다루는 이유다.

대중매체에 주로 실리는 기사는 소음이 큰 기사다. 그래야 잘 팔리기 때문이다. 유혈 낭자한 보도가 잘 먹히므로 나쁜 소식이 많다. 그러나 이런 기사는 투자자들을 오도한다. 대중매체에 실리는 기사는 대부분 둘 중 하나다. 당장 코앞에서 벌어질 일과 먼 훗날의 일이다.

1면에는 항상 전날의 주가 흐름을 설명하는 상투적인 기사가 실린다. 겨우 단어 500개로 시장의 흐름을 정확하게 밝혀낸다. 기사의 99.9퍼센트는 쓰레기인데도 속보를 전하듯 숨 가쁘게 전달한다. 소매판매지수와 옐런의 발언 탓에 주가가 하락했다고 설명한다. 모두 쓸모없는 이야기들이다. 시장 흐름을 한 가지 요인으로 설명할 수는 없다. 주가 흐름의 원인은 말할 것도 없고 누가 사고 누가 팔았는지조차 아무도 모른다. 사람들의 허튼소리를 대중매체가 요약한 이야기에 불과하다. 게다가 전날의 주가 흐름은 이후의 주가 흐름과 전혀 무관하다.

대중매체에는 데이터 분석기사도 실린다. GDP, 소비지출, 소매판매, 실업률, 인플레이션, 제조업 수주보고서, 산업생산, 무역적자, 실업수당 청구건수, 주택가격 등과 관련된 내용이 지루하게 이어진다. 모두 지나간 일들에 대한 이야기이므로 졸립다. 그런데도 오르내린 이유를 설명하고 그 의미를 추정하는 이야기가 나온다. 그리고 이 데이터가 중요한 이유를 설명하는 분석가나 이코노미스트의 글이 인용되기도 한다. 심지어 하루 이틀 전에 실렸던 데이터 예측 기사를 보여주면서, 당시 예측이 시사했던 바를 분석하기도 한다. 정신 나간 짓이다.

주요 기업들의 실적 발표에 대해서도 마찬가지다. 먼저 선도 종목들의 실적을 예측하는 기사가 실리고, 이어 실제 뉴스가 실린다. 그리고 실적에 대해 환호하거나 불평하는 기사가 실리고, 증권회사 분석가들은 매수/매도 추천을 갱신한다. 그러나 하루 주가 흐름 그래프만 봐도 이런 뉴스가 쓸모없음을 알 수 있다. 이런 뉴스는 그야 말로 순식간에 주가에 반영되기 때문이다. 그런데도 대중매체는 아랑곳하지 않고 이런 기사를 계속 싣는다.

연준에 관한 기사도 자주 등장한다. 연준 이사가 연설할 때마다 대중매체들은 그의 논평을 바탕으로 장래 금리를 추측한다. 대중매체들은 연준 이사의 모호한 연설과 즉흥적인 논평 속에 숨은 메시지를 해독해 금리와 주가에 미치는 영향을 설명하려고 애쓴다. 그러나 전혀 알 수 없다. 연준의 속마음은 읽을 방법이 없다. 정말이다. 그런데도 전문가들은 포기할 줄 모른다.

사건 관련 기사도 있다. 어느 지역에서든 분쟁이나 전쟁이 일어나면 그것이 주가에 미치는 영향을 분석한다. 그 지역이 중동이면 유가도 관심사이므로 분석 분량이 두 배로 늘어난다. 대중매체는 유가가 큰 폭으로 움직일 때마다 주요 기사로 다루면서 시장에 미치는 영향을 논한다. 유가가 큰 폭으로 움직이는데도 주가가 크게 움직이지 않으면 중대한 위험을 반영하지 못하는 시장에 문제가 있는 것처럼 보도한다. 모두 허튼소리다. 시장에는 아무 문제 없다. 유동성이 살아 있는 시장은 미래지향적이며 비교적 효율적이다. 주가 흐름, 금리 흐름, 상품가격 흐름의 괴리 사이에서 숨은 의미를 찾으려 해봤자 시간 낭비일 뿐이다.

이상이 대중매체의 초단기 관점을 보여주는 터무니없고 황당한 기사들이다. 그러나 이와는 반대로 초장기 예측을 다루는 기사도 대중매체에 실린다. 주요 출처는 의회예산국(Congressional Budget

Office, CBO) 같은 정부기관과 IMF나 OECD 같은 국제기구들이다. 다루는 내용은 기후변화, 부채, 소득 불평등, 선진국의 인구 감소, 베이비붐 세대의 몰락 등이 장기적으로 시장에 미치는 영향이다. 오바마케어는 의료비 부담을 걷잡을 수 없이 키워 수십 년 동안 경기를 침체시킬 것이라고 주장했다. 이제 혁신의 시대는 끝났다는 주장도 있었고, 중국이 세계를 지배한다는 주장도 있었다.

대중매체는 예측과 경고를 쏟아낸다. 전문가들은 TV에 출연해 예측을 놓고 논쟁을 벌인다. 그러나 50년 뒤 우리 생활은 30개월 뒤 우리 생활과 무관하며, 현재 주식시장과도 무관하다. 시장은 10년, 20년, 50년 뒤의 일에 대해 전혀 관심이 없다.

그런데도 대중매체가 이런 이야기를 늘어놓으면 사람들은 중요하게 받아들인다. "이런 기사를 계속 읽으면 틀림없이 쓸모가 있을 거야"라고 생각한다. 그리고 이런 기사를 수십 번 읽으면 실제로 이런 기사가 시장에 중요하다고 믿게 된다. 반복의 힘은 대단히 강하기 때문이다. 대중매체가 이런 이야기를 반복하므로 우리는 조사를 하지 않아도 대중들이 무슨 생각을 하는지 알 수 있다. 당장 경제신문 웹사이트를 열어보라(잠시 이 책을 덮어두기 바란다). 장담하건대 거의 모든 기사가 초단기 전망, 초장기 전망일 것이다. 대중매체가 대서특필한 투자 관련 세미나 기사와 질의응답 요약을 살펴보라. 부채가 과도하고, 사회가 엉망이 되어가고 있으며, 사회보장제도는 파산한다는 등의 내용이다.

시장은 초단기 과제는 이미 처리했고 초장기 과제는 전혀 신경 쓰지 않는다. 지금은 초장기 전망이 그럴듯하게 보일지 몰라도 그

사이에 온갖 일이 벌어질 수 있기 때문이다.

코앞의 흡혈귀

이렇게 대중매체가 초단기 전망에 집착하는 행태를 나는 '코앞의 흡혈귀'라고 부른다. 당장에라도 흡혈귀가 달려들어 죽음과 파멸을 불러올 것처럼 겁을 주기 때문이다. 마치 시한폭탄이 곧 폭발할 것처럼 떠들어대기도 한다. 그러나 이제는 이런 과장보도에 귀 기울일 필요가 없다. 흡혈귀가 우리 집에 있다고 해도 이미 죽은 흡혈귀다. 만약 살아 있다면 조만간 모습을 드러낼 것이다. 모습을 드러내지 않는다면 귀신 이야기에 불과하다. 귀신 이야기는 겁을 줄 수는 있어도 사람들에게 해를 끼치지는 못한다.

테러가 그런 사례다. 사람들은 9·11테러를 떠올리면서 테러는 무조건 악재라고 생각한다. 실제로 9·11테러 직후 5영업일 동안 S&P500지수는 11.6퍼센트 하락했다. 그해 수익률이 −13퍼센트였으므로 테러를 악재로 생각할지도 모른다.[1]

그런데 과연 그럴까? 우리는 일화적 증거를 항상 의심해야 한다. 당시 다른 사건은 없었을까? 2001년은 '대형 약세장'이었다. 2001년 수익률 −13퍼센트는 9·11테러보다는 약세장의 영향이 훨씬 컸다고 봐야 한다. 2000년 3월 24일 기술주 거품이 붕괴하고 나서 18개월째 대형 약세장이 이어졌기 때문이다. 2001년 9월 10일까지

S&P500지수 수익률은 이미 −17.3퍼센트였다. 9·11테러 직후 11.6퍼센트 급락했던 S&P500지수 수익률은 이후 19영업일 동안 반등해 테러 이전 수준을 회복했고 연말까지 오름세를 이어갔다(그러나 기본 요소가 매우 취약했던 탓에 2002년 다시 하락세로 돌아섰다).[2]

1980년대 이후 주식시장은 테러를 여러 번 견뎌냈다. 테러 무렵에는 변동성이 다소 커졌지만 시장의 흐름이 크게 바뀌지는 않았다. 그리고 매번 곧바로 이전 상태를 회복했다. 테러 탓에 강세장이 끝난 사례는 한 번도 없었다. 도표 3.1~3.8을 참조하라.

도표 3.1 팬암 항공 103편 폭파사건

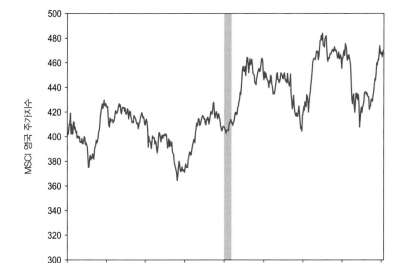

자료: 팩트세트, 2014.9.11. MSCI 영국 주가지수, 1987.12.21.~1989.12.21. 짙게 칠한 기간은 테러 전날과 이후 10영업일.

도표 3.2 세계무역센터 폭탄테러

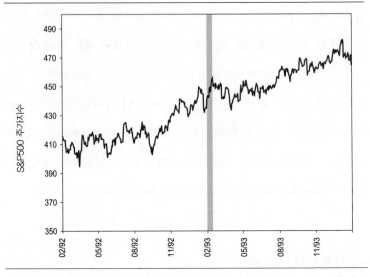

자료: 팩트세트, 2014.9.11., S&P500 주가지수, 1992.2.26.~1994.2.25. 짙게 칠한 기간은 테러 전날과 이후 10영업일.

도표 3.3 도쿄 지하철 사린 독가스 살포사건

자료: 팩트세트, 2014.9.11. MSCI 일본 주가지수, 1994.3.21.~1996.3.20. 짙게 칠한 기간은 테러 전날과 이후 10영업일.

도표 3.4 오클라호마시티 폭탄테러

자료: 팩트세트, 2014.9.11. S&P500 주가지수, 1994.4.19.~1996.4.19. 짙게 칠한 기간은 테러 전날과 이후 10영업일.

도표 3.5 IRA의 맨체스터 폭탄테러

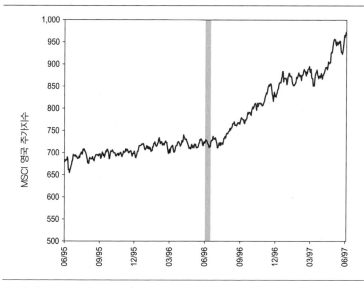

자료: 팩트세트, 2014.9.11. MSCI 영국 주가지수, 1995.6.15.~1997.6.13. 짙게 칠한 기간은 테러 전날과 이후 10영업일.

도표 3.6 마드리드 열차 폭탄테러

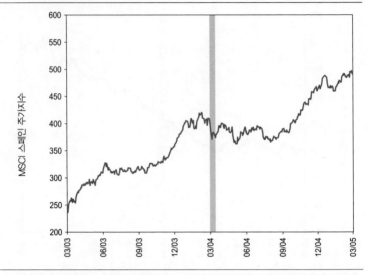

자료: 팩트세트, 2014.9.11. MSCI 스페인 주가지수, 2003.3.11.~2005.3.11. 짙게 칠한 기간은 테러 전날과 이후 10영업일.

도표 3.7 런던 대중교통 폭탄테러

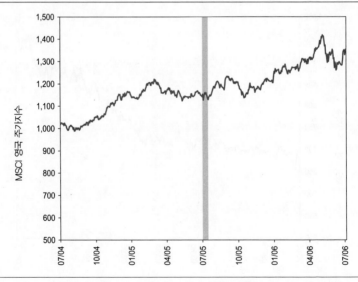

자료: 팩트세트, 2014.9.11. MSCI 영국 주가지수, 2004.7.7.~2006.7.7. 짙게 칠한 기간은 테러 전날과 이후 10영업일.

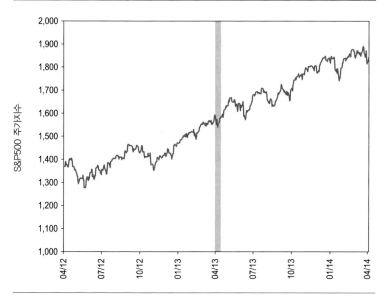

자료: 팩트세트, 2014.9.11. S&P500 주가지수, 2012.4.13.~2014.4.15. 짙게 칠한 기간은 테러 전날과 이후 10영업일.

과거의 사례도 이를 뒷받침한다. 테러는 투자심리에 충격을 주지만 그 충격은 단기에 그칠 뿐이다. 주식시장은 미래지향적이어서 곧바로 미래 경제성장, 이익, 정치요소들을 반영하기 시작한다(이런 요소들은 테러의 영향을 크게 받지 않는다). 9·11테러가 발생했을 때 시장은 6개월째 침체 상태였지만 11월부터 회복되기 시작했다. 이 테러가 애국법Patriot Act과 아프가니스탄 전쟁에는 영향을 미쳤지만, 2002년 10월까지 시장을 끌어내린 사베인스-옥슬리법에는 영향을 주지 않았다.

투자자들은 테러를 오래도록 기억한다. 그래도 기업들은 계속 이익을 내고, 경제는 성장하며, 나라는 여전히 잘 굴러간다. 세월이 흘러가면서, 사람들은 테러의 영향이 크지 않다는 사실을 깨닫는다. 그러면 주식시장은 테러의 충격에서 벗어나 반등하게 된다.

테러는 흡혈귀 한 마리에 불과하다. 전쟁도 마찬가지다. 아마도 가장 거대한 늙은 흡혈귀는 세계적인 전염병일 것이다. 몇 년에 한 번 유행성 독감이 퍼질 때마다, 대중매체는 수백만 명이 죽고 경제와 주식시장이 무너질 수 있다고 경고한다. 2009년에 돼지독감이 유행하자, 대중매체는 멕시코 돼지 탓에 막대한 인구가 죽을 수 있다고 경고했다. 2005년과 2006년에는 조류독감이 유행했다. 대중매체는 중국 닭들 탓에 세상이 망한다고 경고했다. 2003년에도 중국에서 사스SARS(중증 급성 호흡기 증후군)가 발생했다. 이 글을 쓰는 현재에는 아프리카에서 발생한 에볼라 바이러스가 미국으로 전염될까 걱정하고 있다.

이런 보도에 겁먹어서는 안 된다. 첫째, 전염병으로 수백, 수천 명이 죽은 사례도 거의 없거니와, 시장은 비정해서 그 정도 비극에는 꿈쩍도 하지 않는다. 둘째, 1918년 스페인 독감이 유행했을 때, 세계 인구의 3분의 1이 감염되어 약 1억 명이 죽었는데도, 주가는 근사하게 상승해 사람들을 놀라게 했다. 시장은 정말로 비정하고 잔인해서, 사람들의 고통은 무시한 채 오로지 돈만 바라본다. 전염병이 시장을 위협한다는 증거는 전혀 없다. 2005년 조류독감이 그랬던 것처럼 단기간 변동성을 높일 수는 있지만, 12~18개월 기준으로 보면 큰 영향이 없다.

전염병 이야기는 귀신 이야기인 셈이다. 어린 시절 모닥불 앞에 둘러앉아 귀신 이야기를 들으면 사실인 줄 알고 두려워서 잠도 못 잤다. 그러나 나중에 사실이 아님을 깨달았다. 실제로 흡혈귀는 존재하지 않으므로 걱정할 필요가 없다. 대중매체가 쏟아내는 비관론도 일종의 귀신 이야기다. 일시적으로는 공포 분위기를 조성해 시장의 변동성을 높일 수 있지만 그 영향은 오래가지 않는다. 투자자들이 공포가 허구임을 깨달으면 시장은 반등해 이전 모습으로 돌아간다.

시장과 대중매체가 존재하는 한 흡혈귀는 계속 등장할 것이다. 그러나 이제 우리는 흡혈귀의 정체를 알았으므로 달아날 필요가 없다. 사람들은 조만간 이성을 되찾을 것이고, 그러면 시장은 회복될 것이므로 우리는 흡혈귀를 기다렸다가 이용하면 된다.

쓸모없는 지표 분석

대중매체들의 경제 데이터 분석도 쓸모없기는 마찬가지다. 대중매체는 손쉽게 분석기사를 작성한다. 증가하면 좋고, 감소하면 나쁘다는 식으로 600단어를 채우면 하루 일과가 끝난다. 경제지표가 발표될 때마다 대중매체는 그 지표에 마치 마법적인 예측력이라도 있는 것처럼 보도한다.

정상적인 경기확장 기간에도 아무 의미 없는 변동성이 나타나기

마련이다. 지표가 하락하면 대중매체는 그것이 일시적인 현상인지 추세의 변화인지를 놓고 토론하지만, 이런 토론은 아무 의미 없는 소음에 불과하다. 모두 무시하기 바란다.

역발상 투자자들의 강점 중 하나는 소음을 걸러내 단순하게 생각한다는 사실이다. 단순하면 유리하다. 첫째, 대부분 단순한 답이 정답이기 때문이다. 둘째, 제정신을 유지할 수 있기 때문이다. 모든 경제 데이터를 다루다 보면 미쳐버리고 만다. 심지어 GDP 데이터 하나만으로도 돌아버릴 수 있다.

GDP는 이른바 모든 경제 데이터의 어머니다. 그래서 일부 분석가는 GDP를 추정하려고 한 분기에 발표되는 온갖 데이터를 수집하고 분석하면서 몇 달 동안 노력한다. 그러나 GDP는 이미 가격에 반영된 과거사에 불과하다. 지난 3개월 동안 발생한 모든 사건을 대강 합계한 숫자라는 말이다. 이 숫자가 형편없는 것은 아니지만, 그렇다고 경제를 제대로 반영하는 것도 아니다. 상장회사 주식은 사고팔 수 있지만 GDP는 사고팔 수도 없다.

GDP는 기업의 투자, 정부의 지출, 소비자의 지출을 포착한다. 그러나 놓치는 것도 많다. GDP는 수입을 제외한다. 수입은 수요를 반영하며, 기업들의 원가를 낮춰주는데도 말이다. 장담하는데, 수입이 감소하면 월마트는 곤경에 처할 것이다. 그런데도 수입이 감소하면 GDP는 훌륭해 보인다. GDP는 정부의 지출이 경제에 유익하다고 간주한다. 그러나 골수 케인스학파조차 동의하지 않을 것이다. 정부 부문이 민간 부문을 밀어낼 수도 있기 때문이다.

정확하지 않은 지표라도 없는 것보다는 나으니까, 이런 결점이 있어도 괜찮다고 생각할지 모르겠다. 그렇더라도 GDP는 투자에 쓸모가 없다. 과거사이기 때문이다. 시장은 과거에 관심이 없다. GDP는 시장이 과거에 예상하고 평가하고 체험한 사건들을 합계한 숫자에 불과하다. 예를 들어 2011년 7월, 대중매체는 2007~2009년 침체기의 GDP 수정치를 보도하면서 흥분했다. 물론 당시에는 매우 중요한 의미가 있었겠지만, 2년째 경제가 성장하고 있는 지금은 전혀 쓸모없는 숫자다. 주식시장은 앞만 내다볼 뿐 뒤는 돌아보지 않는다. 지난 분기의 생산량으로는 경제의 미래를 알수 없다.

대중매체가 보도하는 다른 경제 지표들도 모두 마찬가지다. 이들 지표 역시 매달 큰 폭으로 불규칙하게 바뀐다. 또한 이미 시장가격에 반영된 과거사에 불과하다. 산업생산, 소매판매, 소비지출, 제조업 생산, 수출, 수입 등은 모두 과거의 활동이다. 미래를 통찰하는 선행지표는 하나도 없다. 자동차 판매가 감소했다고 침체가 시작되는 것은 아니다.

이런 지표가 중요하다는 주장을 대중매체가 계속 퍼붓는 탓에 사람들은 지나치게 몰두한다. 대중매체는 소음에 불과한 지표들을 끝없이 쏟아내고 사람들은 쓸모없는 지표에서 의미를 찾아내려고 애쓴다. "3월에는 미국 산업생산이 활기 없던 겨울 수준을 넘어 증가하면서, 다음 달에도 상승 가능성을 보여준다."[3] "4월에는 소매 매출이 거의 증가하지 않았으므로, 2분기 성장률 급등 기대감이 낮아졌다."[4] "매우 침체했던 1분기 말에 소비 지출, 고용, 산업생산 지표가 탄력을 보여줬으므로, 4~6월에는 성장률이 상승할 전망이다."[5] "3월에는 수출이 최고 수준을 기록했지만, 무역적자가 예상만큼 감소하지 않았으므로, 주요 경제 전문가들은 1분기 GDP가 하향 조정될 것으로 기대한다."[6] 그러나 이런 내용은 모두 가격에 반영된 것들이다.

마지막 기사는 '가장 특이한 지표 해석 10위' 안에 들어갈 만한 주장이다. 이는 〈월스트리트저널Wall Street Journal〉에 실렸던 기사이지만, 다른 주요 대중매체들의 주장도 비슷했다. 2014년 3월 무역적자가 예상보다 크므로, 1분기 GDP가 소폭 증가에서 소폭 하락으로 수정될 것이라고 대중매체들은 경고했다(실제로 그렇게 수정되었지만, 이런 수정은 중요하지 않았다). 이들은 무역적자 탓에 가뜩이나 취약한 GDP가 더 나빠진다고 법석을 떨었지만, 이 숫자는 미국 경제의 건전성을 알려주는 지표가 아니다. 아무래도 상관없다는 의미다. 유일하게 중요한 점은 3월에 수출과 수입이 모두 증가했다는 사실로서, 국내외 수요가 동시에 많았다는 것이다. 악재가 아니라 호재였다는 뜻이다. 그러나 선행지표는 아니다. 그러므로 "좋은 일이지만, 이미 주가에 반영되었어"라고 생각하고 넘어갈 일이다.

신통한 지표

세계 경제의 흐름을 내다보려고 지표를 수십 개씩이나 분석할 필요는 없다. 그런 지표를 너무 많이 생각하면 골치만 아플 뿐이다. 나는 그러기 싫다. 당신도 그럴 필요 없다. 쓸데없는 짓이다. 몇 개월 뒤 경기가 좋아지는지 나빠지는지를 쉽고 간단하게 보여주는 지표만 보면 된다.

그 지표는 경기선행지수(Leading Economic Index, LEI)다. 단순하면서도 신통한 지수다. 경기선행지수는 대공황 이후 경제 통계와 국민계정이 크게 유행하던 시기에 개발되었다. 누구나 지옥 같은 침체기가 지나갔다고 직관적으로 생각했지만 이를 확인해줄 계량 지표는 전혀 없었다. 당시 전미경제연구소(National Bureau of Economic Research, NBER) 이코노미스트였던 아서 번스Arthur Burns와 웨슬리 미첼Wesley Mitchell은 전미경제연구소에 축적된 과거 데이터를 이용하면 미국 경제가 얼마나 축소되었는지 측정할 수 있을 것으로 직감했다. 그리고 과거 패턴을 찾아내면 다음 침체기 예측에 유용할 것으로 생각했다. 여기서 이들이 발견한 것이 바로 경기순환이다.

이들은 분석을 통해 다른 변수들보다 앞서가는 변수, 다른 변수들과 함께 가는 변수, 다른 변수들보다 늦게 가는 변수를 찾아냈다. 1950년, 역시 전미경제연구소 이코노미스트였던 제프리 무어Geoffrey Moore가 이들 변수를 선행지수, 동행지수, 후행지수로 분류해 소개했다. 이렇게 해서 가장 선행적인 경제변수들을 모은 경기선행지수가 1950년에(우연히도 내가 태어난 해에) 탄생했다. 이렇게 오래전에 탄생한 경기선행지수는 이후 관리 주체가 여러 번 바뀌었다. 처음에는 경기선행지수를 전미경제연구소가 산출했지만, 1961년 미국 통계국US Census Bureau이 업무를 넘겨받았다. 1972년에는 상무부 경제분석국이 맡았고, 1995년부터는 콘퍼런스보드가 맡고 있다. 콘퍼런스보드는 유로존과 11개 주요 국가들의 경기선행지수도 산출하고 있다.

지금은 경기선행지수의 모습이 처음과 많이 달라졌다. 미국 경제가 발전하는 과정에서 경제를 구성하는 요소들이 계속 바뀌었기 때문이다. 처음에는 경기선행지수가 1940년대 미국 경제의 특성을 반영했다. 당시에 포함된 요소는 파산기업들의 채무, 다우존스 산업평균, 내구재 주문, 주거용 및 상업용 건물 건축 계약, 평균 주당 제조업 근로시간, 신규설립법인, 도매상품지수였다. 제2차 세계대전 직후에는 제조업 비중이 높았기 때문이다.

이후 30년 동안 여러 요소가 바뀌었다. 제조업 비중이 높았던 가격 가중 지수인 다우존스 산업평균은 더 광범위한 시가총액 가중 지수인 S&P500으로 대체되었다. 주거용 및 상업용 건물 건축 계약은 민간 주택건설 허가건수로 대체되었다. 도매상품가격은 산업용 금속가격으로 대체되었다. 산업용 금속가격, 신규설립 법인, 파산 기업들의 채무는 예측력이 없다는 이유로 지수에서 완전히 제외되었다. 대신 공급자 배송시간이 포함되었다가 선행성이 더 강한 제조업 수주로 대체되었다. 밀턴 프리드먼Milton Friedman의 영향력이 커지자 M2 통화공급과 미국 국채 10년물 수익률이 한동안 포함되었으나, 1996년 콘퍼런스보드는 가장 중요한 선행지수인 장단기 금리 차이(국채 10년물 수익률과 연방기금금리의 차이)로 대체했다. 장단기 금리 차이가 확대되면 경제가 성장하고 주가가 상승한다는 사실은, 100여 년에 걸친 경제이론과 증거가 뒷받침한다. 경제학자들은 일찌감치 1980년대 초부터 경기선행지수에 포함해야 한다고 주장했지만(관료적인 정부기관이 늘 그러듯) 뒤늦게야 반영한 것이다.

마지막으로 주요 변수가 바뀐 시점은 2011년이다. 콘퍼런스보드는 자금조달 용이성을 평가하는 선행신용지수Leading Credit Index(콘퍼런스보드가 조사)를 추가했다. 이제 콘퍼런스보드는 10개 변수로 경기선행지수를 구성한 뒤(표 3.1 참조) 1959년까지 거슬러 올라가면서

표 3.1 경기선행지수 구성

경기선행지수의 구성 요소
1.　평균 주(週)당 제조업 근로시간
2.　평균 주당 신규 실업수당 청구권자 수
3.　소비재 신규 주문
4.　비방위(非防衛) 자본재 신규 주문(항공기 제외)
5.　공급관리자협회(ISM) 신규 주문지수
6.　민간주택건설 허가 건수
7.　S&P500 주가지수(월평균 종가)
8.　선행신용지수(Leading Credit Index, 콘퍼런스보드가 조사)
9.　장단기 금리 차이(국채 10년물 수익률과 연방기금금리의 차이)
10.　평균 소비자 경제활동 기대(미시간대 조사와 콘퍼런스보드 조사)

자료: 콘퍼런스보드

이 지수를 다시 산출했다. 도표 3.9에서 보듯이, 이 지수는 미국 경제의 진행 방향을 놀라울 정도로 정확하게 내다본다. 단기적인 흐름이 아니라 장기 추세가 그렇다는 말이다. 경기선행지수 추세는 대개 몇 개월을 선행한다. 경기선행지수가 상승하는 중에 경기가 침체한 경우는 지난 55년 동안 한 번도 없었다. 반드시 경기선행지수가 한동안 하락한 다음에만 경기가 침체하기 시작했다.

세계 경제의 흐름을 내다보려면, 주요 국가의 경기선행지수만 보면 된다. 미국, 영국, 중국, 일본, 유로존의 경기선행지수면 충분하다. 너무 많이 생각할 필요 없다.

두 그래프를 보면, 2008년 금융위기 직전에 경기선행지수가 대폭 하락했는데도 왜 사람들이 이 흐름을 놓쳤는지 궁금할 것이다. 답은 아주 간단하다. 두 그래프는 2011년에 개발한 경기선행지수를 소급해서 작성한 것이므로, 2008년에 실제로 발표한 경기선행지수와 다르기 때문이다. 당시 작성한 그래프에서는 지수가 바닥까지 떨어지지 않았다. 2006년과 2007년에는 대체로 평평한 모습이었고, 2007년 말에 점진적으로 하락했을 뿐이다. 여기서 콘퍼런스보드는 침체기 직전에 자금조달시장이 얼어붙으면 경기선행지수가 제대로 작동하지 않는다는 사실을 깨달았고, 그래서 선행신용지수를 개발하게 되었다. 콘퍼런스보드 웹사이트에는 다음과 같은 관련 자료가 공개되어 있다. "콘퍼런스보드

도표 3.9 경기선행지수와 경기 침체

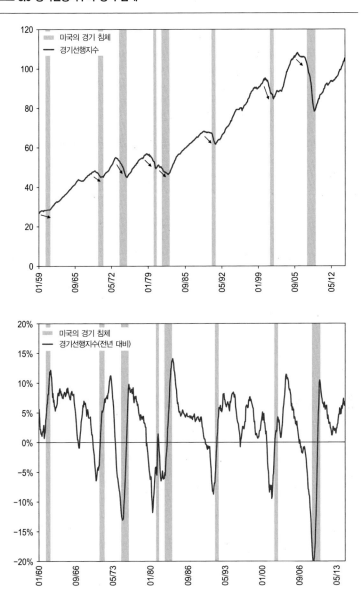

자료: 콘퍼런스보드와 전미경제연구소, 2014.12.9. 콘퍼런스보드 경기선행지수, 1959.1.~2014.10. 짙게 칠한 기간은 전미경제연구소가 지정한 침체기.

미국 경기선행지수 종합 벤치마크 수정(Comprehensive Benchmark Revisions for the Conference Board Leading Economic Index for the United States)." 여기서 작성자들은 다음과 같이 밝혔다. "최근 경기순환주기 정점 기간에 기존 경기선행지수는 5개월 선행했으나, 새 경기선행지수는 무려 21개월이나 선행했다는 사실이 흥미롭다. 그리고 돌아보면 경기가 침체기로 접어들 때도 새 경기선행지수는 선행성이 평균을 초과했다. 최근 침체기에 기존 경기선행지수는 정점에서 저점까지 7퍼센트 하락했으나 새 경기선행지수는 약 20퍼센트 하락했다."[7]

1개월짜리 흐름에 몰두하지 말고 장기 추세를 보면 된다. 그리고 미국의 추세만 봐도 대체로 충분하다. 경기선행지수는 효과적이다. 그런데도 보는 사람이 드물다. 아마 화려하지도 않고 복잡하지도 않기 때문일 것이다. 그러나 매우 훌륭한 지표다. 원래 단순한 지표가 가장 좋다. 기자들은 화려한 개별 데이터를 주로 다룬다. 다른 데이터가 사람들의 관심에서 멀어질 무렵, 새로운 데이터가 나와 조명을 받기 때문이다. 그러나 경기선행지수를 다루는 대중매체는 거의 없다. 경기선행지수를 산출하는 콘퍼런스보드는 지수를 갱신할 때마다 보도자료를 배포한다. 그러나 〈월스트리트저널〉이나 〈블룸버그〉 같은 일류 매체가 주요 뉴스로 취급하는 사례는 드물다. CNBC 해설자들도 경기선행지수를 분석하지 않는다. 주요 국가가 모두 경기선행지수를 산출한다는 사실을 아는 사람조차 거의 없다. 사람들이 이토록 모르기 때문에 주가에 충분히 반영되지 않고, 그래서 경기선행지수가 위력을 발휘하는 것이다. 사람들이 과거 데이터를 바탕으로 경기가 침체한다고 예상하는데도 경기선행지수가 여전히 상승한다면, 이때야말로 역발상의 기회가 된다.

경기선행지수가 위력을 발휘하는 것은 구성요소 덕분이다. 변수 하나하나가 완벽한 척도는 아니지만 변수 10개가 결합해 큰 힘을 발휘한다. 제조업, 소비 지출, 건설, 신용의 미래상뿐 아니라, 강력한 선행지표인 주가지수와 수익률 곡선도 포함된다.

경기선행지수에는 주가가 포함되므로 경기선행지수로 주식시장을 예측하면 안 된다. 주가로 주가를 예측할 수는 없기 때문이다. 그래도 경기 흐름을 내다볼 수 있다. 포레스트 검프Forrest Gump의 표현을 빌리면 "걱정 하나 덜었어요"가 된다.

경기선행지수에서도 소음이 발생한다. 일부 요소는 변동성이 매우 크다. 신규 주문, 주택건설 허가 건수, 제조업 근로시간, 신규 실업수당 청구권자 수는 경기 확장기에 갑자기 약세로 돌아서기도 한다. 소비자 경제활동 기대는 변동성이 작지만 선행성도 매우 약하다. 소비자 경제활동 기대는 사람들의 최근 심리를 반영하는 설문조사이므로 기껏해야 동행지수에 불과하다. 주가도 심리 탓에 소음이 발생하긴 하지만 그래도 궁극적인 선행지표다.

선행신용지수와 장단기 금리 차이에는 일관성과 선행성이 있다. 두 지표는 추세가 장기간 이어지며 침체기가 시작되기 전에 전환점이 나타난다. 수익률 곡선이 역전되면 침체가 온다는 강력한 신호다. 그리고 신용 상황이 악화하면 대부분 투자가 감소한다. 다른 지표들이 뒤죽박죽으로 나온다면 선행신용지수와 장단기 금리 차이를 바탕으로 판단할 때 적중률이 높아진다.

경기선행지수를 이용하면 경기에 대한 사람들의 기대감이 옳은지 그른지 파악할 수 있다. 2010년 초, 사람들은 미국 경기가 이중 침체에 빠질까 걱정했다. 여러 지표가 둔화하거나 하락했으므로 이중 침체가 확실하다고 생각했다. 경기가 '탈출 속도'에 도달하지 못한 탓에 중력에 끌려 추락한다고 봤던 것이다.

그러나 경제는 우주선이 아니다. 전문가들이 이륙, 탈출 속도, 모멘텀, 중력 등을 근거로 제시하는 예측은 에누리해서 들어야 한다. 물리 법칙은 시장에 적용되지 않는다. 오로지 수요와 공급의 법칙만 적용된다. 그러므로 경제가 활력을 잃는다고 대중매체가 안달하면 수요와 공급이 모두 반영된 경기선행지수만 보면 된다.

사람들이 이중 침체를 두려워할 때마다 경기선행지수는 고개를 쳐들었다. 도표 3.9를 다시 보라. 경기선행지수를 믿은 사람들은 보상받았다. 경기선행지수를 무시한 채 불안정한 후행지표 몇 개를 보고 주식을 팔아버린 사람들은 2010년 세계 주가가 11.8퍼센트 상승하는 모습을 지켜볼 수밖에 없었다.

경기선행지수는 다른 나라에서도 통한다. 나라마다 경기선행지수 구성 요소가 다르므로, 경기선행지수도 나라마다 다르게 나온다. 중국은 정부가 신용 증가율을 결정하는 계획경제이므로 경기선행지수에는 당연히 수익률 곡선이 포함되지 않는다. 인도에서는 신용 상황을 파악하기 어려우므로 경기선행지수에 선행신용지수 대신 M3 통화공급 증가율을 사용한다. 그러나 미국이 수십 년에 걸쳐 경기선행지수를 분석하면서 얻은 교훈은 외국 경기선행지수에도 그대로 적용된다.

유로존을 보자. 2013년 6월, 유로존은 18개월 만에 침체에서 벗어났지만 사람들은 모두 '미약한 회복세'를 걱정했다. 사람들은 매달 발표되는 여러 지표를 보면서 이중 침체를 두려워했다. 전년도 경기 흐름을 경기선행지수가 거의 완벽하게 예측했다는 사실을 아는 사람은 거의 없었다. 경기선행지수가 몇 개월 상승하고 나서 침체가 끝났던 것이다. 이후 경기선행지수가 약간 하락하자 2분기에는 GDP 증가율이 다소 둔화했다. 그러고서 경기선행지수가 급등하면서 성장세 가속을 시사했다. 경기선행지수가 옳았다. 그러나 아무도 알아채지 못했다.

프랑스에서도 똑같은 일이 벌어졌다. 2013년 말, 사람들은 프랑스를 유럽의 '병자病者'라고 표현했다. 미시간 주를 미국의 '병자'라고 말하는 사람은 아무도 없다. 그러나 유럽은 특이해서 오스만 제국 이후 늘 '병자'가 있었다(최근 병자가 된 그리스도 오스만 제국에 포함된다).

프랑스가 병자로 몰린 것은 2013년 4분기 구매관리자지수(Purchasing Managers Index, PMI)가 형편없었기 때문이다. 대중매체는 구매관리자지수를 좋아한다. 매달 초에 발표되어 그달의 경기 흐름을 제시하기 때문이다. 지수가 50보다 높으면 성장을, 50보다 낮으면 수축을 가리킨다.

구매관리자지수는 기껏해야 다소 유용한 정도이지 그다지 정확한 지표는 아니다. 설문조사이므로 신뢰도도 높지 않다. 대럴 허프 Darrell Huff의 고전, 《새빨간 거짓말 통계How to Lie with Statistics》를 읽어보면 설문조사를 신뢰하기 어려운 이유를 알 수 있다(8장 참조). 구매관리 자지수는 그달에 수요, 고용 등 전반적인 사업활동이 증가한 기업의 수를 조사한다. 하지만 증가 규모는 조사하지 않는다. 증가한 기업의 수가 적어도 이들의 증가율이 높으면 그 나라 경제가 성장세로 진입할 수도 있다.

그러므로 표제 구매관리자지수 이면에 있는 신규 주문, 수출 주문, 수주 잔고 등 핵심 요소에 주목해야 한다. 이들 수치가 50을 초과하면 수요가 증가한다는 뜻이다. 오늘 받은 주문과 수주 잔고는 내일 생산으로 바뀐다. 그리고 경기선행지수를 보라. 사람들은 프랑스를 병자로 생각했지만 경기선행지수는 상승하고 있었다. 이번에도 경기선행지수가 옳았다. 프랑스는 병자가 아니었다.

이 모든 사례에서 누구든 경기선행지수를 봤다면 매우 쉽고 빠르게 경기 흐름을 파악할 수 있었다. 경기선행지수는 찾기도 쉽다. 콘퍼런스보드 웹사이트(www.conference-board.org)로 가면 된다. 첫 페이지에 모두 나온다. 이 자료를 통해 당신은 신통한 지표를 이용하는 소수가 될 수 있다. 다른 곳에서도 경기선행지수를 산출하지만 신뢰할 만한 기관은 콘퍼런스보드뿐이다.

고빈도매매(초단타매매)

간혹 사람들은 시장과 무관한 일에 애태우기도 한다. 2010년 5월의 '갑작스러운 시장붕괴Flash Crash'로 악명을 떨친 고빈도매매가 그런 사례다.

고빈도매매는 고성능 컴퓨터를 이용해서 수많은 주문을 초고속으로 실행하는 프로그램 트레이딩을 말한다. 예컨대 주당 0.5센트를 벌려고 순식간에 주식을 사고판다. 그러나 이런 거래를 매일 수천 건 실행하므로 상당한 이익을 얻을 수 있다.

고빈도매매자들이 매년 벌어들이는 돈이 수십억 달러에 이르자, 이들에게 비난이 빗발쳤다. 비난의 내용은 이런 식이다. "고빈도매매자들은 증권거래소 매매체결 프로그램에 접근하거나 주문 흐름 정보를 사서 우리 주문을 모두 들여다보고 있다. 우리가 '매수' 주문을 PC에 입력하면, 이들은 우리 주문이 체결되기 전에 재빨리 해당 종목을 사서 웃돈을 조금 붙여 우리에게 판다. 우리 눈에는 보이지 않지만 고빈도매매자들은 이렇게 소액을 번다. 우리 돈을 그들이 가져가는 것이다."

다른 주장도 있다. "고빈도매매자들은 시장조성자들을 몰아내고 유동성을 높였으며, 매수·매도 호가 차이를 대폭 낮춰 사람들이 더 쉽고 싸게 매매할 수 있게 되었다. 고빈도매매자들이 벌어가는 주당 0.5센트 정도는 이 서비스에 대한 수수료다. 과거 매수·매도 호가 차이가 클 때 우리가 부담했던 비용보다 훨씬 싸다."

이제는 분명히 이해하겠지만 고빈도매매는 시장의 흐름과 무관하다. 시장의 기능에 관한 이야기다. 고빈도매매 탓에 강세장이 약세장으로 바뀌는 일은 절대 없다. 시장조작 주장은 소음에 불과하다. 우리는 시장충격에 관한 논란에 말려들 필요가 없다.

그러나 고빈도매매가 시장 흐름에 영향을 미친다고 비난하는 사람도 있다. 주가 흐름, 경제 뉴스, 실적 보고 등을 기준으로 컴퓨터가 수많은 매매를 자동으로 실행하므로, 시장의 변동성이 증가해 갑작스러운 시장붕괴가 발생한다고 이들은 주장한다.

그러나 이런 주장도 소음이다. 첫째, 이 주장이 옳다는 증거가 없다. 요즘 시장의 변동성은 과거보다 감소했다. 고빈도매매가 없었던 1930년대에는 하루 중 변동성이 엄청나게 컸다. 둘째, 위의 주장이 맞아도 문제가 되지 않는다. 주가가 하락해도 몇 분 단위로 잠깐 하락할 뿐이다. 알고리즘에 의해 매물이 폭포처럼 쏟아져서 주가가 하락한다면, 반대로 알고리즘에 의해 매수 주문이 밀물처럼 몰려들어 주가가 상승할 수도 있다. 하락할 때 팔아버리지 않는다면 손실 볼 일은 없다. 갑작스러운 시장붕괴조차 주식의 장기 수익률에 아무런 영향을 미치지 않는다.

전쟁이 미치는 영향

전쟁은 주식을 제외하고 모두에게 악영향을 미친다. 물론 다소 과장된 표현이다. 사실은 주식시장에도 전쟁이 유리한 것은 아니다. 그러나 지역분쟁 탓에 강세장이 끝난다는 증거는 전혀 없다. 미국이 개입되었다 해도 마찬가지다. 갈등이 고조되면 시장이 불안감에 휩싸여 변동성이 커질 때도 있지만 이런 현상은 금방 사라진다. 분쟁은 진정되기도 하고, 전쟁으로 비화하기도 하지만 그 파문이 널리 확산되는 것은 아니다. 직접 관련된 사람들에게는 전쟁이 끔찍하지만 나머지 사람들에게는 평범한 일상이 그대로 유지된다. 사업이 중단되는 것도 아니고, 무역이 중단되는 것도 아니다. 사람들이 이 사실을 깨달으면 주가도 제자리를 찾아간다.

그러나 사람들은 이렇게 생각하지 않는다. 주로 대중매체 탓이다. 매우 먼 곳에서 사소한 분쟁이나 소규모 접전이 벌어져도 대중매체는 어김없이 주식시장과 경제가 영향을 받는다고 경고한다. 그 지역이 중동일 경우 석유 관련주에 대한 경고는 두 배로 많아진다.

이런 경고를 받으면 사람들은 흥분하기 쉽다. 전쟁은 지옥이기 때문이다. 그러나 흥분해서 주식을 던져버리면 돈을 벌기 어렵다. 냉정함을 유지하면서 합리적으로 생각해야 한다. 이때 역사와 규모를 생각해보라. 지역분쟁이 약세장을 불러온 역사적 사례는 없다. 분쟁은 대부분 좁은 지역에서 발생했다가 곧 해소되므로 세계 경제에 미치는 영향은 크지 않다. 2014년에는 분쟁지대가 우크라이나와 이라크

였는데, 세계 GDP에서 차지하는 비중이 각각 0.2퍼센트와 0.3퍼센트에 불과했다.[8] 2013년 분쟁지대였던 시리아는 0.1퍼센트였다.[9] 2012년 분쟁지대였던 이집트는 0.4퍼센트였다.[10] 세계 생산량과 교역량의 극히 일부다. 지역분쟁이 세계대전으로 확산하지만 않으면 십중팔구 시장위험이 아니다.

대중매체는 역사를 거의 돌아보지 않는다. 그래서 역사는 역발상 투자의 강력한 수단이 된다. 앞에서도 말했지만 대중매체가 맹렬하게 주장을 펼치면 우리는 그 근거를 요구해야 하며, 직접 찾아봐야 한다. 가장 훌륭한 방법은 시장 역사를 돌아보는 것이다. 근사한 주식시장 데이터베이스가 없어도 괜찮다. 과거 S&P500 수익률을 아주 쉽게 이용할 수 있다. 야후 파이낸스Yahoo! Finance에 1950년 이후 S&P500 주가지수 일간 수익률이 공개되어 있는데 무료로 이용할 수 있다. 어떤 사건이 주식시장에 악재로 작용한다고 대중매체가 떠들어댈 때마다 과거 비슷한 사건이 있었던 시점의 주가 흐름을 찾아보라. 역사에 똑같은 사건이 되풀이되는 일은 절대 없지만 비슷한 일은 자주 되풀이된다. 따라서 어떤 사건이 시장에 미치는 영향을 평가하려면 과거에 비슷한 사건이 시장에 미친 영향을 살펴보면 된다. 대중매체가 주장하는 영향은 전혀 발생하지 않을 때가 많다.

이제 역발상 관점으로 역사를 돌아보자. 과거의 지역분쟁을 찾아보라. 주가에 아무 영향도 미치지 않았을 것이다. 심지어 중동에서 분쟁이 발생했을 때도 그랬다. 사람들은 중동에서 분쟁이 발생하면 항상 두려워한다. 막대한 석유가 있고, 언제라도 핵 공격을 받을 수 있는 세계의 화약고로 생각하기 때문이다. 그러나 중동에서는 분쟁이 끊이지 않았다. 현대적 시장이 등장한 이래로 항상 그랬다. 그러나 세계 경제를 위협할 정도로 분쟁이 확산된 적은 한 번도 없다. 강세장이든 약세장이든, 시장은 중동의 분쟁에 익숙해졌다. 중동의 분쟁이 시장 흐름을 바꾼 적은 한 번도 없었다.

내 말이 믿기지 않는가? 중동에서 4대 분쟁이 발생했던 기간의 S&P500 흐름을 보자(도표 3.10 참조). 강세장에서 이탈한 사례가 하나도 없다. 초기의 불확실성이 공포감을 불러와 주가가 흔들린 적은 있지만, 분쟁이 끝나기 훨씬 이전에 주가는 다시 상승세로 돌아섰다.

무조건 군중과 반대로 가는 사람들은 "일단 팔았다가 전쟁 공포가 고조되면 다시 사야지"라고 생각할지도 모른다. 그러나 단기 시점 선택은 헛수고일 뿐이다. 전쟁 공포감에 주가가 내려간다는 보장은 없다. 2013년 사람들이 미국의 시리아 공습을 두려워할 때도 주가는 내려가지 않았고, 2014년 3월 러시아가 우크라이나를 침공했을 때도 내려가지 않았다. 재매수 시점을 잡기도 쉽지 않다. 주가는 첫 번째 총성이 울렸을 때 상승하기도 하고, 몇 주 뒤에 상승하기도 한다. 시점 선택을 잘하더라도 거래비용과 세금을 고려하면 본전이 될 수도 있다. 그러므로 기다리는 게 최선이다.

이밖에도 사례가 많다. 한국전쟁이 시작되자 S&P500이 곧바로 조정을 받았다. 공식 개전일 약 2주 전인 1950년 6월 12일부터 7월 17일까지 14퍼센트가 하락했다.[11] 그러나 9월 22일이 되자 주가는 낙폭을 모두 만회했다. 1950년 6월 25일부터 1953년 7월 27일까지의 전쟁기간에 S&P500은 25.8퍼센트 상승했다.[12]

S&P500은 1962년 쿠바 미사일 위기가 고조되었을 때도 하락했으나, 케네디 대통령이 해상봉쇄에 대해 TV 연설을 한 이튿날인 8월 23일 바닥을 쳤다. 흐루쇼프Khrushchyov 소련 총리가 해상봉쇄를 '침략 행위'로 규정하면서 소련 선박들이 봉쇄선에 접근하던 10월 24일에는 주가가 상승했다. 11월 5일 소련 선박들이 돌아가는 시점까지, S&P500은 저점에서 9.1퍼센트 상승했다.[13] 이 강세장은 이후 3년간 더 이어졌다.

도표 3.10 중동 분쟁과 주가

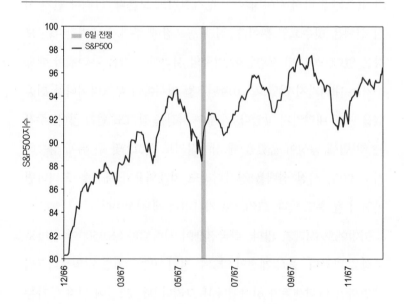

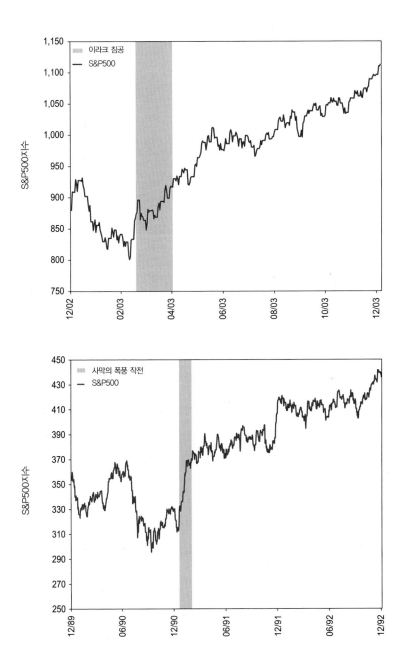

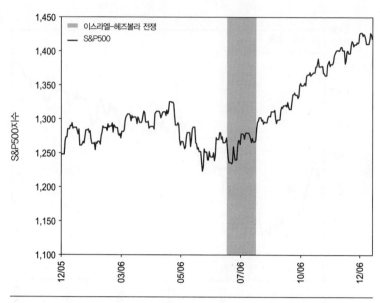

자료: 팩트세트, 2014.7.15. S&P500지수, 1966.12.30.~2006.12.29.

S&P500은 1994년 미국이 보스니아 전쟁에 개입할 때도 출렁였으나, 크로아티아에 대한 나토NATO의 공습이 시작된 직후 반등했다. 이후 1995년 12월 20일 전쟁이 끝날 때까지 36퍼센트 상승했다.[14]

사례는 또 있다. 1973~1974년 중 일부는 약세장 기간이었다. 사람들은 1973년 10월에 시작된 욤 키푸르 전쟁Yom Kippur War(제4차 중동전쟁)이 약세장을 불러왔다고 확신한다. 그러나 약세장은 10월이 아닌 1월에 시작되었다. 시점이 전혀 일치하지 않는다. OPEC의 금수禁輸 조치 기간은 1973년 10월 16일~1974년 3월 16일이었다. OPEC의 조치를 미국의 이스라엘 지지에 대한 보복으로 간주하더라도, 실제 약세장 기간(1973년 1월 11일~1974년 10월 3일)과 전혀 맞지 않는다.

분쟁을 약세장의 원인으로 간주할 수 있는 사례는 역사상 단 하나뿐이다. 1938년, 히틀러가 주데텐란트Sudetenland(체코 서부지역)를 침공하면서 영토 야욕을 분명하게 드러내자, 세계는 제2차 세계대전 가능성을 주가에 반영하기 시작했다. 이에 따라 갓 시작된 강세장은 끝나버리고 말았다(5장 참조). 이때도 주가가 곧바로 폭락한 것은 아니다. 이후 계속 소강상태를 보이다가 1940년 프랑스가 함락되자 시장은 충격에 휩싸였다. 독일이 마지노선Maginot Line을 우회하자, 5월 첫 3주 동안 S&P500은 거의 25퍼센트 하락했다.[15] 역사가 니얼 퍼거슨Niall Ferguson은 저서 《금융의 지배The Ascent of Money》에서 제1차 세계 대전도 마찬가지로 주가에 참혹한 영향을 미쳤다고 주장한다. 개연성 높은 주장이지만 이 기간의 데이터는 신뢰도가 매우 낮다(5장 참조). 요컨대 세계대전은 주가에 중대한 영향을 미치지만 지역 분쟁은 그렇지 않다.

세계 강대국들이 대결하는 세계대전이 일어나지 않는 한 지역분쟁이 약세장을 부르는 경우는 없다. 그러면 제3차 세계대전이 일어날 가능성에 대해서는 어떻게 평가해야 할까? 제3차 세계대전은 언제든 일어날 수 있다. 무슨 일이든 일어날 가능성은 항상 있으니까. 그러나 가능성이 있는 것과 가능성이 큰 것은 다르다. 분쟁이 세계대전으로 비화할 수 있는 증거가 산더미처럼 쌓여야만 가능성이 크다고 말할 수 있다.

분쟁은 늘 발생한다. 이 글을 쓰는 현재에도 민간 항공기 한 대가 우크라이나 동부 분쟁지역 상공에서 격추되었다는 속보가 떴다. 승객 298명을 태우고 암스테르담에서 쿠알라룸푸르로 가는 비행기였다. 참혹한 인명 손실을 기록한 국제 사건이다. 대중매체들은 벌써 주가가 내려갈 것이라고 말한다. 그러나 나는 과거 사례를 기억한다. 1983년 대한항공 007편이 소련 상공에서 격추되었을 때, 사람들은 냉전이 무력전쟁으로 바뀔 것이라고 확신했다. 그러나 무력전쟁은 일어나지 않았고 막 시작된 강세장이 계속 이어졌다.

소가 되지 말고 역발상 투자자가 되라

대중에게는 근시안이라는 특성 말고도 공통점이 또 있다. 모두 되새김질을 한다는 사실이다. 때로는 어떤 주제에 대해 몇 년씩 되새김질하기도 한다. 되새김질이란 한 번 소화한 음식물을 게워내서 다시 씹는 행위다. 그런 음식물은 영양가가 거의 없다. 되새김질은 그다지 유용한 행위가 아니다. 사람들이 껌을 씹듯이 소가 습관적으로 하는 행위일 뿐이다.

뉴스 되새김질도 마찬가지다. 되새김질을 해도 투자 실적은 개선되지 않는다. 투자 판단이 개선되는 것도 아니다. 대중매체가 과장 보도하는 되새김질거리 뉴스(잘 먹히는 악재들)는 영양가가 없다. 시장은 매우 효율적이기 때문이다. 대중매체가 쏟아내는 뉴스는 대개 정확하지도 않고 주가에 미치는 영향도 없다. 이미 주가에 반영되었기 때문이다.

2009년 3월부터 시작된 강세장 기간에 사람들은 되새김질을 많이 했다. 중국이 대표적인 사례다. 2010년 이래로 사람들은 중국의 성장이 둔화해 경착륙할 것이고, 그러면 세계 경제와 주식시장도 함께 주저앉을 것이라고 걱정했다. 구매관리자지수가 하락하거나, 무역 실적이 악화하거나, 소매판매지수가 내려가거나, 산업생산이 감소할 때마다 사람들은 시장 붕괴를 두려워했다. 1년 GDP 실적이 잘 나올 때마다 전문가들은 "올해는 괜찮았지만, 내년에는 바닥이 내려앉을 겁니다"라고 말했다. 이들은 경착륙의 근거로 제시한 요소가 빗나가면 다른 요소를 제시했다. 한동안은 부동산 거품의 붕괴를 두려워했다. 그러나 예측이 빗나가자 제조업이 주저앉는다고 말을 바꿨다. 이 예측도 빗나가자 이번에는 은행 시스템이 무너진다고 했다. 이 예측 역시 맞지 않자 다시 부동산 거품 붕괴론으로 돌아갔다.

실제로 중국 경기는 그동안 둔화했다. 그러나 경착륙은 아직 일어나지 않았다. 중국 탓에 세계 경제가 주저앉지도 않았고, 세계 주식시장은 좋은 실적을 기록했다. 시장은 중국의 성장 둔화를 걱정하지 않는다. 그런데도 사람들은 되새김질을 계속하고 있다.

유로존 부채 위기도 대표적인 되새김질거리였다. 그리스가 비틀거리기 시작한 2009년 말부터 대중매체는 되새김질거리를 계속 쏟아냈다. 2010년과 2011년 내내 사람들은 두려움에 떨었다. 그리스에 이어 아일랜드, 포르투갈, 이탈리아, 스페인의 국가부도 위험이 고개를 쳐들면서 유로가 해체되어 세계가 혼란에 빠질지 모른다는 걱정도 했다. 그러나 2012년 2월 그리스가 실제로 부도를 냈을 때 이미 공포감을 반영한 시장은 눈도 깜짝하지 않았다. 그해 말 그리스가 2차 부도를 냈을 때는 이 사실을 인지하는 사람조차 거의 없었다. 그 사이 유로 해체에 대한 두려움은 유로존 경기침체 심화에 대한 두려움으로 바뀌었다. 그러나 2013년 중반 유로존 경기가 회복하기 시작하자 이번에는 저성장에 대한 두려움으로 바뀌었다. 그리고 2014년에는 디플레이션에 의해 명목 GDP가 감소하는 '잃어버린 10년'에 대한 두려움으로 바뀌었다.

지난 5년 동안 두려움의 대상은 계속 바뀌었지만 그 뿌리는 바뀌지 않았다. 사람들은 통화가치 하락, 침체 심화, 성장 둔화, 디플레이션 등을 두려워했지만 정말로 두려워한 것은 유럽 대륙이 블랙홀이 되어 세계 경제를 집어삼킨다는 비관론이었다. 사람들은 5년 동안 이 비관론을 계속 되새김질했지만 주가는 오히려 상승했다. 이들의 두려움이 적중한 적이 있는가? 물론 있다. 그리스에 대한 우려는 적중했다. 침체에 대한 우려도 적중했다. 확증편향을 강화하기에 충분한 적중률이었다. 그러나 이들의 두려움은 이미 주가에 반영된 탓에, 두려움은 적중했어도 주가는 하락하지 않았다.

우리는 이런 되새김질거리가 이미 주가에 반영되어 있어서 효과가 없다는 사실을 분명히 이해해야 한다. 사람들의 예상이 적중해 실제로 악재가 발생하더라도 효율적인 시장은 십중팔구 이미 주가에 반영했다는 말이다. 그래서 유럽 대륙이 18개월 동안 침체했어도 세계 주식시장은 폭락하지 않았다. 6장에서 논의하겠지만 같은 이유로 오바마케어에 대해서도 주가는 눈 하나 깜짝하지 않았다.

그러나 아직 정치를 논할 시점은 아니다. 우리는 이제 겨우 안면을 튼 사이이기 때문이다. 게다가 먼 훗날에 대한 공포감처럼 투자자들을 기만하는 요소도 아직 다루지 않았다. 이제 대중매체 대응 방법을 다룰 두 번째 챕터인 4장으로 넘어가보자.

BEAT THE CROWD

4장

30개월 안에는 일어나지 않을 사건

어린 시절에 당신은 어떤 사람이 되고 싶었는가?

거의 모든 아이는 먼 장래에 대해 비현실적인 상상을 한다. 당신은 소방사, 공주, 우주 비행사, 야구선수가 되고 싶었는가? 아니면 의사, 영화배우, 건설업자, 열차 차장이 되고 싶었는가? 어쩌면 해적이 되고 싶었을지도 모른다. 아이들 대부분은 한때 이런 인물이 되고 싶어 한다. 그리고 온갖 이유로 이상형 인물을 그려낸다.

그러나 이런 꿈이 실현되는 사례는 드물다. 물론 실현되기도 한다. 하지만 우리는 나이가 들면서 희망, 꿈, 가능성, 계획이 바뀐다. 운동선수가 되려던 아이가 자라서 수학경시대회에 참가한다. 우주 비행사가 되려던 아이는 자라면서 자신이 물리학에 소질이 없음을 깨닫는다. 수술놀이(핀셋으로 플라스틱 환자를 치료해주는 보드게임)를 즐기던 아이는 커가면서 비위가 약해져 피도 보지 못하게 된다. 열차 차장이 되고 싶던 아이는 자라서 '꼬마 기관차 토마스Thomas the Tank Engine'가 실존 인물이 아님을 깨닫게 된다.

5세에서 30세가 되는 동안 우리에게는 수많은 변화가 일어난다. 따라서 5세 때 30세에 어떤 사람이 될지 알 수 없다. 상상을 할 수는 있지만 실제 인생은 우리가 상상하지 못한 방향으로 전개된다. 앞으로 2년 안에 일어날 일이라면 아이들도 대충 알 수 있다. 몇 학년이 되고, 어떤 선생님들을 만나게 되고, 어떤 과정을 밟게 되는지 정도는 알 수 있다. 그러나 2년 뒤의 미래는 알기 어렵다. 9세 소년이라면 동네 고등학교에 다닐 거라고 예상하겠지만 가족이 이사할 수도 있다. 아니면 학교가 신설될 수도 있다. 우리는 변화를 직접 체험하면서 파악할 수밖에 없다.

시장도 마찬가지다. 시장의 먼 미래를 지금은 알 수 없다! 추측해야 할 변화가 너무나 많기 때문이다! 주식시장도 이 사실을 알기 때문에 30개월 이상은 내다보지 않는다. 30개월을 넘어가면 순전히 어림짐작이어서 확률이 아니라 가능성에 불과하다고 보는 것이다. 가능성은 주식시장에 영향을 미치지 못한다.

그런데도 주요 뉴스들은 천천히 진행되는 초장기 추세들을 계속 퍼부어대면서, 결국 우리가 파멸을 맞이할 것이라고 주장한다. 과도한 부채, 중국의 세계패권국 부상, 지구온난화 등이 그런 사례다. 학계에서는 수많은 학자가 환상적인 공식을 이용해 다양한 주제를 예측할 수 있다고 주장한다. 전문가들은 학자들이 세운 가정을 사실로 받아들여 끝없이 과장보도한다. 더 나아가 이 불길한 장기 추세가 가까운 장래에 주식시장을 파멸시킬 수 있다고 경고하는 전문가도 많다.

그러나 우리는 간단한 기법을 이용해 먼 장래에 관한 이런 무의미한 주장들을 무시할 수 있다. 단지 "30개월 안에 경제에 심각한 영향을 미치나요?"라고 물어보면 된다. 지나치게 낙천적인 말처럼 들리겠지만 사실이다. 대중매체가 경고하는 위험이 아무리 크고 끔찍하더라도 30개월 안에 일어날 사건이 아니라면 주식시장에는 큰 영향을 미치지 않는다. 그 사건이 먼 장래에 마침내 일어나더라도 말이다! 주식시장은 그렇게 멀리 내다보는 법이 없다. 물론 32개월 뒤라면 가끔 내다볼지 모르지만 먼 장래는 내다보지 않는다.

그렇다고 해서 가능성을 무시하라는 뜻은 아니다. 군중이 하는 말과 간과하는 바를 알아두면 장기 추세가 실제로 그토록 심각한지 파악할 수 있으며, 우리는 발 뻗고 편히 잘 수 있다. 따라서 좋은 일이다! 그러나 우리가 투자할 때는 30개월 안에 거의 틀림없이 발생할 일에 대해서만 평가해야 한다.

"30개월 안에 일어날 사건인가?"라는 질문은 아주 좋은 판단 기준이 된다. 이 기준은 대중매체에서 떠드는 거의 모든 사회 경제적 파멸 주장에 적용할 수 있다. 장기적으로 파멸을 방지하려면 '지금 당장' 행동에 나서야 한다고 대중매체가 주장하는 주제에도 적용할 수 있다. 30개월 안에 닥칠 파멸이 아니라면, 오늘 주식시장은 그 파멸을 걱정하지 않을 것이며 우리도 걱정해서는 안 된다. 이 단순한 기법으로 우리는 끔찍한 소음을 제거할 수 있다.

4장에서는 "30개월 안에 일어날 사건인가?"라는 질문을 이용해 다음 방법들을 배울 것이다.

- 정치 및 사회 문제를 경제 문제와 구분하는 방법
- 저녁 파티에서 미국 부채 이야기가 나올 때 두각을 나타내는 방법
- 대중매체가 겁주려고 쏟아내는 온갖 장기 추세를 날카롭게 비판하는 방법

베이비붐 세대는 폭탄인가?

10여 년 전부터 사람들은 베이비붐 세대를 걱정하고 있다. 베이비붐 세대가 모두 은퇴하면 어떤 일이 벌어질까? 이들이 파는 주식을 누가 사줄까?

누가 알겠는가? 나는 모른다! 당신도 모른다! 베이비붐 세대 비관론 전문가들도 모른다! 먼 장래의 일이므로 아무도 알 수 없다. 베이비붐 세대 첫 주자는 2011년에 65세가 되었다. 그러나 베이비붐 세대 마지막 주자는 2029년에나 65세가 된다. 이렇게 먼 미래는 아무도 내다볼 수 없다. 베이비붐 세대 평균 주자가 은퇴하려면 아직 멀었다. 주식시장은 이 사실을 알기 때문에 번거롭게 예측하려고 시도하지 않는다. '30개월 안에 일어날 사건'이 아닌 것으로 충분하다.

그리고 효율적 시장가설 덕분에 베이비붐 세대가 은퇴해도 시장에 영향이 없다고 확신할 수 있다. 베이비붐 세대의 은퇴는 한 세대

에 걸쳐 매우 천천히 진행될 것이며 이미 오래전에 공개된 정보이기 때문이다. 시장은 베이비붐 세대가 태어날 때부터 이들이 은퇴할 시점을 알고 있었다. 통찰까지도 필요 없는 단순한 계산 문제였다. 그러나 베이비붐 세대 첫 주자가 65세가 되기도 전인 약 10년 전부터 사람들이 걱정하기 시작했다. 이제 베이비붐 세대가 본격적으로 은퇴를 시작하고 4년이 지났다(조기 은퇴자도 있을 것이다). 세상은 아직 끝나지 않았다. 시장이 이런 사실조차 반영하지 않는다고 가정한다면, 모욕의 달인인 시장을 모욕하는 셈이다. 절대로 현명한 판단이 아니다.

역발상 투자자들은 베이비붐 세대 은퇴에 대한 가정이 잘못되었음을 알고 있다. 베이비붐 세대가 은퇴할 때 주식을 팔고 채권을 사는 과정에서 주식에 대한 수요가 감소해 주가 하락 압박으로 작용한다는 가정 말이다. 실제로 이런 현상이 나타난다고 해도 이는 구조적 요소 중 하나일 뿐이다. 다른 순환적 요소도 많으므로 주식은 여전히 건재할 수 있다.

베이비붐 세대가 은퇴하면서 주식 수요가 감소한다는 가정은 다양한 가능성을 무시한다. 베이비붐 세대가 보유 기업을 팔아 그 대금으로 주식을 사면 주식 수요가 오히려 증가한다. 비상장 주식을 상장 주식으로 바꾸는 셈이다. 아마도 베이비붐 세대의 자녀(에코붐 세대)가 주요 근로연령에 진입하면서 막대한 자금을 퇴직연금에 투입해 주식 수요가 더 증가할지도 모른다. 그리고 지금은 상상할 수 없는 다른 변수가 더 나타날 수도 있다.

베이비붐 세대의 은퇴는 너무도 먼 장래 이야기이므로 지금은 아예 건드리지 말자. 아무 의미가 없다. 호재도 악재도 아니며 시장에 큰 영향도 줄 수 없다는 사실만 기억해두자.

사회보장제도와 노인의료보험제도는?

베이비붐 세대 비관론에서 파생된 걱정 하나는, 은퇴연령 초과인구 비중이 증가하면서 사회보장제도와 노인의료보험제도가 파산한다는 생각이다. 사회보장국Social Security Administration 추정에 의하면, 2029년에는 은퇴연령을 초과하는 미국 인구가 25퍼센트를 넘어간다. '사회보장이사회Social Security Board of Trustees'가 의회에 제출한 연례보고서에 의하면, 노령자 유족보험과 신체장애보험이 2033년에 고갈된다. 그리고 다른 변화가 없으면 2033년에는 사회보장연금도 예정금액의 75퍼센트만 지급할 수 있다고 주장한다.

대중매체는 이런 주제를 자주 과장보도함으로써 일반 대중을 공포로 몰아넣는다. 그러나 역발상 투자자들은 눈도 깜짝하지 않는다. 당신도 그래야 한다.

왜 그래야 할까? 첫째, 30개월 안에 일어날 사건이 아니기 때문이다. 둘째, 이런 걱정은 기본 논리시험도 통과하지 못했기 때문이다. 1장에서도 언급했지만, 주장이나 예측을 뒷받침하는 가정이 잘못되었다면 그것은 허풍에 불과하다.

사회보장제도와 노인의료보험제도가 파산한다는 주장의 근거는 정부기관의 장기 예측이다. 이때 사용한 기법이 정액법定額法인데, 현재 상태나 과거 평균이 앞으로도 계속 이어진다고 추정했다. 이것이 과연 합리적인 가정일까? 어째서 미래가 과거와 똑같은 모습이어야 하는가? 2000년, 의회예산국(Congressional Budget Office, CBO)은 재정수지흑자가 영원히 이어질 것으로 예측했다. 2003년 예측에 의하면, 2013년에는 재정수지가 5,080억 달러 흑자가 될 것으로 예측했고, GDP 대비 부채비율은 14.4퍼센트가 될 것으로 예측했다. 그러나 실제로 2013년 재정수지는 6,800억 달러 적자였고, GDP 대비 부채비율은 72.1퍼센트였다. 의회예산국은 입력변수도 잘못 추정했다. 2002년, 의회예산국은 이후 약 10년 동안 10년 만기 국채의 수익률이 6퍼센트 수준일 것으로 가정했다. 그러나 실제 수익률은 전혀 달랐다. 도표 4.1은 이 예측이 완전히 빗나갔음을 보여준다.

의회예산국의 추정치도 가끔은 적중하는가? 물론이다. 가끔은 적중해야 의회예산국도 조금이나마 신뢰도를 유지하면서 계속 추정을 할 것이고 그래야 시장이 계속 모욕할 수 있으니까. 그리고 2장에서 설명했듯이 의회예산국도 시장예측 전문가들과 마찬가지로 오래전부터 예측치를 현실에 맞춰(매년 두 번씩) 수정했다. 표 4.1은 의회예산국의 2013년 재정통계 예측치가 지금까지 수정된 과정을 보여준다. 2003년에 터무니없이 빗나갔던 추정치를 점진적으로 수정해 2013년 초에는 대체로 정확한 수준으로 맞혔다.

자료: 2014년 12월 4일 기준 팩트세트, 의회예산국. 10년 만기 국채 수익률(표준 만기), 1991.12.31~2012.12.31; 의회예산국의 10년 만기 국채 수익률 추정(2002~2012년), 2002년 1월 발간 자료.

이제 우리는 의회예산국의 추정치가 자주 빗나간다는 사실을 알았다. 그러나 의회예산국의 추정치만 빗나가는 것은 아니다. 잘못된 가정은 또 있다. 2000년 〈새터데이 나이트 라이브Saturday Night Live〉라는 프로그램에서 앨 고어Al Gore는 사회보장기금이 '용도가 확정된 기금lockbox'이라고 추정했다. 즉 미국 은퇴자들에게 지출할 자금이 사회보장기금과 노인의료보험기금에 적립되어 있다고 잘못 가정한 것이다. 틀렸다! 우리가 사회보장제도에 세금 1달러를 낼 때마다 85센트는 곧바로 현재 수혜자들에게 지급된다. 나머지 15센트

표 4.1 의회예산국의 2013년 재정수지 추정치 수정 과정

추정치 발표 시점	지출 (10억 달러)	수입 (10억 달러)	수지	부채 (10억 달러)	GDP 대비 부채비율
2003년 1월	3,167	3,674	508	2,565	14.4%
2003년 8월	3,422	3,634	459	5,438	30.7%
2004년 1월	3,457	3,441	−16	6,409	37.0%
2004년 9월	3,547	3,471	−75	6,675	37.8%
2005년 1월	3,389	3,474	85	5,884	32.6%
2005년 8월	3,561	3,481	−80	6,691	37.0%
2006년 1월	3,506	3,546	40	6,032	32.9%
2006년 8월	3,631	3,555	−76	6,469	35.4%
2007년 1월	3,391	3,550	159	5,089	28.3%
2007년 8월	3,583	3,619	36	5,730	31.5%
2008년 1월	3,524	3,585	61	5,701	31.6%
2008년 9월	3,766	3,619	−147	6,968	38.6%
2009년 1월	3,610	3,353	−257	8,516	50.0%
2009년 8월	3,759	3,221	−538	10,870	65.5%
2010년 1월	3,756	3,218	−539	11,056	66.3%
2010년 8월	3,760	3,236	−525	11,422	68.4%
2011년 1월	3,794	3,090	−704	12,386	75.5%
2011년 8월	3,692	3,069	−510*	11,773	72.8%
2012년 1월	3,573	2,988	−585	11,945	75.1%
2012년 8월	3,554	2,913	−641	12,064	76.1%
2013년 2월	3,553	2,708	−845	12,229	76.3%
2013년 5월	3,455	2,813	−642	12,036	75.1%
2013년 확정치	3,454	2,774	−680	11,982	72.1%

* 2011년 예산통제법에 따라 1,130억 달러가 추가로 절감된다고 가정.
자료: 2014년 12월 4일 의회예산국. 각 추정치는 2003년 1월~2014년 2월 동안 발간된 의회예산국의 《예산 및 경제 전망Budget and Economic Outlook》 반기보고서.

는 '신탁기금'으로 가서 장애인 가족들에게 지급된다. 그러나 이 신탁기금의 용도가 확정된 것은 아니다. 기금에 남는 돈이 있으면 법에 따라 국채를 사야 하며, 그러면 연방정부는 이 자금을 일반 용도로 사용한다. 따라서 자금은 적립되지 않고 지출된다.

이것이 이른바 '미적립채무unfunded liability'라는 말인가? 엄밀하게 말하면, 사실은 사회보장제도 전부가 미적립채무다. 모두 현금지불 방식이라는 말이다. 사람들이 돈을 내면 연방정부가 나눠줄 뿐이다.

앞으로 수십 년 동안 베이비붐 세대가 받는 연금은 X세대(1965~1979년 사이 출생자들)와 밀레니얼Millennial 세대(1980~2000년 사이 출생자들)가 그 시점에 내는 세금으로 충당된다. 베이비붐 세대는 걱정이 많겠지만, 그래도 밀레니얼 세대가 베이비붐 세대보다 1,500만 명 더 많다. 밀레니얼 세대가 은퇴연령에 도달하면 이들의 자녀와 손자들이 내는 세금으로 연금을 받게 된다. 삶이 순환하는 모습이다.

"밀레니얼 세대가 자라서 제 몫을 하지 못하면 어떻게 하나?"라는 질문이 나올 수도 있다. 사람들은 밀레니얼 세대가 버릇없는 녀석들이라서 제 역할을 하지 못할까 걱정한다. 내 부하 직원 중에는 밀레니얼 세대가 많다. 이들은 X세대보다 못하지 않다. X세대도 한때는 지저분한 옷을 걸치고 커피나 마시면서 인생을 허비할 것처럼 보였지만, 그래도 자라서 제 몫을 하고 있다. 내 세대보다 못하지 않다. 내 세대도 한때 반기업적 마약 중독자와 아무짝에도 쓸모없는 반항아, 중퇴자들로 여겨졌지만 그래도 자라서 제 몫을 했다.

어쩌면 밀레니얼 세대가 은퇴했을 때 그 자녀가 제 몫을 못할지도 모른다. 아니면 이들 역시 제 몫을 다할 수도 있다. 그러나 어느 쪽이든 '30개월 안에 일어날 사건'은 아니다. 언제 어디에서든 주식시장에서 중요한 일은 '30개월 안에 일어날 사건'이다.

만일 자연적인 인구 증가, 이민, 귀화로 현재 제도를 유지할 수 없다면 의회가 제도를 변경하면 된다. 사회보장제도와 노인의료보험제도가 고정불변은 아니다. 둘 다 의회가 만든 제도이므로 수정할 수 있다. 사람들은 두 제도가 미국 정계를 움직이는 동력원이라고 말한다. 그러나 의회는 이 제도가 파산하지 않도록 21세기 동안 여러 차례 동력원의 입출력 장치를 조정했다. 1970년대 사회보장이 사회의 추정에 의하면, 1979년이 되면 사회보장연금 일부를 지급할 수 없었다. 그러나 1977년에 제도 일부를 수정해 이 문제를 해결했다. 천문학적인 자금을 조달해야만 제도가 온전히 유지되는 것은 아니다. 이런 문제는 앞으로도 영원히 '30개월 안에 일어날 사건'이 되지 않을 듯하다.

젊은 세대가 계속 방황에서 벗어나지 못한다면?

젊은 세대가 학자금 대출 채무에 짓눌려 영영 제 역할을 못할 것이라고 주장하는 사람도 있다. 일부는 채무를 절대 상환하지 못할 것이다. 그러나 이 역시 '30개월 안에 일어날 사건'이 아니다. 어쩌면 영원히 일어나지 않을 사건이다.

함께 계산해보자. 대중매체에서는 학자금 대출 잔액이 2006년 이후 거의 3배로 늘어났다고 호들갑이다. 뉴욕 연준에 의하면,

2006년 초 학자금 대출 잔액은 약 5,000억 달러였다. 2014년 1분기에는 1.3조 달러였다. 대중매체는 파산보호법에 따라 면제된 학자금 대출 잔액까지 보태가면서 밀레니얼 세대가 이 채무 부담에서 벗어날 수 없을 것처럼 떠들어댄다.

이때 의심 많은 역발상 투자자는 질문을 던진다. 1.3조 달러는 누가 상환하나요? 차입자 숫자는 얼마죠? 차입자들의 연령은? 1인당 채무는 얼마입니까?

이 질문에 대한 답은 모두 뉴욕 연준에서 얻을 수 있다. 뉴욕 연준은 학자금 대출 잔액을 인구통계적으로 분석해서 제공하므로 다음과 같은 사실을 파악할 수 있다.

- 학자금 대출 잔액 1.3조 달러를 분담하는 채무자는 거의 4,000만 명이다.
- 간단하게 계산하면 1인당 평균 채무는 3만 2,500달러다.
- 2011년 자료(집필 시점의 최신 자료)에 의하면, 채무 중간값은 약 1만 2,000달러다. 절반은 채무가 이보다 많고 절반은 이보다 적다.
- 대출 잔액을 3등분했을 때 채무자의 연령은 30세 미만, 30~39세, 40세 이상으로 구분된다.

이제 학자금 대출이 밀레니엄 세대에 엄청난 부담을 준다고 주장하기가 매우 어렵다. 이들의 자동차 구입자금 대출금과 비슷한 수준이기 때문이다. 게다가 채무자 대부분이 한창 돈을 버는 연령대다.

밀레니엄 세대는 학자금 대출을 충분히 감당할 수 있다. 이들은 학자금 덕분에 대학교육을 받았다. 대부분의 대학 졸업자는 노동시장 먹이사슬에서 최상단을 차지한다. 미국노동통계국US Bureau of Labor Statistics에 의하면, 2004년 이후 인구 대비 고용비율이 대학 졸업자는 평균 74.5퍼센트였다.[1] 전체 인구의 고용비율은 겨우 60.6퍼센트였다. 같은 기간 대학 졸업자의 일자리 증가율은 5배나 높았다.[2] 2007~2009년 침체기 이후 실업률 최고치가 대학 졸업자는 5퍼센트였으나 전체 인구의 실업률 최고치는 10퍼센트였다.[3] 대학 졸업자의 주급 중간값은 전체 근로자보다 약 30퍼센트나 높다.[4]

학자금 대출을 받은 밀레니엄 세대는 대출금 상환 때문에 주택 구입을 몇 년 미뤄야 하지 않을까? 물론이다! 학자금 대출이 수십만 달러인 사람은 더 고생을 해야 하지 않을까? 물론이다! 그러나 30개월 안에 일어날 심각한 악재는 아니다.

그래도 대중매체에서 말하듯 학자금 대출 채무가 결국 심각한 악재로 바뀌지는 않을까? 그럴지도 모른다. 그러나 대학 등록금이 천정부지로 치솟고 졸업생들이 일자리를 구하지 못할 때만 그럴 것이다. 이론상으로는 가능하지만 30개월 안에 일어날 사건은 아니다!

대학 졸업장이 취업 가능성을 높여준다는 사실은 삼척동자도 다 안다. 이는 담배가 폐암 걸릴 확률을 높여준다는 사실을 누구나 아는 것과 마찬가지다. 아마존 밀림처럼 외딴곳에서 사는 사람이 아니라면 이런 사실을 모를 리가 없다. 그러나 대중매체는 이 사실을 절대 밝히지 않는다. 매우 교묘하게 저지르는 부당 행위다.

대중매체가 이런 사실을 밝히지 않는 것은 명백한 사실까지 밝혀야 하기 때문이다. 이른바 대침체 기간에 대학 졸업자들의 실업률 최고치가 5퍼센트였지만, 이는 그다지 끔찍한 상황이 아니었다. 침체기간에 실직한 사람들은 대부분 비숙련 노동자들이었기 때문이다. 이런 실업률에 대해서 대중매체가 과잉반응할 필요는 없다. 비숙련 노동자들의 실직이 끔찍한 일일까? 물론 끔찍한 일이다. 그러나 이는 사회의 문제이지 경제가 해결할 문제는 아니다. 말을 물가로 데려갈 수는 있지만 생각하라고 강요할 수는 없다. 사람들에게 교육이 주는 혜택을 알려줄 수는 있지만 교육을 받으라고 강요할 수는 없다. 교육을 받을 것인지는 각자가 선택한다. 그리고 교육을 받지 않은 사람들은 경기가 침체하면 직장에서 쉽게 밀려난다.

대중매체는 이 사실을 절대 인정하려 하지 않는다. 독자 다수가 대학을 나오지 않았기 때문이다. 그러나 역발상 투자자가 되려는 당신은 이 사실을 알아야 한다. 그래야 실업률에 대한 분노가 절정에 이를 때 상황을 제대로 파악할 수 있다.

국가 부채

수십 년 뒤 어느 해 미국이 갑자기 파산한다는 경고가 끝없이 나오고 있다. 바로 이때 "30개월 안에 일어날 사건인가?"라는 질문은 더없이 유용하다.

이런 경고의 근거는 총부채인데, GDP 대비 비율로 표시하거나 단순히 부채 숫자로 나타낸다. 미국이 세계에 진 빚의 규모는 엄청나다. 부채 망국론자들은 미국 정부가 아무 생각 없이 계속 부채로 소비하는 탓에 우리 자녀, 손자, 증손자들이 빚더미에서 도저히 헤어날 수 없다고 말한다.

우리 자녀와 손자들의 빚? 이것도 30개월 안에 일어날 사건이 아니다. 이 말이 지나치게 무례하게 들릴 수도 있으므로 증거를 조사해보자. 우리는 항상 증거를 요구해야 한다. 의회예산국의 2014년 추정에 의하면, 2039년에는 미국의 공공부채(연방정부의 부채는 제외)가 GDP의 106퍼센트에 이른다.[5] 이번에도 의회예산국은 정액법을 사용했고 비현실적인 가정도 많이 세웠다.

그러나 의회예산국의 추정이 적중할 수도 있다. 그러면 어떻게 될까? 미국은 종말을 맞을까? 부채로 파멸할까? 십중팔구 그런 일은 없을 것이다. 부채가 GDP의 106퍼센트일 때 경제가 침체하고 주식시장이 대혼란에 빠진다는 역사적 증거는 없다. 제2차 세계대전 이후 미국의 GDP 대비 부채비율은 이보다 더 높았지만 아무 문제 없었다. 영국은 산업혁명 기간 대부분 이 비율이 미국의 2배가 넘었는데도 역시 아무 문제 없었다. 대영제국은 오히려 번창했다. 파산하지 않았다(물론 이들은 약탈을 일삼으면서 '야성적 충동'을 즐겼을 것이다). 이 글을 쓰는 현재 일본도 이 비율이 2배다. 일본 경제가 호황은 아니지만 그것이 부채 탓은 아니다. 아마도 기괴한 19세기 중상주의형 자본주의 탓일 것이다.

게다가 부채는 GDP 대비 비율로 표시하든 단순히 숫자로 나타내든 매우 자의적이다. 즉 부채 숫자만으로는 상환 능력을 알 수 없다는 말이다. 주택담보대출금을 생각해보자. 주택담보대출금이 수십만 달러나 수백만 달러라면 엄청난 금액이다. 그러나 이 금액이 중요한 것은 아니다. 중요한 것은 매월 상환액이다. 이 상환액을 감당할 수 있는가? 감당할 수 있다면 막대한 대출금도 문제가 되지 않는다.

미국도 마찬가지다. 중요한 것은 정부가 이자를 지급할 수 있느냐다. 현재는 부채에 대한 이자 부담이 과거 어느 때보다도 덜하다. 도표 4.2와 도표 4.3에서 확인되듯이, GDP와 세수 대비 부담률이 역사적 저점 근처다. 대형 강세장이 펼쳐졌던 1980년대와 1990년대 대부분의 기간보다도 낮은 수준이다. 최근 몇 년 동안 부채 총액은 증가했지만 지급이자 총액은 감소했다. 금리가 수십 년 만의 최저 수준으로 내려갔고 정부는 만기가 돌아온 막대한 부채를 낮은 금리로 다시 일으켰다. 그 사이 경제가 회복되면서 세수도 증가했다.

부채가 문제가 되려면 금리가 코피 터질 정도로 상승해서 장기

도표 4.2 미국 연방정부의 GDP 대비 지급이자 비율

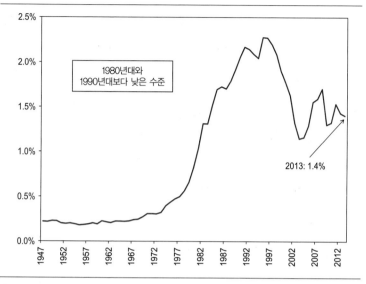

1980년대와
1990년대보다 낮은 수준

2013: 1.4%

자료: 세인트루이스 연방준비은행 2014.11.28.

도표 4.3 미국 연방정부의 세수 대비 지급이자 비율

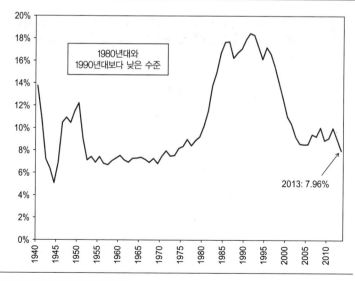

1980년대와
1990년대보다 낮은 수준

2013: 7.96%

자료: 세인트루이스 연방준비은행 2014.11.28.

간 유지되어야 한다. 금리는 연방정부가 국채를 발행하는 시점에만 직접 영향을 미친다. 즉 연방정부가 부채를 대규모로 차환하는 시점까지 고금리가 유지되어야 영향을 미친다는 뜻이다. 현재 국채의 평균 만기는 5년이 넘는다. 따라서 금리가 상승해 5년 이상 유지되어야 정부의 평균 지급이자가 증가한다. 가능한 일인가? 물론 가능하다. 그러나 30개월 안에 일어날 사건은 아니다. 1980년대 초에 나타난 고금리는 문제가 될 만큼 높지도 않았고 장기간 유지되지도 않았다. 그리스처럼 재정 문제가 심각해지고 이익집단이 날뛰어 세계가 훨씬 높은 금리를 요구한다면 문제가 되지 않을까? 물론 문제가 될 수 있다. 그러나 이 역시 30개월 안에 일어날 사건은 아니다.

영원히 갚지 못해도 상관없다!

2014년, 유로존 최악의 위기가 지나갔다. 그러나 피그스^{PIIGS}(포르투갈, 이탈리아, 아일랜드, 그리스, 스페인)의 부채는 여전히 증가하고 있다. 두 번 파산했던 그리스는 2009년 GDP의 129.7퍼센트였던 부채가 2013년 말 171.5퍼센트로 치솟았다.[6] 아일랜드는 64.4퍼센트에서 123.7퍼센트로 상승했다.[7] 포르투갈은 83.7퍼센트에서 129퍼센트로, 스페인은 54퍼센트에서 93.9퍼센트로, 이탈리아는 116.4퍼센트에서 132.6퍼센트로 상승했다.[8] 여러 원인이 있지만 이어지는 적자, GDP 감소(화폐 효과), 이자비용 증가와 세수 감소 때문이다.

이런 우울한 현실을 근거로 전문가들은 유로존이 완전히 회복되려면 대규모 부채탕감이 필수적이라고 주장하기 시작했다. 또 막대한 부채가 성장을 가로막는 탓에 피그스 국가들은 절대 성장할 수 없다고 주장했다. 그리고 장기간 긴축정책을 펴도 부채를 줄일 수 없다면 부채탕감이 유일한 해결책이라고 말했다.

이들 국가는 과연 부채를 상환할 수 있을까? 나는 모른다. 그러나 십중팔구 이들은 갚을 필요가 없을 것이다. 부채가 성장률을 끌어내리지는 않는다. 따라서 부채를 반드시 갚아야 하는 것은 아니다.

무슨 근거로 하는 말인가? 역사를 돌아보면 쉽게 알 수 있다. 옛날에 어떤 나라는 공공부채가 6년 동안 428억 달러에서 2,419억 달러로 갑자기 부풀어 GDP의 106.1퍼센트에 도달했다. 이후 2년 동안 이 나라는 약 184억 달러를 간신히 상환했고, 국채 92억 달러를 회수했지만 긴축정책은 여기까지였다. 이후 부채는 다시 증가하기 시작해 65년 동안 12조 달러가 되었다. 그런데도 이 나라 경제는 세계에서 가장 크고, 가장 경쟁력이 강하며, 역동적이고, 혁신적이다. 지금도 여전히 최강자로 군림하고 있다. 바로 미국이다.

1940~1945년 동안 미국은 전쟁 자금으로 2,000억 달러 넘게 빌렸다. 1940년에 507억 달러였던 부채는 1945년에 2,601억 달러

로 급증했다. 1946년에도 100억 달러를 더 빌렸다. 정부가 보유한 국채를 제외한 순부채가 앞에서 언급한 2,419억 달러를 기록했다(개인과는 달리 정부는 자신이 발행한 국채 일부를 항상 자신이 보유한다).

1947~1949년 동안 순부채는 약 275억 달러 감소했다. 184억 달러는 만기상환했고 나머지 국채는 회수했다. 그러나 1950년부터 미국은 뒤도 돌아보지 않고 다시 부채를 쌓아올렸다. 이 부채 조달 실적은 모두 백악관 예산관리국White House Office of Management and Budget 웹사이트에서 확인할 수 있다.

이 계산 과정을 주목하면서 깊이 생각해보기 바란다. 제2차 세계대전을 거치면서 순부채는 약 1,920억 달러 증가했다. 이후 만기상환과 국채 회수를 통해 순부채는 약 275억 달러 감소했다. 나머지 원금은 전혀 갚지 않았으므로, 거의 70년 동안 복리 이자가 가산되었다. 1,920억 달러에서 275억 달러를 차감한 금액에 대해 평균 금리를 복리로 계산하면, 2013년 말 기준으로 약 1.5조 달러가 나온다. 현재 미국의 순부채 12조 달러 중 1.5조 달러는 제2차 세계대전 전비 탓으로 볼 수 있다. 대충 계산한 추정치다. 그러나 분명히 적지 않은 금액이다. 부채를 상환하지 않았으므로 수십 년 동안 이자가 누적되었다. 지금도 이자가 쌓이고 있다. 다른 용도로 빌린 돈도 10조 달러가 넘는다. 그런데도 우리는 멀쩡하다.

국가는 부채를 갚을 필요가 거의 없다. 단지 이자를 지급하고 만기에 국채를 차환발행하면서 부채를 유지하기만 하면 된다. 경제가 성장하면 부채를 관리하기가 매우 쉽다. 영국은 오래전에 발생한 부채를 지금도 떠안고 있다. 1720년에 파산한 남해회사South Sea Company 부채, 나폴레옹 전쟁과 크림 전쟁 부채, 19세기 중반 아일랜드 기근 재정지원에서 발생한 부채 등이다. 현재 영국은 제1차 세계대전 부채와 함께 이런 부채도 일부 상환하고 있는데, 이는 단지 부채금리가 현재 시장금리보다 높기 때문이다. 이런 부채를 금리가 더 낮고 만기가 확정된 채권으로 대체하는 편이 더 유리하다는 말이다.

민간 부문이 경제를 주도하는 경쟁 환경에서는 부채가 성장을 가로막지 않는다. 성장을 좌우하는 기본 변수 4가지는 자원, 노동, 자본, 기술이다. 정부가 직접 자본을 배분한다면, 부채가 영향을 미칠 수 있다. 그러나 민간은행이 (중앙은행에서 받은 본원통화를 대출해) 자본 대부분을 창출하는 자유시장경제라면 정부의 부채가 많더라도 유지 가능한 수준인 한 문제가 없다. 그래서 미국은 부채가 많은데도 20세기에 비약적으로 성장할 수 있었다. 그리고 전혀 상환하지 않았는데도 공공부채가 1946년 GDP의 106.1퍼센트에서 1974년에는 23.1퍼센트로 감소했다. 미국 시장은 지금도 세계에서 가장 안정적이고 깊으며 역동적인 시장으로 인정받고 있다. 부채를 전혀 상환하지 않았는데도 말이다.

부채 때문에 인플레이션이 치솟는다면?

부채는 통화증발로 연결될 때만 인플레이션을 유발한다. 그럴 가능성이 있을까? 있을지도 모른다. 그러나 30개월 안에 일어날 사건은 아니다. 일반적으로 정부는 지급이자를 감당할 수 없을 때만 부채로 통화증발을 일으킨다. 통화증발로 인플레이션을 유발하면 지급이자 부담이 감소한다. 지급이자 금액은 똑같아도 그 가치가 떨어지기 때문이다. 돈이 사방에 넘쳐나게 된다.

미국이 통화증발을 일으키면 부채에 대한 지급이자가 하늘로 치솟을 것이다. 그러나 30개월 안에 일어날 사건은 아니다. 미국의 부채가 끝없이 쌓여서 마침내 통화증발을 일으켜야 하는 날이 올까? 올지도 모른다. 그러나 아마도 의회가 나서서 억제할 것이며 어느 시점에 이르면 서서히 부채를 상환할 것이고, 그러면 본원통화에서 빠지게 될 것이다. 아니면 부채는 계속 증가하지만, 늘 그랬듯이 경제가 계속 성장하면서 감당해낼 것이다. 어쩌면 생산성이 계속 향상될지도 모른다. 아마도 기술이 더 좋아지고, 빨라지고, 강력해지면서 지금은 상상도 못하는 발전을 불러와 전혀 새로운 경제 영역을 창출할 수도 있다. 그러나 이것도 30개월 안에 일어날 사건은 아니다.

하지만 정액법에 의한 장기 예측으로는 아무것도 설명할 수 없다. 이번에도 정부의 통계 전문가는 최근 추세를 연장해서 나온 결과로 불길한 경고를 한다. 그러나 기술변화까지 고려해서 분석하려면 상상력을 발휘해야 하며, 불가사의한 사건도 계량화할 수 있어야 한다. 이는 의회예산국 전문가들의 영역이 아니다.

미국이 혁신을 중단한다면?

그럴지도 모른다. 그러나 30개월 안에 일어날 사건은 아니다.
기술 발전은 대부분 다음 4대 요소가 충돌하면서 우연히 이루어진다.

1. 무어의 법칙Moore's Law: 마이크로프로세서에 들어가는 트랜지스터의 숫자가 2년마다 두 배로 늘어난다는 법칙이다. 인텔의 설립자 고든 무어Gordon Moore가 1965년에 세운 가설로서, 수십 년 전에 세워진 가설 중 가장 오래 유지되고 있다. 이 법칙 덕분에 기술이 기하급수적으로 발전하면서 더 작고, 강력하며, 멋진 제품이 나오고 있다. 그래서 스마트폰의 성능이 구형 애플이나 IBM PC보다 훨씬 우수하다.

2. 쿠미의 법칙Koomey's Law: 컴퓨터의 에너지 효율성이 1.5년마다 두 배씩 향상된다는 이론이다. 따라서 똑같은 컴퓨터 작업을 해도 배터리가 더 적게 소모된다. 이 법칙 역시 더 작고, 강력하며, 오래 쓰는 제품을 개발하는 데 이바지했다. 그래서 스마트폰은 플립폰flip phone보다 더 작고 기능이 뛰어난데도 더 오래 사용할 수 있다.

3. 크라이더의 법칙Kryder's Law: 디스크 드라이브 1인치에 저장되는 데이터 용량이 13개월마다 두 배로 증가한다는 이론이다. 그래서 스마트폰은 10년 전 노트북보다 훨씬 작은데도 데이터 저장 용량은 훨씬 크다.

4. 섀넌-하틀리 정리Shannon-Hartley Theorem: 광대역폭에 채널을 더 많이 만들어낼수록(이론상 무제한임) 정보를 더 선명하고 빠르게 보낼 수 있다는 이론이다. 수십 년 뒤에는 광섬유조차 느려 보일 것이다.

현재 미국 기술산업의 대부분은 위의 4대 법칙을 중심으로 전력 질주하고 있다. 언젠가 질주를 멈추는 날이 올까? 올지도 모른다. 그러나 30개월 안에 일어날 사건은 아니다. 설사 멈추더라도 그 대신 어떤 새로운 발전이 일어날지 누가 알겠는가?

기술회사들이 미국에 몰려 있는 한, 혁신도 미국에서 일어날 것이다. 대부분 혁신이 이루어지는 곳은 프로세서, 배터리, 하드디스크, 전선 등을 만드는 회사가 아니다. 혁신은 창의적인 사용자들이 장치에서 새로운 용도를 찾아낼 때 이루어지는 것이다. 이런 창의적인 사용자들은 장치가 생산되는 지역 인근에 많다. 나는 인접 효과 개념을 좋아한다. 인접 효과란 인접한 두 물체가 서로 영향을 주고받을 때 나타나는 광학 현상이다. 최근에 발견된 물의 네 번째 상태와 비슷하다. 고체, 액체, 기체 이외의 상태를 가리키는데 찾아보기 바란다. 농담이 아니다. EZ 상태라고 부른다(이지워터EZ water, EZ는 출입금지구역exclusion zone의 뜻). 기술에서도 마찬가지로 인접성이 중요하다. 예를 들어 반도체회사 출신이 나노기술 전문가와 점심을 먹으면서 사진 찍는 콘택트렌즈를 생각해낼 수도 있다.

미국이 바로 이런 강점을 보유하고 있다. 시가총액 기준 10대 기술회사 중 9개가 미국에 있다. 미국이 이런 강점을 상실할까? 그럴지도 모른다. 세상에 영원한 것은 없으니까. 일본도 한때 이런 강점을 보유했으나 지금은 아니다. 그러나 일본이 하루아침에 강점을 상실한 것은 아니다. 수십 년이 걸렸다. 미국도 강점을 상실할지 모른다. 하지만 30개월 안에 일어날 사건은 아니다. 요즘 세금을 줄이려고 외국으로 이전하는 미국 기업들이 많아서 사람들이 걱정한다. 그러나 단지 주소만 옮기는 행위이므로 공동화를 걱정할 필요가 없다. 연구개발 설비를 포함해서 모든 운영 설비가 미국에 그대로 남아 있다. 외국 기업들 역시 연구개발센터까지 미국에 세우면서 이곳에서 사업하고 있다.

지구온난화?

지구온난화야말로 대중매체가 투자자들을 오도하는 전형적인 사례다. 정치인들이 과학논쟁을 경제에 잘못 적용한 탓에 우리도 이 논쟁에 말려들었다. 사람들은 어느 쪽 주장이 옳은지 초조해한다. 학계의 주장과 정치인들의 주장에 휩쓸린다. 그래서 정작 중요한 다음 30개월을 보지 못한다.

아울러 정부 지출, 부채, 정치 문제 등 뜨거운 쟁점까지 함께 보게 된다. 사람들은 미사여구와 이데올로기의 홍수에 휩쓸리는 바람에 시장에 미치는 영향을 보지 못한다.

나는 과학자가 아니다. 따라서 지구온난화가 현실적인 문제인지, 그래서 자연재해 빈도가 기하급수적으로 증가할 것인지를 알지 못한다. 60~70년 뒤에 해수면이 상승해 동해안과 멕시코 연안이 모두 물에 잠길 것인지도 알지 못한다. 휴스턴이 아틀란티스처럼 바다 밑으로 사라질 것인지도 역시 알지 못한다.

문제는 과학자들도 알지 못한다는 사실이다. 그래서 토론이 그토록 시끄럽고 산만하다. 지구온난화 비관론자들은 탄소배출량에 비례해서 기온이 상승했다는 수많은 연구를 제시하면서 '과학적 합의'를 내세운다. 정책입안자들은 이를 우리 시대의 과제라고 선전하면서 온갖 과학적 근거를 이용해 자신이 통과시키려는 (특정 활동이나 섹터에 대한 세금 등) 법안을 정당화한다. 예를 들어 탄소배출권 거래제도는 환경정책으로 포장한 세금징수에 불과하다. 환경보호라는 명분으로 풍력 및 태양에너지 회사에 막대한 보조금을 지급하는 행위도 쓸데없는 짓이다. 모두 환경을 내세운 협잡이다. 과학자들이 할 일도 아니고 정치인들이 할 일도 아니다. 실제로 '과학적 합의'는 지금까지 대부분 빗나갔다. 그리고 과학적 합의는 지나치게 장기적인 관점이므로 투자판단의 근거로도 유용하지 않다.

비주류 군중은 과학적 합의가 틀렸다고 주장한다. 단지 모두가 옳다고 말한다고 해서 옳은 것은 아니라는 주장이다. 과학자들의 말이 항상 옳다면 우리는 지금도 지구가 평평하다고 생각할 것이다. 과학에서도 소수가 옳을 수 있다. 그래서 당신은 신예 역발상 투자자로서 '지구온난화는 허구'라는 주장에 동조하고 싶을 것이다. 그러나 편향을 조심해야 한다. 이데올로기에 이끌려 한쪽으로 기울면 위험하다. 역발상 투자자들은 편향을 피한다. 실제로 합의가 옳은 경우도 많다. 그런데 중력은 실제로 존재하는가?

그러면 역발상 투자자는 지구온난화에 대해 어떻게 생각해야 할까? 다음은 간단한 3단계 사고 과정이다.

1. 우리가 과학자가 아니라는 사실을 기억하라. 과학자가 아니라면 2단계로 넘어갈 수 있다. 지금까지 과학계에서 지겹도록 논의된 내용을 우리는 전혀 알지 못하기 때문이다. 시장 역시 알지 못한다.

2. 어느 쪽이 옳은지 아무도 알지 못한다는 사실을 인정하라. 양쪽 모두 과학적 기법이 아니기 때문이다. 양쪽 모두 가설을 세우고 관찰, 분석, 추론을 했지만 대조군對照群을 확보하지 못했다. 지구온난화 지지자들은 탄소배출량이 증가하면서 기온이 상승하는 현상은 얼마든지 입증할 수 있지만 그 반대는 절대 입증하지 못할 것이다. 반대자들도 마찬가지다. 양쪽 모두 자신의 주장을 입증하지 못한다.

3. 어느 쪽이 옳든 상관없다는 사실을 인정하라. 홍수와 가뭄 등 자연재해가 끝없이 이어진다는 지지자들의 주장이 옳은 것으로 밝혀져도 상관없다. 모두 아주 먼 훗날의 일이기 때문이다. 30개월 안에 일어날 사건이 아니라는 말이다.

소득 불균형?

이번에는 사회문제에 대한 논쟁이다. 30년 후 사회에 바람직한 선택에 대해서 투자자가 전문 지식을 갖출 필요는 없다. 이런 질문을 받았을 때 내가 하는 표준 답변은 "나는 사회학을 잘 모릅니다"이다. 우리의 먼 미래가 좋아진다면 기쁜 일이고, 먼 미래가 나빠진다면 슬픈 일이지만 어떻게 되든 오늘 주가에는 아무 영향이 없다.

사회문제와 정치문제에 나름의 견해를 제시하고 논의하는 것은 좋은 일이다. 일상생활에 많은 영향을 미치기 때문이다. 예를 들면 '우리 자녀에게 바람직한 장기 교육구조는 어떤 것이어야 하는가?' 와 같은 문제다. 우리 장래에 중대한 문제다. 그러나 내가 잘 아는 분야는 아니다. 나는 사회학을 잘 모른다. 사회문제에 끼어드는 사람 중에는 사회학을 전혀 모르는 사람이 많다. 학력도 배경도 경험도 없는 19세 청년들은 자신이 사회를 다 안다고 생각한다. 이들의 판단은 빗나갈 가능성이 크다. 나는 대부분의 사회학 박사도 사회학을 전혀 모른다고 확신한다. 그러나 이 책에서 다룰 내용은 아니다. 이 책에서는 시장을 다룬다. 사회학에 대해서는 당신이 원하는 대로 생각하면 된다. 그러나 당신의 견해가 무엇이든 사회학은 시장 영역 밖에 있으므로 주가에 영향을 미치지 않는다.

역발상 투자자는 소득 불균형 논쟁에 끼어들 필요가 없다. 냉정한 말처럼 들리겠지만 현실이 그렇다. 소득 격차가 확대되더라도 주가에는 큰 영향이 없다. 소득 불균형이 파괴세력을 키워 미국을 몰락시킬 것이라고 말하는 사람도 있다. 그러나 이 말이 옳다면 미국은 이미 황금기에 몰락했을 것이다.

주식시장은 주식을 사서 주가를 띄워주기만 한다면, 누구의 돈인지는 따지지 않는다. 주식시장이 소득 불균형을 걱정하는 유일한 경우는 정치인들이 대규모 재분배 계획을 도입해서 소득 불균형 문제를 해결하려 할 때다. 그렇게 할지도 모른다. 그러나 30개월 안에 일어날 사건은 아니다.

당신은 좋은 사람이라서 이런 말이 다소 부정적으로 들릴 것이다. 아니면 당신이 소득 불균형 문제에 대비하지 않은 것처럼 비칠까 걱정스러울 수도 있다. 그래서 지금부터 근거 자료를 제시하겠다.

소득 불균형이 (a) 사실이며 (b) 문제라고 주장하는 사람들은 주로 이매뉴얼 사에즈Emmanuel Saez와 토마 피케티Thomas Piketty의 연구를 믿는다. 두 사람은 미국인들의 소득에서 최고 소득자들이 차지하는 비중이 갈수록 커진다고 주장한다.[9] 그러나 이들의 결론에 의심스러운 점들이 있다. 이들이 전제를 뒷받침하려고 제시한 자료 대부분이 세전 및 급부전 기준 수치다. 이들은 미국이 소득 불균형을 개선하려고 1913년 이후 계속 적용 중인 누진소득제를 전혀 고려하지 않았다. 투자에서 얻는 자본이득도 '소득'으로 계산했지만 미국 세법에서는 수십 년 전부터 소득으로 계산하지 않았다. 자본이득은 재산에서 나온다. 재산은 높은 소득을 통해서 형성될 수도 있지만 사려 깊은 저축과 현명한 투자를 통해서 형성될 수도 있다.

결점이 또 있다. 두 사람은 인구통계 추세를 무시한 채 소득을 가구 단위로 분석했다. 그러나 가구당 소득자는 둘 이상일 수도 있고 한 사람뿐일 수도 있다. 지금은 1980년보다 복수 소득자 가구의 비중이 훨씬 낮아졌다. 그런데도 두 사람은 두 시점을 비교하면서 가구당 소득의 격차가 확대되었다고 주장한다. 이혼한 가구와 독신가구의 소득을 과거 복수 소득자 가구의 소득과 비교하면 소득 격차가 확대될 수밖에 없다. 두 사람은 연령도 고려하지 않았다. 24세 신입 직원의 소득은 평생 직장생활을 한 58세 직원보다 훨씬 적을 수밖에 없다. 나 혼자 하는 소리가 아니다. 저명한 미시간대 경제학자 마크 페리Mark Perry는 인구통계와 소득에 대해 다음과 같이 탁월한 연구를 했다.[10]

- 2012년 소득 상위 20퍼센트 가구의 소득자는 평균 2.04명이었다. 소득 하위 20퍼센트 가구의 소득자는 0.45명이었다.
- 소득 상위 20퍼센트 가구는 부부 비중이 77.5퍼센트였고, 소득 하위 20퍼센트 가구는 부부 비중이 17퍼센트였다.

- 소득 상위 20퍼센트 가구 중 (한창 일할 나이인) 35~64세 소득자가 포함된 비중은 79.5퍼센트였다. 소득 하위 20퍼센트 가구는 그 비중이 47.3퍼센트에 불과했다.

이런 관점에서 보면 소득 불균형 문제는 사회문제임이 분명하다. 이혼율 상승과 한부모 가족 증가는 정치문제다. 역발상 투자자가 고민할 문제가 아니다. 마약 중독자와 정상인 중 누구의 소득이 더 높다고 생각하는가? 이것은 사회문제다.

파이가 고정된 경제에서는 소득 불균형이 문제가 된다. 상위 0.01퍼센트의 몫이 증가할수록 나머지 사람들의 몫이 감소하기 때문이다. 그러나 가구 소득은 사회의 모든 계층에 걸쳐 증가하고 있다. 가구의 순자산도 마찬가지다. 모든 사람의 순자산이 증가하고 있다. 단지 일부의 순자산이 훨씬 더 많을 뿐이다. 이매뉴얼 사에즈도 참여한 연구에 의하면, 현재 사회계층 이동성은 50년 전과 똑같다. 기회가 똑같다는 말이다.[11] 단지 성공에 대한 보상이 커졌다. 그러면 더 자극이 되지 않겠는가?

빌 게이츠가 억만장자가 되었어도 다른 사람 역시 부자가 될 수 있다면 소득 불균형 확대는 문제가 되지 않는다. 언젠가 소득 상한제가 도입되지 않을까? 미국의 파이가 고정되어 있으므로 빌 게이츠의 몫이 증가하면 나머지 미국인의 몫이 감소한다고 의회가 판단하지 않을까? 그럴지도 모른다. 그러나 30개월 안에 일어날 사건은 아니다.

달러가 세계 준비통화의 지위를 상실한다면?

다른 나라들이 자국 화폐로 대금 결제를 마무리한다면 미국은 어떻게 될까? 달러가 외환보유액의 왕좌에서 밀려나면 달러의 가치가 하락할까? 누가 알겠는가? 그러나 30개월 안에 일어날 사건은 아니다.

사람들은 수십 년 동안 이 문제를 걱정했다. 중국이 달러 이외의 통화로 외환보유액을 다변화한다는 말이 나올 때마다 사람들은 고민했다. 석유 결제대금으로 달러 이외의 통화가 사용된다는 말도 수시로 떠돈다. 마치 그동안 달러가 결제통화로 사용되면서 미국이 혜택을 봤다는 식이다.

그러나 달러가 국제무역에 사용된다고 해서 미국이 얻는 이득은 없다. 미국이 중개수수료를 받는 것도 아니다. 다른 나라에도 매우 번거로운 일이다. 달러가 기막히게 좋아서 다른 나라들이 국제무역에 사용하는 것도 아니다. 단지 세계에서 가장 쉽게 환전되는 통화이기 때문이다. 예를 들어 중국 위안화는 직접 환전되지 않는 통화가 많다. 중국 제조업체가 폴란드 소매업체에 부품을 팔면 폴란드 소매업체는 즈워티^{zloty}를 달러로 환전해서 대금을 지급한다. 그러면 중국 제조업체는 달러를 위안화로 환전한다. 국제무역과 금융에서 달러의 사용 비중이 감소하면 다른 통화의 사용 비중이 증가한다는 뜻이다. 좋은 일이다. 장기적으로는 무역이 더 증가할 것이다. 모두에게 훌륭한 일이다.

그러나 논란이 집중되는 외환보유액을 자세히 들여다보면 별다

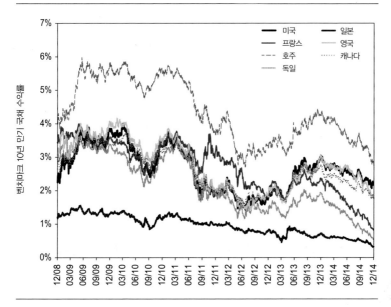

자료: 팩트세트, 2015.1.5. 일부 10년 만기 국채 수익률, 2008.12.31.~2014.12.31.

른 사항이 보이지 않는다. 대중매체에서는 달러가 세계 외환보유액
에서 차지하는 비중이 감소하면 미국 국채 수요가 감소하고 미국
금리가 치솟으며 대혼란이 발생한다고 보도한다. 그러나 사실이 아
니다. 증거를 제시하겠다.

첫째, 논리부터 점검해보자. 사람들은 달러에 대한 준비통화 수
요 덕분에 미국의 차입 비용이 낮게 유지된다고 생각한다. 그러면
미국의 차입 비용은 다른 나라와 비교하면 어느 수준인가? 어떤 경
우에나 중간 수준이다. 도표 4.4는 미국과 6개 선진국의 벤치마크
10년 만기 국채 수익률이다. 달러가 준비통화 지위를 상실한다는

걱정이 커지던 2009년 이후 수익률 추세를 보여준다. 미국 국채 수익률은 영국 국채 수익률과 비슷하다. 호주보다는 낮다. 그러나 독일, 프랑스, 일본, 캐나다보다는 높다. 세계에서 인기 높은 준비통화라고 해도 차입 비용이 가장 낮은 것은 아니다. 다른 변수들의 역할이 매우 크다.

둘째, IMF가 발표하는 실제 외환보유액을 살펴보자. IMF 웹사이트에서 데이터를 내려받아 각국의 연도별 외환보유액을 볼 수 있다.[12] 여기서 다음 두 가지를 확인할 수 있다.

1. 달러의 시장점유율이 1991년 71퍼센트에서 2012년에는 61퍼센트로 감소했다.
2. 외환보유액에 포함된 달러의 총액은 1999년 9,800억 달러에서 2012년 3.8조 달러로 급증했다.

외환보유액 파이가 늘어났다. 그래서 각국이 통화를 다변화했다. 여전히 달러를 대규모로 사들이지만 유로, 엔, 파운드, 기타 몇몇 통화도 사들인다.

달러의 시장점유율이 감소했지만 미국에는 아무 문제가 없다. 미국 국채에 대한 수요는 여전히 매우 높다. 금리도 매우 낮다. 세상은 아무 문제 없이 잘 돌아가고 있다.

미국 자본시장이 세계에서 가장 크고, 깊고, 유동성이 높은 한 달러가 세계 준비통화로서 큰 역할을 한다고 봐도 무방하다. 대안이 없기 때문이다. 유로는 상승세이지만 피그스 위기에서 봤듯이 안정성이 부족하다. 영국 국채도 훌륭하지만 물량이 많지 않다. 중국은 어떤가? 위안화가 자유롭게 거래되고 금리가 시장에서 결정되어야 황금기를 맞이할 수 있을 것이다.

역설처럼 보이겠지만 달러가 세계의 준비통화가 되는 이유는 미국의 부채가 막대하기 때문이다. 사람들은 미국이 부채를 줄여야만 준비통화로서 달러의 지위가 강화된다고 믿는다. 그러나 미국이 부채를 줄이면 달러 공급이 감소하므로 각국은 다른 준비통화를 찾을 수밖에 없다. 미국이 부채를 줄이면 오히려 문제가 더 커진다는 의미다. 이상하게 들리겠지만 사실이다. 부채 규모가 적은 나라의 통화는 준비통화가 될 수 없다. 유동성이 부족하기 때문이다. 사람들은 이런 희한한 역설을 간과하지만 우리는 익숙하게 받아들여야 한다.

어떤 사건이 발생해서 각국 정부가 한꺼번에 달러를 내다 팔 가능성은 없을까? 어떤 일이든 가능성은 늘 존재한다. 가능성이 큰가? 그다지 크지 않다. 전례 없는 대이변이 나타나지 않는다면 말이다. 2011년에 연방정부 채무 한도 논쟁이 가열되었지만(S&P가 미국의 신용등급 강등) 국채 수요는 감소하지 않고 오히려 증가했다. 예산 논쟁, 정부 폐쇄, 재무부의 파산 위협에도 2013년 말 국채 수요는 감소하지 않았다. 2000년의 대형 약세장과 2008년의 대침체에는 어떠했는가? 외국 정부들은 눈도 깜짝하지 않았다. 부채는? GDP 대비 부채 비율은 미국보다 일본이 훨씬 높은데도 세계적으로 엔화 보유량은 계속 증가하고 있다.

소행성이 지구와 충돌하지 않는 한 준비통화로서 달러의 비중 감소 과정은 매우 천천히 진행될 것이다. 재난도 아니고 뜻밖의 사건도 아니다. 우리는 15년 동안 이 과정을 지켜봤다. 30개월 안에 일어날 사건은 절대 아니다.

시장이 아는 것

3장과 4장에서 기억해야 할 내용을 하나만 고른다면 이것이다. 신문을 읽거나 뉴스를 보거나 술집에서 대화를 할 때 누군가 엄청난 악재에 대해 떠들어대면, 시장은 비교적 효율적이라는 사실을 항상 기억하라.

역발상 투자자에게 가장 좋은 친구는 비교적 효율적인 시장이다. 이 사실을 알고, 사랑하고, 기억하라. 시장에 생일축하 카드라도 보내줘라.

시장은 대중매체의 과장보도에 맞설 우리의 무기다. 시장은 매우 빠르게 작동하므로, 엄청난 악재를 뒷받침하는 단기 데이터와 주장도 즉각적으로 가격에 반영한다. 시장은 놀라운 실적 보고서와 경제지표에 매우 빠르게 반응한다. 순식간이다. 뉴스가 뻔한 내용이라면 시장은 하품만 한다. 이미 예상했던 정보라면 이미 가격에 반영했기 때문이다.

시장은 30개월 안에 일어날 사건만 보므로 짜증스럽고 시끄러운 학계의 이념 논쟁과 사회문제 토론은 현재 시장에 영향을 미치지 않는다. 지금부터 20년, 30년, 40년 뒤에는 중요한 문제가 될지도 모른다. 아니면 우리 생활이 상상도 못한 방식으로 바뀌어 정액법으로 도출한 추정치가 모두 쓸모없어질 수도 있다. 어쩌면 사회문제와 기후 관련 문제는 경제적 걱정거리가 되지 않을 수도 있다. 그러나 지금은 우리가 정확하게 알 수 없고 시장 역시 알 수 없다. 그래서 걱정할 필요가 없다. 30개월 안에 일어날 사건이 아니라면 두려워할 필요가 없다.

군중은 먼 미래에 닥칠 불운에 대해서도 두려워한다. 그리고 대중매체는 항상 떠들어댈 수밖에 없다. 맘껏 떠들어대라고 하라. 대중매체가 온갖 악재를 내세우며 과장보도를 하더라도 걱정할 필요가 없다. 극도로 흥분한 상태라면 더 놀랄 일이 없기 때문이다. 방 안에서 모두가 코끼리를 보고 있다면 코끼리에 놀랄 일도 없다. 시장이 알고 있다면 그것은 놀랄 일이 아니다.

따라서 군중이 한쪽을 응시하고 있을 때 우리는 코끼리 사냥을 떠나야 한다. 방 안에서 코끼리 사냥을 하려면 무엇이 필요할까? 5장에서 알아보자.

BEAT
THE
CROWD

5장

방 안의 코끼리를
바로 보는 법

방 안의 코끼리를 바로 보는 법

사냥복을 걸치고, 쌍안경은 목에 걸고, 모자도 써라. 사냥 여행을 떠나자.

이제부터 코끼리 사냥을 떠난다. 그러나 진짜 코끼리를 잡는 것은 아니다. 우리가 다루는 것은 상아가 아니라 주식이다. 이번 여행에서는 코끼리를 관찰만 한다. 코끼리는 우리 친구다.

3장과 4장에서 살펴봤듯이, 시장은 공개 정보와 널리 논의된 견해를 매우 효율적으로 가격에 반영한다. 모두가 지켜보면서 끝없이 의견과 기대를 쏟아내는 주제라면 절대 놀랄 일이 아니다. 그러나 사람들은 하나를 지켜보는 동안 다른 것을 간과하게 된다. 간과하는 그것이 바로 속담에 나오는 방 안의 코끼리일지도 모른다. 어떤 이유에서인지 모두가 무시하거나 잊어버린 중대한 사실이라는 말이다. 이런 코끼리를 찾아내면 남들보다 유리해질 수 있다.

방 안의 코끼리는 사람들을 깜짝 놀라게 할 능력이 있다. 거대한 코끼리는 항상 방에 있고 모두가 그 사실을 알지만 잊고 지낸다(사람들의 기억력은 코끼리보다 나쁘다). 사람들에게 코끼리에 대해 물어보면 안다고 공손하게 고개를 끄덕일 것이다. 그러나 아주 오래전부터 잘 아는 존재라서 관심이 없을 것이다. 사람들은 이미 코끼리를 반영한 뒤 잊어버렸다. 2장에서 다루었듯이, 사람들이 전문가들의 추정치를 보고 나서 잊어버리는 것과 마찬가지다. 아니면 코앞에서 드라큘라를 찾느라 바빠서 질문을 무시할지도 모른다. 혹은 코끼리가 매우 따분하다고 생각할 수도 있다. 최신 뉴스가 훨씬 더 짜릿한 법이니까.

그러면 도대체 무엇이 코끼리인가? 답은 간단하다. 1993년에는 잭 레먼Jack Lemmon과 월터 매튜Walter Matthau가 코끼리였다.

이제부터 내 말에 주목하라. 1993년 초로 돌아가서 가까운 친구들에게 잭 레먼과 월터 매튜를 어떻게 생각하냐고 물어보면 십중팔구 이렇게 대답할 것이다. "그 늙은이들? 잭 레먼은 영화 〈뜨거운 것이 좋아Some Like It Hot〉에서 멋졌고, 월터 매튜는 〈오드 커플The Odd Couple〉로 성공했지. 그러나 오랫동안 못 봤어. 지금도 활동하나?" 이때 친구들에게 잭 레먼과 월터 매튜가 앤 마그렛Ann-Margret과 함께 그해 최대 히트 코미디의 주연을 맡을 것이라고 말하면 친구들은 당신을 정신병원으로 데려가려 할 것이다. 그 늙은이들이? 블록버스터 로맨틱 코미디의 주연을 한다고? 농담이지? 말도 안 돼!

그러나 사실이다. 〈그럼피 올드맨Grumpy Old Man〉은 그해 뜻밖의 히트작이 되었다. 당시 액션 스타였던 실베스터 스탤론과 아놀드 슈워제네거의 영화보다 흥행 실적이 더 좋아 매출이 7,000만 달러가 넘었다. 대단한 성공이어서 속편도 만들었는데 역시 대성공을 거두었다. 아무도 예측하지 못한 성과였다. 제작자가 투자한 돈은 두 배로 늘어났다.

군중보다 앞서려면 잭 레먼과 월터 매튜 같은 종목을 끊임없이 찾아내야 한다. 모두가 알면서도 무시하는 것을 찾아내야 한다. 거의 모든 사람이 잊었거나 간과하거나 경시하는 것을 말이다. 아주 명백한데도 거의 눈에 띄지 않는 것, 사광斜光에 숨은 것들이 그 주인공이다.

5장은 방 안에서 코끼리 찾는 법을 안내하며 다음의 내용을 다룬다.

- 코끼리는 어떻게 힘을 얻는가?
- 어떤 코끼리가 막강한가?
- 코끼리는 어디에 숨어 있는가?

코끼리는 어떻게 힘을 얻는가?

코끼리는 평균수명이 약 60년이며 기억력이 대단하다. 인간은 수명이 더 길지만 기억력은 훨씬 나쁘다. 우리는 특히 금융 분야에 대한 기억력이 형편없다. 아주 큰 사건만 기억한다. 우리가 체험한 매우 끔찍했던 시기와 우리 부모와 조부모가 늘 말해줬던 것만 기억한다. 사람들은 대공황, (닉슨 대통령 시절의) 석유파동, 기술주 거품, 2008년의 금융위기를 기억한다. 그러나 경기침체와 공황 등 다른 경제 사건은 대부분 기억하지 못한다. 역사를 공부하는 학생들이라면 1873년과 1907년의 공황 등 중요한 사건들에 대해 배우겠지만 여름방학을 보내고 나면 대부분 기억이 희미해진다.

경제사가 왜 중요한지 이해하는 사람은 거의 없다. '~년에 일어난 사건'을 인터넷에서 찾아본 적이 있는가? 모든 내용이 대중문화다. 명사, 스캔들, 정치인 등 흥미 위주다. 주식시장은 무시당한다.

직접 확인해보라. 구글에서 '1990년 회고'나 '1990년에 일어난 사건'을 검색해보라. 대중문화가 넘쳐날 것이다. 스포츠 챔피언, 미스 아메리카, 10대 영화와 TV 쇼, "넘어져서 일어나지 못하겠어!"라는 광고 문구 등. 기타리스트인 척 베리Chuck Berry가 몰래 엿보다가 고발당했고, 슈퍼모델 엘 맥퍼슨Elle Macpherson이 그해 섹시 스타였다는 이야기가 나온다. 일부 사이트에서는 평균 주택 가격, 인플레이션, 휘발유 가격, IBM PC 가격 등 생활비를 알려주는 기본 경제 통계를 제공한다. 연간 GDP와 정부 부채를 알려주는 사이트도 있다. '국민 역사'에서는 미국이 '대침체'에 빠졌다고 언급한다. 그러나 약세장을 언급하는 사이트는 하나도 없다. 연간 주식수익률을 제공하는 사이트도 없다. 과거의 시장 변동성도 없다. 과거의 조정장과 약세장의 원인, 매매기법 등은 하나도 남아 있지 않다.

하나 더 찾아보자. 1981년이다. 그 시절을 경험했다면 레이건 대통령 피격사건을 기억할 것이다. 범인은 영화배우 조디 포스터에게 반했던 존 힝클리 2세John Hinckley Jr.였다. MTV(음악 전문 유선 TV 방송)가 탄생했고, 나탈리 우드Natalie Wood가 사망했으며, 찰스 왕자와 레이디 디Lady Di가 결혼했다. 당시 '베티 데이비스 아이즈Bette Davis Eyes'가 싱글 차트 1위였다는 사실은 기억하지 못해도 몇 소절 흥얼거릴 수는 있을 것이다. 그런데 자본이득세율이 급등했다는 사실은 기억하는 가? 시장이 좋았다는 사실은 기억하는가? 어느 업종이 가장 좋았는 지 기억하는가? 물론 기억하지 못할 것이다. 우리 두뇌는 그런 식으로 작동하지 않는다.

모두가 체험했고, 한때 두려워하거나 사랑했으며, 이후 잊어버렸다. 이것이 방 안의 코끼리다. 잊어버린 지식이다. 뻔한 사실이지만 가격에 반영되지 않았다. 한때 널리 알려진 사실이므로 이론상으로는 반영되어야 마땅하다. 그러나 이제는 잊혔고 보이지도 않아서 반영되지 않았다. 인간의 경제 분야 기억력이 형편없는 탓에 코끼리가 힘을 얻는 것이다.

아기 코끼리 덤보, 총이익률, 기타 하늘을 나는 코끼리들

힘이 엄청난 코끼리 하나가 총영업이익률(Gross Operating Profit Margins, GPMs)이다. '매출에서 매출 원가를 차감한 금액'을 매출로 나눈 비율이다. 한 회사의 핵심 수익성을 쉽고 빠르게 파악할 수 있는 지표다.

그러나 요즘은 총영업이익률을 들여다보는 사람이 거의 없다. 세후 이익이 인기몰이다. 기업들은 분기마다 주요 뉴스로 세후 이익을 발표한다. 세후 이익 절대금액과 세후 주당 이익을 발표한다. 숫자가 클수록 좋고 성장세일수록 좋다. 숫자가 작으면 재미없고 마이너스면 나쁘다.

이익은 훌륭한 지표다. 주식을 살 때 우리는 이익을 사는 셈이다! 그러나 이익으로는 그 회사의 수익성과 장래 투자 능력을 확실히 알 수 없다. 회계와 기타 속임수에 의해 이익이 왜곡되기도 하기 때문이다. 감가상각, 상각, 자사주 매입, 일회성 규제 요소 등의 이익으로는 핵심 사업의 건전성을 거의 알 수 없다. 또한 원가가 상승하거나 수요가 일시적으로 감소하는 등 환경이 바뀌었을 때 수익성을 얼마나 방어할 수 있는지도 알 수 없다.

그러나 총영업이익률로는 알 수 있다. 과거에는 총영업이익률이 대단한 인기였다. 내가 젊은 시절에는 기업의 상세한 실적 데이터를 입수하기가 쉽지 않았다. 사업보고서가 전부였다. 사업보고서에는 매출과 매출 원가가 들어 있었으므로, 누구나 손쉽게 총영업이익률을 계산할 수 있었다. 회계 기법도 필요 없었다. 요즘 투자자들은 정보 과부하 상태다. 데이터가 늘어날수록 세부 사항에 발목잡혀 곤경에 빠지게 된다. 사람들은 과거 단순한 방식의 장점을 망각했다.

그래서 과거 방식이 다시 힘을 얻게 되었다. 총영업이익률은 막강하다. 총영업이익률이 낮은 회사의 주가는 십중팔구 강세장 초기에 가장 많이 상승한다. 대신 약세장이 오면 생존 능력이 의심스럽다는 이유로 외면당한다. 대개 과도하게 외면당하므로 시장이 반등할 때는 이런 종목이 과도하게 보상받는다. 이후 강세장 후반에 이르면 사람들은 종목 선택에 더 신중해져서 침체기가 오더라도 성장 자금을 쉽게 조달해 이익이 안정적으로 증가할 만한 회사를 찾는다.

바로 이때 총영업이익률이 높은 종목은 빛을 발휘한다(표 5.1 참조). 총영업이익률이 높을수록 장래에 더 많은 자원을 확보할 수 있기 때문이다. 연구개발에 더 많이 투자해서 첨단기술을 확보할 수 있다. 시장을 더 확대할 수 있다. 자본적 지출을 늘려 생산설비를 확충하고 개선하는 등 생산 능력을 키울 수 있다. 그래서 강세장이 식어가고 높은 지수가 부담스러워지는 시점에, 사람들은 총영업이익률이 높은 회사를 선호한다. 지금까지 주식시장을 두려워하다가

표 5.1 총영업이익률과 수익률

강세장 시작 시점	강세장 상반기 총수익률		강세장 하반기 총수익률	
	총영업이익률 낮은 종목	총영업이익률 높은 종목	총영업이익률 낮은 종목	총영업이익률 높은 종목
1982. 8. 12	32.2%	32.9%	24.7%	36.3%
1987. 12. 4	35.5%	26.6%	11.3%	22.8%
1990. 10. 11	18.8%	21.2%	13.8%	26.1%
2002. 10. 9	32.2%	29.7%	16.6%	15.9%
평균	30.2%	27.6%	16.6%	25.3%

자료: 팩트세트, 〈블룸버그〉, 컴퓨스태트Compustat, 2015.1.6. S&P500 일간 총수익률과 총영업이익률, 1978.12.31.~2007.12.31. 금융회사들의 사업모델에는 전통적인 총영업이익률이 적용되지 않으므로 금융 부문은 제외함. 총영업이익률이 낮은 종목에는 총영업이익률 하위 25퍼센트 기업 포함. 총영업이익률이 높은 종목에는 총영업이익률 상위 25퍼센트 포함.

강세장의 온기에 발을 들여놓기 시작하는 신규 투자자들도 총영업이익률이 높은 종목을 선호한다(2002~2007년 강세장에서는 총영업이익률이 높은 기업들이 빛을 보지 못했다. 시가평가 회계규정 탓에 갑자기 금융위기가 몰려왔기 때문이다).

TV에서 전문가들이 이익을 논할 때는 총영업이익률이 우리의 비밀병기가 된다. 마치 전분기 실적이 전부인 것처럼, 사람들은 기업이 컨센서스 이익 추정치를 달성했느냐만 따진다. 총영업이익률에서 미래 실적의 힌트를 얻으려는 사람은 아무도 없다. 금융회사의 핵심 수익성을 순이자마진net interest margin(은행의 총영업이익률에 해당)에서 파악하려는 사람도 없다. 사람들은 엉뚱한 곳만 들여다본다. 벌금과 변호사 비용을 찾아본다. 증권매매 실적 및 투자은행업 매출을 소매은행업 매출과 비교해본다. 대출 상각과 자산 상각을 분석한다. 그러나 정작 중요한 지표인 총영업이익률은 보지 않는다. 코끼리를 보지 못하는 것이다.

호재가 악재로 위장할 때

대중매체가 호재를 악재로 왜곡할 때 힘을 얻는 코끼리도 있다. 바로 이때 코끼리는 더없이 강력해진다. 2014년에는 자사주 매입이 이런 코끼리가 되었다. 자사주 매입은 오래전부터 잘 알려진 호재다. 이는 거의 공인된 사실이다. 회사가 자사주를 매입하면 주식

공급이 감소한다. 고등학교 경제학 수업에서도 공급이 감소하면 가격이 상승한다고 가르친다. 자사주 매입은 회사의 자금관리 면에서도 현명한 선택이다. 저금리로 자금을 차입해 수익성 높은 자사주를 사들이면 그 차액을 챙길 수 있다. 투자자들에게 대단히 유익하다.

그러나 요즘은 자사주 매입이 부당하게 비난받고 있다. 일각에서는 자사주 매입이 부진한 매출과 취약한 수익성을 숨기려는 회계 속임수라고 생각한다. 또 일각에서는 자사주 매입 탓에 투자와 고용에 쓸 돈이 고갈되므로 CEO들의 주머니만 채워준다고 믿는다. 그러나 주식시장의 쟁점을 사회문제로 봐서는 곤란하다. 다른 조건이 같다면 주식 공급 감소는 좋은 일이다.

당신이 이 책을 읽는 시점에도 자사주 매입이 다시 쟁점이 되어, 사실은 호재인데도 악재로 왜곡될 수도 있다. 어떻게 하면 자사주 매입이 악재인지 코끼리인지 알 수 있을까? 과학자의 관점으로 증거를 찾아보자.

이제부터 자사주 매입을 해부하겠다. 첫째, 이익 사취 이론을 살펴보자. 자사주 매입은 주당 이익과 주당 매출을 높여준다. '발행주식 수'라는 분모를 줄여주기 때문이다. 그러나 분자를 늘려주지는 않는다. 발행주식 수가 감소해도 매출과 이익은 바뀌지 않는다. 매출과 이익은 원가, 경쟁력, 세계 수요에 좌우된다. 따라서 매출과 이익에는 자사주 매입 회계 속임수가 전혀 통하지 않는다. 그래도 주당 매출과 이익이 증가하는 것은 좋은 일이다. 주당 이익이 증가하면 미래 이익에서 주주의 몫이 증가하는데, 바로 이 때문에 사람들이 주식을 사는 것이다.

둘째, 확고한 증거를 해부해보자. 자사주 매입에 반대하는 사람들은 2003~2012년 기업들의 자사주 매입 지출액을 조사한 〈하버드비즈니스리뷰Harvard Business Review〉 연구를 인용한다. 이 연구에 의하면 S&P500에 포함된 449개 기업이 순이익의 54퍼센트는 자사주 매입에, 순이익의 37퍼센트는 배당에 지출했다.[1] 그래서 기업의 자본적 지출이 이익의 9퍼센트에 불과하며, 따라서 자사주 매입이 해롭다고 전문가들은 주장한다.

이 대목에서 기업의 차입을 알아보자. 기업들은 흔히 차입한 자금으로 자사주를 매입한다. 앞에서도 언급했듯이 일종의 차익거래를 하는 것이다. 거대 기술회사 애플은 2013년과 2014년에 채권으로 거의 300억 달러를 조달, 자사주를 매입하고 배당을 지급했다. 이렇게 자사주 매입을 통해 절감한 돈이 이자비용보다 더 많았다. 주당 이익 증가를 통해 주주들이 얻은 수익이 자사주 매입에 직접 들어간 비용보다 더 많았다는 말이다. 놀랍지 않은가? 기업들은 차입한 자금을 (건물, 장비, 제품개발, 연구개발 등) 자본적 지출에 투입하기도 한다. 이것도 현명한 자금관리다. 역경에 대비해 충분한 현금을 유지하면 성장세를 계속 유지할 수 있다. 그리고 건전한 재무구조를 이용해 채권을 유리한 조건으로 발행할 수 있다. 이렇게 채권을 발행한 덕분에, 2009년부터 기업들은 현금 보유를 풍부하게 유지하면서도 투자를 병행해 사업을 확장할 수 있었다. 대중매체에서는 거의 언급하지 않지만 기업의 투자는 2014년 4분기까지 15분기 연속 증가해 사상 최고를 기록했다.[2] 분명한 사실이다. 내 말만 믿지 말고 인터넷에서 '경제분석국US Bureau of Economic Analysis' 자료를 확인해보기 바란다. 2010년 이후 연구개발비 투자가 신기록 갱신 중이라는 사실도 알게 될 것이다. 모두 사실이다. 대중매체의 주장과는 분명히 다르다.

가까운 과거를 돌아보면 이런 코끼리가 수없이 많다. 미국 정치가 교착상태라는 점도 중요한 요인이다. 이는 6장에서 다루기로 하자. 또 다른 코끼리는 호재인데도 요즘 사람들이 싫어하는 가파른 수익률 곡선이다.

경제 성장에 대한 가정은 입증할 수 없다. 현실과 반대되는 상황을 만들어내기가 거의 불가능하기 때문이다. 프리드리히 하이에크Friedrich Hayek는 1974년 노벨경제학상을 마지못해 받으면서, 경제 척도와 과학 이론들 대부분이 매우 비과학적이라고 말했다. 그는 '겉치레 지식'이라고 표현했다. 과학만능주의라고 비판하기도 했다. 수학적으로 뒷받침되는 이론에 대한 거의 종교적인 신념은 실제로 사람들의 과신과 편견을 보여준다고 생각했다. 하이에크는 이런 경향이 더 굳어질까 두려워 노벨경제학상 창설을 반대했다.

하이에크의 말에서 우리가 얻을 교훈이 있다. 훌륭한 역발상 투자자는 기본 논리가 없는 숫자에는 절대 주목하지 않는다는 사실이다. 예를 들어 자사주 매입에 회의적인 사람들은, 현재 기업들의 투자 증가율이 현대 역사에서 최저 수준이라는 점을 지적한다. 그러나 만일 자사주 매입을 현재 수준보다 낮췄다면, 과연 기업들의 투자 증가율이 더 높아졌을까? 누가 알겠는가? 단지 추측만 가능할 뿐이다. 바로 이런 이유 때문에 경제학이 우울한 과학으로 취급당하는 것이다. 경제학은 기회비용 이론을 채택해 모든 수업에서 가르치지만, 실제로 기회비용을 측정할 방법은 전혀 없다.

그러나 사전과 사후 실적을 비교해볼 수는 있다. 자사주 매입이 유행하기 전 기업들의 투자 증가율과, 유행한 후 기업들의 투자 증가율을 비교해볼 수 있다는 말이다. 영국에서 발간된 〈인터랙티브인베스터Interactive Investor〉 2014년 9월호에는 이런 내용이 나온다. "자사주 매입 때문에 자본적 지출이 감소한다는 증거는 없다. 만일 그렇다면 1982년 이후 기업들의 투자가 뚜렷이 감소했을 것이다. 1982년에 증권거래위원회(Securities and Exchange Commission, SEC)가 기업들의 자사주 매입을 전면적으로 허용했기 때문이다. 그러나 인플레이션 조정 투자 증가율은 1982년 이전이나 이후나 거의 같다. 일각에서는 CEO에 대한 보상을 지적하면서, 스톡옵션에서 이득을 얻으려고 CEO들이 자사주 매입으로 주가를 띄운다고 주장한다. 그러나 이 주장은 사실이 아니다. CEO는 매출과 이익을 늘리지 못하면 해고당하며, 투자를 하지 않고 매출과 이익을 늘릴 수 없기 때문이다."

수익률 곡선

수익률 곡선(한 나라의 만기별 금리를 연결한 곡선)은 오래전부터 널리 사용된 대표적인 경제 선행지표다. 수익률 곡선은 1913년 경제학자 웨슬리 미첼의 중대한 연구 《경기순환Business Cycles》에서부터 나타난다. 그는 "현대 세계에서 경기가 호황, 위기, 침체, 회복기를 거쳐가는 복잡한 과정을 분석적으로 서술"하고자 했다.[3] 또 1890~1911년에 경제, 기업, 금융시장 데이터에서 패턴과 관계를 찾아내어 당시 이론들을 검증하고 경기가 호황과 불황을 오가는 주기와 이유에 대해 자신의 이론을 정립하려고 했다. 이 연구를 바탕으로 그는 나중에 전미경제연구소에서 경기선행지수 개발에 공헌했다. 3장에서도 언급했듯이, 이는 고전적 연구이지만 읽기 쉽고 대단히 소중한 지식이다. 8장에서 더 자세히 다루기로 하겠다.

이 책에서 미첼은 수십 년에 걸쳐 경기 상황에 따라 단기금리와 장기금리가 함께 오르내린 과정을 자세히 설명했다. '1890~1911년 경기 호황, 위기, 침체기의 채권투자 수익률과 단기대출 수익률'이라는 제목의 표에서 그는 21년을 '호황기'에서 '심각한 침체기'까지 기간을 구분한 뒤 각 기간에 대해 만기별 평균 금리를 제시했다. 25개 기간 중 2개 기간은 '위기 접근'이라고 표시했다. '침체' 이전의 2개 기간은 '가벼운 위기'로 표시했다. 4개 기간에서는 단기금리가 장기금리보다 1~5퍼센트포인트 더 높았다. 이 자료는 당신도 직접 확인할 수 있다. 코넬대에서 전자책으로 만든 자료를 인터넷으로 찾아볼 수 있다(http://archive.org). 이 마법적인 도표는 162 페이지에 나온다.[4]

이제 지난 1세기 동안 단기금리가 장기금리보다 높을 때 경기가 침체했다는 사실을 우리는 알게 되었다. 단편적 사실에서 이런 결론을 도출한 사람은 미첼이 아니라, 루벤 케셀Reuben Kessel이었다. 그는 1965년 이렇게 지적했다. "경기 확장기에는 단기 국채와 9~12개월 국채의 수익률 차이가 확대된다. 그러나 경기 수축기에는 그 반대가 된다."[5] 1978년 12월 샌프란시스코 연방준비은행 이코노미스트였던 래리 버틀러Larry Butler가 '경기침체?-시장의 관점Recession?-a Market View'을 발표하기 전까지, 역전된 수익률 곡선(단기금리가 장기금리보다 높은 수익률 곡선)은 경기침체의 대표적인 특징으로 널리 인정받았다.[6] 수익률 곡선은 1980년대 내내 인기를 얻었으며, 1989년 경제학자 제임스 스톡James Stock과 마크 왓슨Mark Watson이 압력을 넣어 경기선행지수에 포함시켰다.[7]

수익률 곡선은 학계의 이론과 실무계의 경험이 서로 만나는 매혹적인 장소다. 수익률 곡선이 효과를 내는 이유다. 1장에서 언급했듯이 수익률 곡선은 은행의 이익률을 나타낸다. 단기금리는 은행의 조달 원가이고, 장기금리는 은행의 매출이며, 그 차이가 총영업이익률이다(업계 용어로는 순이자마진). 수익률 곡선이 가파르면(장기금리가 단기금리보다 훨씬 더 높으면), 대출의 수익성이 더 높아진다. 이때 은행들이 대출을 늘려 통화량이 증가하고 경제가 성장한다. 수익률 곡선이 평평하면 대출의 수익성이 낮아지므로 은행들이 안전한 곳에만 대출을 해준다. 수익성이 낮아서 위험도 낮춘다는 말이다. 따라서 통화창출과 통화의 유통 속도가 느려지며 경제성장도 늦다. 수익률 곡선이 역전되면 대출의 수익성이 낮아져 통화 공급이 위축되고, 결국 경제성장은 서서히 멈추게 된다.

따라서 수십 년 동안 거의 모든 사람이 인정한 사실은, 수익률 곡선이 가파르면 좋고 평평하면 재미없으며 역전되면 위험하다는 것이다. 그런데도 2013년 늦봄과 여름, 장기금리가 상승해 수익률 곡선이 가팔라지자 사람들은 흥분했다. 수익률 곡선을 망각한 것이다. 사람들은 장기금리가 상승하면 대출수요가 감소해 통화공급도 감소할 것이라고 두려워했다. 벤 버냉키Ben Bernanke가 양적 완화QE 조기 중단을 경고한 5월 22일부터 연말까지, 10년 만기 국채 수익률이 상승해 수익률이 가팔라졌다. 황홀한 일이다! 그런데도 사람들은 금리 상승을 두려워했으며 경제성장 촉진요소를 자신도 모르게 증오했다. 그래서 수익률 곡선이 코끼리가 되었다!

내가 〈포브스〉 토막정보에도 썼지만(다음 참조), 2013년에 주요 뉴스를 보면서도 수익률 곡선을 믿은 사람들은 코끼리를 볼 수 있었다. 수익률 곡선은 항상 효과를 발휘했는데도 사람들은 이 사실을 망각했다. 이번에도 수익률 곡선은 효과를 발휘했다. 5월 22일부터 연말까지 10년 만기 국채 수익률이 1퍼센트포인트 상승해 수익률 곡선이 가팔라졌다. 이 기간에 S&P500지수는 13.1퍼센트 상승했다.[8]

2013년 10월이 되자 10년 수익률이 0.7퍼센트포인트 넘게 상승했다. 주요 뉴스에는 이 긴축정책 탓에 성장이 멈출 것이라는 두려움이 가득 담겼다. 사람들은 연준이 매달 매입하는 채권 수량을 점점 줄이려는 계획을 양적 완화 '축소 테러taper terror' 라고 불렀다. 나는 양적 완화에 대한 견해를 〈포브스〉 등에 밝힌 적이 있지만, 사람들이 근거 없는 두려움에 여전히 심하게 시달리고 있었으므로, 10월 28일 '버냉키와 반대로 돈을 건다' 라는 제목으로 다시 글을 발표했다.

"사람들이 양적 완화가 종료될까 걱정하기 오래전부터 나는 양적 완화를 걱정했다. 양적 완화는 경기를 부양한 것이 아니라 오히려 경기를 둔화시켰다. 우리 경제는 양적 완화 덕분이 아니라 양적 완화에도 불구하고 안정되었다. 양적 완화 종료가 다가오고 있으므로 나는 은행주에서 초과수익률을 기대한다.

이유는 간단하다. 은행의 핵심 사업은 단기 예금을 받아 장기 대출을 제공하는 것이다. 장단기 금리 차이는 신규 대출의 영업이익률에 해당한다(장기금리는 매출이고 단기금리는 매출 원가인 셈이다). 다른 조건이 모두 같다면 장단기 금리 차이가 벌어질수록 신규 대출의 수익성이 높아진다. 이 모든 사실이 방 안의 거대한 코끼리다.

양적 완화가 종료되면 장단기 금리 차이는 당연히 더 벌어진다. 연준이 장기채권 매입을 중단하면 장기채권 가격이 하락하면서 장기금리가 상승하기 때문이다. 장단기 금리 차이가 벌어지면 신규 대출의 수익성이 개선되므로, 은행들은 대출을 적극적으로 늘릴 것이고 이익도 증가하게 된다."

밀턴 프리드먼은 어디에 있나?

스타로 주목받던 수익률 곡선이 코끼리로 전락한 것은 수요 중시 사고가 공급 중시 사고보다 우세해졌다는 의미다. 상품이나 서비스 매출을 자극하는 기본 방법은 두 가지다. 공급을 증대시키거나 수요를 증대시키는 것이다. 존 메이너드 케인스 등 수요 중시 경제학자들은 수요를 직접 자극하는 방법이 최선이라고 믿었다. 밀턴 프리드먼 등 공급 중시 경제학자들은 기업들이 매력적인 신제품을 생산해 신규 수요를 창출해야 한다고 믿었다. 시장에 역할을 맡겨 자본가들의 마법이 펼쳐지는 모습을 지켜보자는 생각이다.

수요 중시 사고는 뉴딜 정책과 하향식 정책을 제공했다. 개인이 아니라 정부를 믿는 방식이다. 공급 중시 사고는 20세기에 들어와 프리드먼과 이른바 시카고학파 엘리트들이 먼델-래퍼 가설 Mundell-Laffer Hypothesis을 제시하면서 인기를 얻게 되었다. 연준에 대한 이들의 영향력은 1990년대와 2000년대에 앨런 그린스펀이 연준 의장을 맡으면서 강화되었다. 벤 버냉키조차 한때 공급 중시 사고를 자처했다.[9] 몇 가지 예를 들면, 영국과 미국은 1980년 대 초 이후, 철의 장막이 무너진 동부 유럽과 페루는 1980년대 말 이후 공급 중시 사고로부터 경제 기적을 이루었다. 학계에서 는 수요 중시 사고와 공급 중시 사고 사이에서 장기간 치열한 주 도권 다툼이 벌어졌다. 나는 어느 쪽에도 가담할 생각이 없다. 이데올로기는 눈을 가리기 때문이다. 이는 학계에서 벌어지는 전쟁이다. 토론을 지켜보는 것은 재미있을지 모르지만 어느 한 쪽을 선택한다고 해서 투자자가 얻을 것은 많지 않다. 어느 쪽도 우월성을 입증할 수 없기 때문이다.

그러나 2008년 이후 공급 중시 사고는 시장의 신뢰를 상실했다. 전문가와 정치인들은 규제 완화, 자유시장 등 공급 중시 정책들 이 금융위기를 불러왔다고 비난했다. 수요 중시 이론가들은 금 융위기가 시장 실패의 증거라고 왜곡했다. 글래스-스티걸 법을 폐지한 탓에 은행들이 과도한 부채를 지게 되었고 그린스펀이 주택 거품을 일으켰다고 비난했다. 이들이 끊임없이 주장하자 사람들은 시장에 대한 신뢰를 상실했다. 그동안 정부는 위기를 악화시키기만 했다는 사실을 망각한 채, 사람들은 정부가 경제 를 회복시켜줄 것으로 기대했다. 또 최근 역사에서 공급 중시 사 고가 거둔 여러 승리를 망각하고 정부가 아주 훌륭하게 개입하 길 원했다.

연준에서도 똑같은 변화가 아주 처참한 방식으로 진행되었다. 20세기 대부분 기간에 연준은 공급 중시 통화정책을 펼쳤다. 수익률 곡선을 조작해 신규 대출 공급에 영향을 미치는 방식으로 결국 통화를 조절했다. 당시 연준은 단기금리만 통제하고 장기금리는 시장에 맡겨두었다. 연준이 긴축을 원하면(통화 공급을 줄여 인플레이션을 억제하고자 하면), 단기금리를 인상해 장단기 금리 차이를 축소함으로써 은행들의 대출 의욕을 떨어뜨렸다. 연준이 통화를 공급해 경제성장을 촉진하고자 하면 단기금리를 떨어뜨려 장단기 금리 차이를 확대함으로써(수익률 곡선을 가파르게 함으로써) 은행들이 대출을 늘리도록 권장했다. 이 방식은 대부분 효과가 있었다. 물론 연준의 정책이 항상 옳았던 것은 아니다. 나의 2006년 저서 《3개의 질문으로 주식시장을 이기다》에도 썼듯이, 연준은 오래전부터 멍청한 결정을 내렸다. 그래도 이론은 타당했다. 통화량을 늘리고자 하면, 연준은 은행이 통화량을 늘릴 수 있도록 해주고 뒤로 물러서서 시장에 역할을 맡겼다.

그러나 2008년 초 금융위기가 닥치자, 버냉키가 이끄는 연준은 공급 중시 통화정책을 포기했다. 버냉키는 그의 오랜 영웅 밀턴 프리드먼을 망각했다. 양적 완화는 100퍼센트 수요를 자극하는 정책이었다(공급 중시 정책에는 재난과도 같았다). 장기금리를 인위적으로 낮춰 기업들의 차입 수요를 늘리려는 수요 촉진책이었다. 이론상으로는 그럴듯하지만, 은행들의 수익성을 무시하는 비현실적인 정책이었다. 장기금리가 내려가면 대출기관들은 모두 대출을 꺼리게 된다. 차입자와 대출자를 모두 만족시켜주는 적절한 타협점이 자유로운 자본시장인데 버냉키는 이 사실을 간과했다.

대출 증가율과 경제성장률이 현대 역사상 가장 낮은 시점에, 차입자와 대출자를 연결해주는 타협점이 거의 존재하지 않았다. 사람들은 양적 완화가 없으면 그나마 약한 성장세마저 마이너스로 돌아설 것으로 예상했다. 연준이 실제로 대출 증가를 막았다는 사실을 깨달은 사람은 거의 없었다. 사람들은 이론에 매달려 수요만 주목한 나머지 현실세계를 보지 못했다.

현실세계를 생각해야 한다. 장기금리를 극단적으로 낮춰서 가정하면 공급 측면을 쉽게 이해할 수 있다. 장단기 금리가 둘 다 제로라면 은행들은 한 푼도 대출해주지 않을 것이다. 이익이 전혀 없으므로 위험을 떠안을 이유도 없기 때문이다. 은행은 자선단체가 아니다. 생존하려면 이익을 내야 한다.

현실세계에서 장기금리가 상승한다고 가정하면 대출이 증가한다는 점도 쉽게 이해할 수 있다. 장기금리가 조금만 상승해도 은행의 이익은 대폭 증가한다. 10년 만기 국채 수익률에서 연방기금 금리를 차감한 수익률 스프레드가, 2012년 말 1.73퍼센트포인트에서 2013년 말에는 2.97퍼센트포인트로 상승했다.[10] 간단히 계산해보면 (2.97/1.73−1), 은행의 잠재 이익이 71.7퍼센트나 증가했다. 엄청난 유인이다.

차입자 관점에서는 어떨까? 다음은 〈인터랙티브인베스터〉 2013년 11월호에 내가 영국 독자들에게 쓴 칼럼이다.

— 당신이 차입자라고 가정하자. 당신은 상장 중견기업의 이사회 의장이다. 나는 CEO이며, 당신에게 다음과 같이 보고한다. 우리 PER은 14이고, 이익수익률(PER의 역수)은 7퍼센트다. 우리 회사는 투자등급이므로 5퍼센트 금리에 장기자금을 차입할 수 있는데 세후 금리는 3퍼센트다.

나는 당신에게 장기 사업계획을 승인해달라고 요청한다. 예상수익률은 우리 이익수익률과 똑같은 7퍼센트다. 우리 차입 금리가 3퍼센트에서 3.5퍼센트나 4퍼센트로 상승한다면 중요한 문제일까? 아니다. 금리가 더 상승하더라도 우리 이익률은 충분하다. 금리가 다소 상승하더라도 차입 의욕이 감소하지는 않는다. 금리가 조금 상승해서 사업 전망이 어두워진다면 그런 사업은 실행할 가치가 전혀 없다.

양적 완화 기간에 가장 큰 코끼리는 공급 측면이었다. 현실세계를 조금만 알면 이 사실을 파악할 수 있었다. 그러나 은행가들이 아니라 학자들이 연준을 장악했다. 수요 중시 경제학자들이 IMF와 세계은행을 운영했다. 전문가와 학자들은 은행가나 사업가의 관점에서 양적 완화를 생각해본 적이 한 번도 없었다. 이들은 현실세계 경험이 없었으므로 그런 생각을 할 수가 없었다. 그래서 금리를 낮추면 차입자들의 대출 수요 증가 규모보다 은행들의 대출 공급 감소가 훨씬 더 많다는 점을 헤아리지 못했다. 언젠가는 공급 중시 사고가 돌아올 것이다. 세상 만물에는 전성기도 있고 쇠퇴기도 있다. 수요 중시 사고에도 타당한 측면이 있다. 이른바 '유동성 함정liquidity trap'에 빠진 침체의 골에서는, 사람들이 저축을 선호해 진정한 수요가 부족하므로 수요를 인위적으로 자극해야 돈이 다시 돈다. 기업과 소비자가 자본을 쓰지 않으면 다른 곳에서라도 자본이 나와야 한다. 정부가 그 자본을 어리석게 쓰더라도 결국은 필요한 곳으로 흘러간다.

공급 중시 사고는 쇠퇴기를 맞는 동안 코끼리가 된다. 통화정책과 경제정책을 공급 중시 관점으로 볼 수 있다면 우리는 수요 중시 관점에 빠진 대중매체에서 놓치는 것을 대부분 볼 수 있다.

코끼리가 공격할 때

지금까지는 착한 코끼리에 대해 이야기했다. 그러나 착하지 않은 코끼리도 있다. 위험도 코끼리가 될 수 있다. 코끼리가 덤벼들 때는 곰보다도 더 무섭다. 위험한 코끼리는 착한 코끼리와 정반대다. 착한 코끼리는 모두가 알고 있었으나 이후 망각한 호재다. 위험한 코끼리는 모두가 알고 있었으나 이후 망각한 악재다. 4장에서 논의했던 장기 위험을 다시 생각해보자. 장기 위험이 계속 논의되는 한, 이는 시장에 반영된다. 그러나 사람들이 망각하는 순간 장기 위험은 실제 위험이 될 수 있다. 위험한 코끼리가 된다는 의미다. 양치기 소년 이야기처럼. 소년이 늑대라고 소리쳤을 때 사람들은 반응했다. 그러나 실제로 늑대가 나타났을 때 사람들은 소년이 외치는 소리를 외면했다. 시장도 마찬가지다.

예를 들어 사람들은 오래전부터 국가 부채를 걱정하고 있다. 미국 재무부 웹사이트에서든 국세청 본부에서든 누구나 미국 부채를 정확하게 파악할 수 있다. 미국의 부채는 잘 알려졌으며 널리 논의된 사안이다. 4장에서 언급했듯이 현재 미국 부채는 위험이 아니다. 30개월 안에 일어날 사건이 아니기 때문이다. 모두가 걱정하고 라디오 토론 프로그램에서 논의되는 한, 부채는 가격에 반영되어 있다. 그러나 사람들이 논의를 중단하면 부채는 위험이 될 수 있다. 사람들이 부채를 걱정하지 않으면 어떻게 될까? 금리가 하늘로 치솟아 세수로는 이자비용을 감당할 수 없는데도, 아무도 이 문제를 파악하지 못하면 어떻게 될까? 미국에서 이렇게 전례 없는 부채 위기가 갑자기 발생한다면 세계 전체는 끔찍한 충격을 받을 것이다.

비극의 역사

역사를 망각할 때도 위험한 코끼리가 나타난다. 5장 도입부에서도 살펴봤지만 우리는 과거 시장의 변동성을 기억하지 못한다. 사람들은 과거의 공포, 조정, 약세장을 기억하지 못할 뿐 아니라 대형 악재에 시장이 어떻게 반응했는지도 기억하지 못한다.

우리가 떠올리기 싫은 끔찍한 사건이 있다. 대통령 암살사건이다. 내키지 않더라도 모욕의 달인인 시장에 당하지 않으려면 생각해봐야 한다. 과거에도 대통령 암살사건이 있었다. 누구나 알듯이, 대통령 암살은 가능한 일이다. 우리는 레이건 대통령 암살 시도를 기억한다. 내 연령대는 1963년 11월 22일(존 F. 케네디 암살사건 발생일)을 쉽게 기억한다. 그러나 사람들은 이런 사건이 다시 일어나리라고는 생각하지 않는다. 미국은 문명화되었고, 비밀경호국이 탁월하며, 정보기관도 뛰어나다. 이들은 지난 수십 년 동안 암살 시도를 저지했다고 한다.

그러나 암살 가능성이 희박해보일지는 모르지만 불가능한 것은 아니다. 정치적 편향성이 아무리 강한 사람도 대통령이 암살당하기를 원하지는 않을 것이다. 투자자들도 그렇고 시장도 그렇다. 대통령 경호가 뚫리는 것만으로도 신뢰가 산산조각날 수 있다. 암살사건이 발생하면 불확실성도 엄청나게 커진다. 부통령이 있긴 하지만 단지 부통령일 뿐이다. 그는 책임 범위가 한정된 차석자로서 대부분 댄 퀘일Dan Quayle이나 조 바이든Joe Biden처럼 실수를 연발하는 인물일 수 있다. 그가 대통령이 되면 미국이 어떻게 바뀔지 우리는 생각해본 적도 없다. 경제정책과 국제관계에 어떤 변화가 있을지 아직 고려해보지 않았다. 그에 대한 국민의 감정과 견해도 아직 모른다. 대통령 선거 과정에서 시장은 이 모든 사항을 파악해 서서히 가격에 반영한다. 현재, 부통령이 지금 당장 대통령이 될 수 있다고 생각하는 사람은 없을 것이다. 이 시나리오는 가격에 반영되지 않았다. 암살사건이 발생하면 시장은 실시간으로 이 사실을 가격에 반영할 것이다. 시장은 이 사실을 좋아하지 않겠지만 대형 악재가 될 수 있다.

물론 대통령 암살사건에 관련된 시장의 사례는 드물다. 지금까지 4건이 발생했으며, 링컨과 가필드Garfield(20대 대통령)가 암살당했을 때는 신뢰할 만한 시장 데이터도 없는 시대였다. 그래서 참고가 되는 사례는 케네디와 매킨리McKinley(25대 대통령)뿐이다.

1963년 케네디 대통령이 암살당했을 때는 시장이 곧 회복되었다. 대통령이 암살되더라도 자동으로 약세장이 시작되는 것은 아니다. 암살사건이 발생한 11월 22일에는 S&P500지수가 2.7퍼센트 하락했다.[11] 그러나 다음 영업일인 11월 26일에는 4.5퍼센트 뛰어오르면서 강세장을 이어갔다.[12] 당시 부통령 린든 베인스 존슨Lyndon Baines Johnson은 유명한 정치인이었다. 1937년 이래로 공직에 있었고 1960년 예비선거에서는 케네디에 이어 2위를 기록했다. 게다가 상원 다수당 대표였으므로 존슨은 쉽게 지지를 얻을 수 있었다. 정책 혼란을 걱정한 사람은 거의 없었다.

그러나 1901년 매킨리가 암살당했을 때는 분위기가 완전히 달랐다. 9월 6일 매킨리가 피격당하기 전, 다우지수는 12퍼센트 조정을 거쳐 8월 6일 바닥을 찍고 회복되는 중이었다.[13] 이 회복세가 9월 6일 반전되었고 매킨리의 건강이 악화되자 주가가 미끄러졌다.[14] 9월 14일 그가 사망하자 다우지수는 계속 하락해 조정장이 약세장으로 바뀌었다.[15] 만일 매킨리가 즉사했다면 지수도 급락했을 것이다. 당시 부통령이었던 테디 루스벨트Teddy Roosevelt는 관심사, 스타일, 자문단이 매킨리와 근본적으로 달랐기 때문이다. 이런 시장의 역사는 사람들의 기억에서 대부분 사라졌으므로 코끼리가 되었다. 코울스 커미션Cowles Commission이 1926년 이전 데이터는 검증하지 않았으므로 시장 역사에 대한 주류 분석은 대개 1926년부터 시작된다. 물론 세기 전환기의 다우 데이터는 양도 부족하고 불완전하지만, 그래도 선례를 통해서 위험을 보여준다.

교과서가 거짓말할 때

사람들이 일어날 수 없다고 믿는 끔찍한 사건이 또 있다. 3차 세계대전이다. 세계대전이 말할 수 없이 참혹하다는 사실은 누구나 안다. 대량 살상무기에 의해 수많은 사람이 목숨을 잃게 된다. 반反이상향 소설과 영화에도 이런 모습이 등장한다. 〈1984〉, 〈멋진 신세계Brave New World〉, 〈헝거 게임The Hunger Games〉 등에는 3차 세계대전과 그 여파가 참혹한 모습으로 묘사되어 있다.

그러나 모두 허구다. 허구는 현실이 아니다. 현대사회를 살아가는 사람들 대부분은 3차 세계대전이 불가능하다고 확신한다. 세계경제가 긴밀하게 연결되었고, 교역관계도 매우 밀접하며, 외교도 매우 훌륭하다. 우리는 발전했다. 우리는 무기가 아니라 제재로 세계의 악당들을 억누른다. 미국과 유럽이 보유한 핵무기는 공격용이 아니라 전쟁 억지 수단이다. 소련이 해체되어 냉전시대도 끝났고 러시아는 계속 퇴보 중이다.

세계대전도 가능성이 희박하지만 불가능한 것은 아니다. 1914년에도 사람들은 세계가 매우 문명화되었고 통합되었다고 생각했다. 그래도 제1차 세계대전이 일어났다. 프란츠 페르디난트 대공Archduke Franz Ferdinand이 암살당한 1914년 6월 28일부터 연말까지, 다우지수는 31.8퍼센트 하락했다.[16] 다우지수는 1915년과 1916년에 상승해 1916년 11월 21일 정점을 기록했다. 솜 전투 직후로서 'HMHS 브리태닉'이 독일군 기뢰에 격침된 날이다. 이후 유럽 전역에서 전투가 격화되자 주가는 40퍼센트 넘게 하락했고, 1년 뒤 1917년 12월 19일 바닥을 쳤다. 제1차 세계대전은 '모든 전쟁을 끝내기 위한 전쟁'이었지만, 전쟁은 끝나지 않았다.

다시 말하지만, 과거 다우 데이터는 신뢰도가 낮으므로 항상 의심해야 한다. 제2차 세계대전 기간의 시장 데이터는 정밀하게 검증되었는데, 여기서도 비슷한 모습이 나타난다. 1938년 중반 독일이 체코 서부지역인 주데텐란트Sudetenland를 합병했을 때, S&P500은 1937년에 시작된 약세장에서 회복되는 듯했다. 그러나 히틀러가 체코를 점령하자 S&P500지수는 급락했다. 그의 끝없는 영토에 대한 야욕이 드러났으므로 시장은 길고도 파멸적인 세계대전의 가능성을 가격에 반영할 수밖에 없었다. 이후 지수는 몇 달 동안 횡보했으나 프랑스가 무너지자 폭락했다.

당시에는 누구나 프랑스가 전투에 강하다고 생각했다. 프랑스는 크림 반도 참호전에서 전문가였다. 프로이센-프랑스 전쟁에서는 패배했지만 이번에는 독일을 물리칠 수 있다고 생각했다. 참호전이었던 제1차 세계대전에서는 성공했다. 마지노선의 구호는 십중팔구 '프랑스 참호는 무적이다' 였을 것이다. 그러나 독일은 벨기에를 통과해 낙하산 부대와 탱크로 기습했으므로 프랑스의 참호는 아무 소용이 없었다. 독일군은 마지노선을 우회해 1940년 5월 10일 프랑스를 침공했다. 1940년 5월 9일~1942년 4월 28일 동안 S&P500은 38.4퍼센트 하락했다.[17] 프랑스의 함락은 아무도 예상하지 못한 거대한 악재였다.

시장 역사를 보면 세계대전은 강세장을 끝장냈다. 이것은 사실이다. 그러나 고등학교 역사 교과서들은 제2차 세계대전이 강세장을 불러왔다고 왜곡한다. 오로지 대포와 버터 경제(군사·민생 양립경제) 덕분에 미국이 대공황에서 벗어날 수 있었다고 믿으면서 자란 미국인이 수없이 많다. 사람들은 연합군이 승리하기 3년 전인 1942년부터 시작된 강세장은 기억하지만, 전쟁 초기 히틀러가 침공했을 때 시장이 보인 반응은 기억하지 못한다. 실제로 전쟁은 끔찍한데도 교과서는 전쟁이 대수롭지 않다고 안심시킨다.

제2차 세계대전 덕분에 미국이 일어선 것이 아니다. 시기도 맞지 않는다. 제2차 세계대전 전비가 본격적으로 지출되기 2년 전인 1939년부터 GDP가 다시 성장하기 시작했다. 1939년과 1940년에는 민간 부문이 성장을 이끌었다. 표 5.2는 1938~1943년 실질 GDP 성

표 5.2 실질 GDP 성장에 대한 기여(1938~1943년)

	연간 변동률					
	1938	1939	1940	1941	1942	1943
GDP	−3.3%	8.0%	8.8%	17.7%	18.9%	17.0%
개인소비지출	−1.6%	5.6%	5.2%	7.1%	−2.4%	2.8%
총 민간 국내투자	−31.2%	25.4%	36.2%	22.4%	−44.3%	−37.6%
정부소비지출과 총투자	7.6%	8.7%	3.6%	68.1%	132.1%	50.0%

	실질 GDP 성장에 대한 기여					
	1938	1939	1940	1941	1942	1943
개인소비지출	−1.15	4.11	3.72	4.9	−1.5	1.52
총 민간 국내투자	−4.13	2.39	3.99	3.13	−6.45	−2.63
정부소비지출과 총투자	1.09	1.41	0.57	10.31	28.03	19.31
상품과 서비스 순수출	0.88	0.07	0.52	−0.64	−1.19	−1.16
합계(실질 GDP 성장)	−3.3%	8.0%	8.8%	17.7%	18.9%	17.0%

자료: 미 상무부 경제분석국, 2014.10.16. Percentage Change in Real Gross Product and Contributions to Percentage Change in Real Gross Domestic Product, 1938~1943.

장률과 그 기여 요소들을 보여준다. 1939년과 1940년에는 정부의 기여도가 개인과 민간보다도 훨씬 낮았다.

1942년과 1943년을 자세히 보면 흥미로운 점이 눈에 띈다. 정부소비지출이 하늘로 치솟자 민간 국내투자와 개인소비지출이 급감했다. 이에 대해서는 두 가지 관점이 있다. 하나는 오로지 전쟁 덕분에 미국이 곤경에서 벗어났다는 관점으로서, 대포와 버터 경제가 기적을 일으켰다는 주장이다. 다른 하나는 정부의 대규모 지출이 민간 부문을 몰아낸 탓에 기업과 개인들의 생활이 어려워졌다는 관점이다. 이번에도 수요 중시 관점과 공급 중시 관점의 대립이다.

경제학자, 역사가, 이론가들이 이 문제를 놓고 수십 년 동안 논쟁을 벌였다. 우리는 어떻게 생각해야 할까? 각자 판단할 일이다. 그러나 역발상 사고방식으로 본다면 공급 중시 관점이 호기심이 많은 듯하다. 수요 중시 관점은 실제와 다른 상황을 가정해보지 않는다. 전쟁이 없었다면 어떻게 되었을까? 소비재 생산을 군수품 생산으로 전환하지 않았다면 어떻게 되었을까? 미국에 배급제도가 도입되지 않았다면? 기업과 개인들은 자본을 어떻게 배분했을까? 미국이 더 빨리 성장하지 않았을까?

나는 판단을 내리지 않았다. 이런 관점의 뿌리는 1850년 프랑스 경제학자 프레데릭 바스티아Frederic Bastiat가 쓴 에세이《보이는 것과 보이지 않는 것That Which Is Seen and That Which Is Not Seen》까지 거슬러 올라간다. 이 책은 정부지출에서 비롯된 보이지 않는 결과를 분석했다. 1부 '깨진 창문'은 상점 주인 아들이 창문을 깬 사건을 우화로 만들었다. 창문을 다시 달려면 6프랑이 들어가므로 상점 주인은 화가 났다. 이때 이웃이 말한다. "좋게 생각하세요. 당신 덕에 유리 수리공도 먹고살잖아요."

이웃은 깨진 창문이 유리 수리공에게 호재라고 생각한다. 쉽게 수긍 가는 추론이다. 수리공이 창문을 새로 달아주고 돈을 받기 때문이다. 이는 깨진 창문이 미치는 '보이는' 효과다.

그러나 보이는 효과에만 주목하면 너무 근시안적이다. 그래서 바스티아는 '보이지 않는' 효과도 조사했다. 상점 주인이 창문을 수리하는 데 6프랑을 쓰지 않았다면, 신발이나 책을 사는 데 그 돈을 쓸

수 있었다. 신발가게나 서점 주인이 6프랑을 벌었다면 유리 수리공 보다 더 유용하게 쓰지 않았을까?

'깨진 창문' 우화는 한 프랑스 정치인의 주장에 대한 반론이었다. 그 정치인은 파리 도시 전체를 태워버리면 재건축 과정에서 수요와 일자리가 창출되므로 프랑스 경제가 활기를 띨 것이라고 주장했다. 이 우화는 어디에나 적용된다. 제2차 세계대전과 관련한 지출에도 적용할 수 있다. 사람들은 제2차 세계대전 이후 재건활동 덕분에 서유럽 경제가 매우 활기를 띠었다고 믿었다. 대형 자연재해도 마찬가지다. 그러나 이런 주장을 들으면 바스티아가 내린 결론을 기억하기 바란다. "재화가 쓸모없이 파괴되면 사회는 가치를 잃는다. 부수고 망치며 낭비하는 행위로는 국민의 근로의욕을 고취하지 못한다. 간단히 말해서, 파괴는 이롭지 않다.[18]" 실제로 실물 자산이든 개인의 기회이든 파괴는 대부분 이롭지 않다. 반면에 더 크고 좋은 건물이나 교량을 지으려고 낡은 건물이나 교량을 파괴하는 때도 있다. 이때는 부가 증대된다. 따라서 파괴는 이로울 수도 있고 해로울 수도 있다.

'깨진 창문'도 코끼리다. 많은 사람이 오래전에 읽은 이야기다. 헨리 해즐릿Henry Hazlitt이 그의 고전《경제학 1교시Economics on One Lesson》에 실었다. 이른바 깨진 창문의 오류는 학교에서 필수적으로 다루는 내용이다. 그러나 재해가 닥치거나 정부의 신규사업이 시작될 때 깨진 창문의 오류를 생각하는 사람은 거의 없다. 사람들은 보이는 효과에만 주목한다. 보이지 않는 효과를 헤아리는 사람은 드물다. 보이지 않는 효과를 가늠하면 역발상을 펼칠 수 있다. 이는 6장에서 더 논의하겠다.

코끼리가 될 수 없는 것

그럴듯하게 들리더라도 모든 사람이 말하는 내용은 코끼리가 될 수 없다. 우리는 브래드 피트와 조지 클루니가 아니라, 〈그럼피 올드맨〉이 히트하기 전의 잭 레먼과 월터 매튜를 찾아야 한다는 사실을 기억해야 한다. 물론 2035년 정도면 브래드 피트와 조지 클루니도 한물 간 늙은이가 되어 있을 것이다. 그때라면 브래드 피트와 조지 클루니도 좋다. 그러나 그때도 일류 유명 인사를 찾아서는 안 된다.

　논리가 아무리 강해도 월스트리트가 좋아하는 것은 코끼리가 될 수 없다. '와해성 기술disruptive technology'이 그런 예다. 이는 21세기 유행어로서 업계를 완전히 재편하고 시장 대부분을 점유하게 될 신제품이나 서비스를 가리킨다. 예컨대 인터넷, PC, 휴대전화, 스마트폰, 로봇공학, 3차원 인쇄3D printing, 수압파쇄hydraulic fracturing(셰일가스 추출 기법) 등이다. 어떤 회사가 매력적인 신기술을 들고 나오면, 전문가들이 몰려들어 차기 대박 기회를 놓치기 전에 잡으라고 투자자들을 설득한다. 바로 지금 3차원 인쇄(3차원 프로그램을 사용해서 액체나 분말 재료를 분사한 기판을 한 층씩 쌓아가면서 입체형 물건을 생산하는 방식)에서 나타나는 현상이다. 전문가들은 집중투자가 최고라고 주장하면서, 3차원 인쇄기 제조업체들을 옹호한다. 로봇공학과 드론drone(무인 비행체)을 옹호하는 전문가들도 있다.

이들은 코끼리가 아니다. 이 기술이 시장의 판도를 바꾸고 발명가와 제조업체들이 큰돈을 벌 수 있을지 모르지만 투자자가 큰돈을 벌기는 쉽지 않다. 이미 널리 알려져 관심과 유행을 일으키고 있으므로 가격이 비쌀 수밖에 없기 때문이다.

기술 분야에서 코끼리는 대개 기술회사가 아니다. 진짜 코끼리는 이 기술을 전혀 뜻밖의 분야에 적용하는 창의적인 사용자다. 완구 제조업체가 회로 설계회사와 손잡고 아이들의 필수품을 생각해낼 수도 있다. 시게이트 직원 둘이 나누는 최신 소형 하드디스크 이야기를 듣고, 커피 전문점 직원이 기발한 커피 메이커를 생각해낼 수도 있다. 드론을 조작해 자녀의 등하굣길을 지켜보던 엄마가 이런 용도로 드론을 상용화할 수도 있다.

이렇게 신기술을 창의적으로 사용하는 사람들이 실제로 혁신을 일으킨다. 넷플릭스Netflix는 DVD나 스트리밍을 발명한 회사가 아니다. CEO 리드 헤이스팅스Reed Hastings는 단지 이들을 이용해서 상영이 끝난 블록버스터를 제공했을 뿐이다. 우버Uber와 리프트Lyft는 스마트폰이나 어플을 발명한 사람이 아니다. 단지 기존 기술을 이용해서 택시 서비스를 생각해냈을 뿐이다. 스티브 잡스는 휴대전화를 발명하지 않았다. 단지 휴대전화에 마이크로프로세서, 터치스크린, 강화유리, 플래시 메모리, 카메라, 고성능 소프트웨어를 접목했을 뿐이다. 3차원 인쇄도 혁신을 일으키고 있다. 제조회사들은 이 기술을 창의적으로 이용해서 생산비용을 절감하고 있다. 의료장비회사는 이 기술로 심장 판막을 만들기도 한다. 주요 기술의 이면을 살펴서 창의적인 사용자들을 찾아내면 코끼리를 발견할 수 있다.

코끼리는 어디에나 존재할 수 있다. 8장에서 논의하겠지만, 오래된 책 안에도 코끼리가 많다. 골치 아픈 정치 분야에도 코끼리가 있다. 지금은 코끼리가 우리 친구이므로 안전하다. 준비가 되었다면 이제 6장으로 넘어가자.

BEAT THE CROWD

6장

당신이 혐오할 챕터

정치!

화가 나지 않는가?

정치처럼 사람들을 화나게 하는 것도 없다. 정치적 견해가 뚜렷하지 않은 사람은 드물다. 열성 당원들은 자기 당을 사랑하고 상대 당을 증오한다. 중도파는 이데올로기를 좋아하지 않으며 극좌파와 극우파를 모두 싫어한다. 극좌파와 극우파는 중도 좌파와 중도 우파가 우유부단한 약골이라고 생각한다. 그러면서 자신들의 생각이 모두 옳다고 확신한다. 정치는 미국의 심장과 영혼을 차지하려는 전쟁이므로, 식사가 끝나기 전에는 함부로 꺼낼 이야기가 아니다.

그러나 우리는 친구 사이이므로 이야기를 시작해보자. 정치는 늘 비난받지만 그래도 주식에 중요한 요소다. 지금까지 형편없는 법과 규제가 약세장을 불러오거나 약세장을 더 망가뜨렸다. 사소해 보이는 규제 변경이 산업이나 자본시장을 통째로 무너뜨릴 수도 있다. 이데올로기와 당파적 미사여구에 대한 사람들의 미신을 파악하면 역발상 투자자는 군중을 앞서갈 수 있다.

여기서는 정치에 관한 내용을 광범위하게 다룰 것이다. 경고하는데, 당신이 싫어할지도 모른다. 당신이 어느 한쪽을 좋아한다면, 6장 내용의 50퍼센트 이상을 본능적으로 증오할 것이다. 자연스러운 인간의 본성이다. 그러나 이런 본능은 억제해야 한다. 당신이 보수이든 진보이든, 당신은 유별난 존재가 아니며 당신의 이데올로기도 이미 가격에 반영되어 있다. 그러나 이런 사실을 받아들이기는 누구에게나 매우 어렵다.

당신이 이성을 잃으면 곤란하니까 사회·정치적 요소들은 건드리지 않겠다. 다른 사람들의 몫으로 남겨두자. 4장에서 언급했지만, 정치에 대해 생각하고 견해를 갖는 것은 아주 좋다. 정치는 일상생활에 영향을 미치니까. 그러나 투자의 영역에는 포함되지 않는다. 시장은 주목하는 범위가 협소하다. 주식시장은 당신 이웃이 누구와 결혼하는지 관심 없으며, 피로연에서 샴페인 축배를 마리화나 흡연으로 대신해도 아랑곳하지 않는다. 그러나 자본과 자원의 흐름, 이익, 무역, 상업에 영향을 주는 법과 규제에는 관심이 있다. 그리고 이미 가격에 반영되었는지, 30개월 안에 일어날 사건인지에 대해서도 관심이 있다. 변수를 줄여놓으면 분석하기가 쉬워진다. 물론 분석 대상을 찾아낼 줄 알아야 하고 객관성을 유지할 수 있어야 한다.

벌써 내 말에 회의적인가? 괜찮다. 7장으로 건너뛰더라도 서운해하지 않겠다. 그래도 건너뛰지 않기를 바란다. 6장에 중요한 역발상 기법과 코끼리가 있기 때문이다. 이 장에서 다룰 내용은 다음과 같다.

- 편견을 없애는 법(편견은 투자에 치명적인 함정이다)
- 정치 분야에서 가장 큰 코끼리(공화당 로고를 말하는 것이 아니다)
- 새 법이 중요할 때와 중요하지 않을 때
- 의회가 항상 주식시장을 망치려 하지는 않는다는 사실

우선 편견을 버려라

대통령, 국무총리, 주지사, 상원의원, 하원의원, 군사 독재자, 파시스트 독재자, 공산주의자 독재자. 이들에게는 공통점이 하나 있다. 모두 정치인이다. 자기 자랑과 마케팅에 전문가들이다. 선출된 일류 정치인들은 포커스 그룹에서 검증한 공약을 내세운다. 독재자들은 숭배 분위기를 조성한다. 그 나라가 민주국가이든 아니든, 정치인의 생활은 거대한 광고 캠페인이다.

물론 예외도 있을 것이다. 영화 〈스미스씨 워싱턴에 가다Mr. Smith Goes to Washington〉의 주인공처럼 이상과 가치를 추구하는 정치인도 있을 수 있다. 생활도 영화의 주인공처럼 할 수 있을 것이다. 그러나 고위 정치인들 대부분은 사이코패스 증상이 빈발하는 과대망상증 환자다. 내가 하는 말이 아니다. 2012년 〈저널오브퍼스널리티앤드

소셜사이콜로지Journal of Personality and Social Psychology〉 등 여러 심리학 전문지에서 밝힌 사실이다.[1] 풍자 언론사 〈디어니언The Onion〉은 "이번에는 어느 반사회적 인격 장애자가 마음에 드는지 국민이 지켜볼 것이다"라고 2012년 대통령 토론에 대해 날카롭게 비판했다.[2]

그렇다고 정치인이 모두 사악하다는 말은 아니다. 당신이 좋아하는 정치인은 실제로 훌륭한 사람일지도 모른다. 사회와 정치문제는 중요하고도 흥미로우므로 충분히 관심을 가질 만하다. 교육, 외교정책, 시민의 자유 등 모두 중요하다. 이런 분야에 뚜렷한 견해가 있다면 자연스럽고도 훌륭한 일이다. 그러나 주식시장은 이데올로기에 관심이 없다. 그러므로 주식시장을 생각할 때는 이런 생각을 하지 않는 편이 낫다. 정치적 편견은 우리 눈을 가린다.

내 경험상 이런 편견을 가장 쉽게 없애는 방법은 "그는 단지 정치인일 뿐이야"라는 말을 주문처럼 되풀이하는 것이다. 어떤 대통령 후보의 연설, 토론, 광고를 보고 나서 그가 당선되면 주식시장에 호재나 악재가 될 것이라는 생각이 든다면 "그는 단지 정치인일 뿐이야"를 기억하기 바란다. 선거 마케팅일 뿐이다. 그들의 목표는 당신의 호감을 얻는 것이다. 투자할 때는 감정을 억제해야 한다.

그들이 정치인이라는 사실을 잘 기억할수록 정치가 주식시장에 미치는 영향을 더 객관적으로 평가할 수 있다. 정치가 중요하긴 하다. 그러나 "정당 X가 승리하면 주가가 상승하고, 정당 Y가 승리하면 주가가 하락한다"라고 생각해서는 안 된다. 정당에 관한 정보도 이미 주가에 반영되었기 때문이다. 주식시장은 실제 법과 규제에 더 관심이 많다. 정책이 빚어내는, 보이는 효과와 보이지 않는 효과에 관심이 있다는 말이다. 정치적 견해를 버리면 현실이 더 잘 보인다.

내가 지지하는 후보가 최고일까?

남의 견해에 따라 투자하는 것은 어리석은 짓이다. 그러나 그렇게 하는 사람이 많다. TV에 출연하는 전문가와 신문 논평이 그런 행동을 조장한다. 이들은 자신이 믿는 바를 마치 사실인 것처럼 말하면서 유사 사실을 증거로 제시한다. 이들은 분석가가 아니라 전문가이므로 아무렇지 않게 그렇게 말한다. 이들의 본업이 의견을 제시해서 사람들의 관심을 끌어 모으는 일이기 때문이다. 냉철한 역발상 투자자에게 유용한 사실을 전달하는 전문가는 흔치않다.

시장은 정치적 견해를 신속하게 반영한다. 정치적 견해는 어디에서나 나타난다. TV, 신문, 인터넷, 사무실, 이웃의 저녁 식사자리 등에서 광범위하게 논의된다. 따라서 즉시 가격에 반영된다. 정치적 견해는 흔히 충돌한다. 한 신문에서는 막대한 지출 계획을 제시하는 후보가 복지국가를 사랑하는 추악한 사회주의자라고 평가한다. 다른 신문에서는 성장 친화적인 멋진 인물로 평가하면서, 소외계층에 대한 인적자본 투자를 늘려 청년 실업률을 낮춰줄 것이라고 말한다. 한 케이블 TV 전문가는 그가 감세를 주장하는 공급 중시 개혁가이므로 시장을 구해줄 것이라고 말한다. 반면에 다른 전문가는 그가 긴축에 집착하는 종말의 첫 번째 기사라고 말한다.

새 법안에 대해서도 마찬가지다. 오바마케어Affordable Care Act를 생각해보자. 구글에서 '오바마케어 기명 논평'을 검색해보면, 조회 수가 100만이 넘어간다. 이 법이 훌륭하다거나 형편없다고 보는 견해가 100만이 넘는다는 말이다. 이 법을 사랑하는 사람도 있고 혐오하는 사람도 있다. 그 이유는 수백 가지다. 모두 훌륭한 견해다.

견해는 사실이 아니다. 사실은 확실해서 반박할 수 없다. 그러나 견해는 감상적이고 바뀔 수 있으며 사람마다 다르다. 똑같은 정치인, 정당, 법을 사랑하는 사람이 있는가 하면 증오하는 사람도 있다. 세금 인상이 소비를 죽인다고 생각하는 사람이 있는가 하면 세금 인상이야말로 재정 적자를 줄여 소비촉진 자금을 조성하는 비법이라고 생각하는 사람도 있다.

시장은 이 모든 견해를 반영한다. 대중매체에서 다루는 정치 소음이 막대한 데다가 미국인 등록 유권자가 1억 4,600만 명이 넘으므로,[3] 사람들의 견해는 주가에 반영될 수밖에 없다. 대통령, 후보, 의회 다수당, 새 법에 대한 당신의 견해가 아무리 강력해도 그 견해에는 남다른 내용이 거의 없다. 다른 사람들과 견해를 나누는 사람이라면 그의 견해는 정치사회학적으로 독창적이기 어렵다는 말이다.

주식은 정치에 무관심하다. 어느 정당이 권력을 잡든 상관하지 않

표 6.1 S&P500 약세장과 집권당

시작	대통령	끝	대통령
1929. 9. 6.	후버(공화)	1932. 6. 1	후버(공화)
1937. 3. 10.	루스벨트(민주)	1942. 4. 28	루스벨트(민주)
1946. 5. 30.	트루먼(민주)	1949. 6. 13	트루먼(민주)
1956. 8. 2.	아이젠하워(공화)	1957. 10. 22	아이젠하워(공화)
1961. 12. 12.	케네디(민주)	1962. 6. 26	케네디(민주)
1966. 2. 9.	존슨(민주)	1966. 10. 7	존슨(민주)
1968. 11. 29.	존슨(민주)	1970. 5. 26	닉슨(공화)
1973. 1. 11.	닉슨(공화)	1974. 10. 3	포드(공화)
1980. 11. 28.	카터(민주)	1982. 8. 12	레이건(공화)
1987. 8. 25.	레이건(공화)	1987. 12. 4	레이건(공화)
1990. 7. 16.	부시(공화)	1990. 10. 11	부시(공화)
2000. 3. 24.	클린턴(민주)	2002. 10. 9	조지 부시(공화)
2007. 10. 9.	조지 부시(공화)	2009. 3. 9	오바마(민주)

자료: 팩트세트, 2014.12.2. 기준. S&P500 약세장, 1929~2014.

는다. 표 6.1에서 보듯이 양대 정당 모두 집권기간에 약세장의 시작과 끝을 경험했다. 어느 정당이 집권해도 시장에 유리하거나 불리하지 않다.

견해는 주로 선거기간에 심리에 영향을 미친다. 당선 가능성이 클수록 그 후보에 대한 견해와 심리가 주가에 많이 반영된다. 선거일 이튿날 선거 결과를 보고 주식을 사거나 팔려고 한다면 이미 늦었다는 말이다.

나는 2010년에 쓴 책 《켄 피셔, 투자의 재구성Debunkery》에서 이런 현상을 '그릇된 생각'이라고 표현했다. 이 책에서 미국 투자자의 3분의 2가 공화당이 친기업적이라고 생각하지만 이는 공화당도 단지 정치인이라는 사실을 망각해서 빚어진 착각이라고 설명했다. 이들은 선거 캠페인을 곧이곧대로 믿은 것이다. 이들이 공정한 사회와 거대 정부 등 민주당의 선거 캠페인을 믿은 것 역시 민주당도 단지 정치인이라는 사실을 망각한 결과다. 이들은 민주당이 반기업적으로 부를 분배한다고 생각한다. 이런 강력한 견해는 대개 선거 연도의 주식 수익률로 나타난다. 대통령이 공화당 출신에서 민주당 출신으로 바뀌면, 선거 연도 수익률은 평균 밑으로 떨어지는 경향이 있다. 그리고 의회 다수당이 공화당에서 민주당으로 바뀌면 수익률은 더 떨어진다. 반면에 백악관 주인이 민주당 출신에서 공화당 출신으로 바뀌면 주식 수익률이 평균을 넘어서며 의회 다수당이 민주당에서 공화당으로 바뀌면 수익률은 더 상승한다.

그러나 새 대통령의 임기가 시작되면 주식 수익률은 역전된다! 지금까지 민주당 대통령 취임 연도에는 주가가 대폭 상승했다. 의회 다수당이 민주당으로 바뀐 개회 연도에는 더 상승했다. 그러나 의회 다수당이 공화당으로 바뀐 개회 연도에는 주가가 하락했다. 표 6.2는《켄 피셔, 투자의 재구성》에서 그대로 가져온 자료다.

왜 그럴까? 이들 모두 단지 정치인일 뿐이기 때문이다. 사람들이 걱정하는 만큼 민주당이 정말로 반기업적인 것은 아니다. 그리고 사람들이 기대하는 만큼 공화당이 친기업적인 것도 아니다. 정치인에 대한 사람들의 희망과 공포는 극단으로 치닫는 경향이 있다. 정치인들은 인기 경쟁에 승리해 공직을 차지한다. 이들의 주된 목표

표 6.2 집권당 교체와 S&P500 실적

	선거 연도	취임 연도
대통령이 공화당에서 민주당으로	-2.8%	21.8%
대통령이 민주당에서 공화당으로	13.2%	-6.6%
대통령과 의회가 공화당에서 민주당으로	-8.9%	52.9%
대통령과 의회가 민주당에서 공화당으로	25.5%	-3.0%

자료: 글로벌 파이낸셜 데이터Global Financial Data, Inc. S&P500 총수익률, 1925.12.31.~2009.12.31.

는 무엇일까? 인기를 유지해 다음 선거에서도 승리하는 것이다. 선거공약을 정확하게 지키면 유권자의 거의 절반을 잃게 된다. 그래서 선거공약에 물을 타거나 실행 시점을 연기한다. 장래를 내다보면 강력한 견해는 중요하지 않다.

견해는 정치인의 업적이나 능력에 대한 의견이다. 주가는 단기적으로 이런 견해에 따라 오르내릴 수 있지만 견해를 기준으로 매매 시점을 선택할 수는 없다. 다른 변수가 너무 많기 때문이다. 그래서 가장 좋은 방법은 실제로 통과될 만한 법을 생각하는 것이다. 그 법은 상업, 무역, 은행업, 시장에 어떤 영향을 미칠까?

교착상태라는 마법의 코끼리

정치는 심층적으로 분석하기 어렵다. 보이지 않는 결과를 찾아내고 깨진 창문의 오류를 피하려면 상상력과 대담성을 발휘해야 한다.

이에 대해서는 나중에 살펴보겠다. 여기서는 먼저 가장 중요하고 쉬운 단계를 다루기로 하자.

미국처럼 경쟁이 치열한 선진국이라면, 주식시장은 적극적인 입법활동을 싫어한다. 시장은 현재 상황에 익숙하다. 현재 규정을 잘 알아서 능숙하게 처리한다. 그러나 변화가 발생하면 적응해야 한다. 이 과정에서 승자와 패자도 나오는데 시장은 싫어하는 일이다. 의회가 아무 일도 할 수 없으면 아무것도 망칠 수 없다. 그러면 시장은 안심한다.

의회가 통과시키는 법안이 증가할수록 재산권이 수정되고 규정이 바뀌며 부와 자원과 기회가 재분배될 가능성이 커지는데, 이들 모두 시장에 악영향을 미친다. 행동재무학의 전망이론(똑같은 금액이어도 사람들이 손실에서 느끼는 고통이 이득에서 얻는 기쁨보다 크다는 이론)은 입법활동에도 그대로 적용된다. 새 법이 통과되어 자원이 그룹 A에서 그룹 B로 이전되면, 새 법에 대한 그룹 A의 증오가 그룹 B의 애정보다 더 커진다. 그 부정적 영향이 주식에도 미친다. 의회의 입법활동이 활발해질수록 시장은 위험을 더 회피한다. 정치적 위험이 시장의 불확실성을 키우는 셈이다.

정치가 주식에 미치는 영향을 파악하려면 교활한 정치인들이 급진적 법안을 통과시킬 가능성이 큰지 작은지 물어보면 된다. 쉬우면서도 기본적인 질문이지만 이런 질문을 던지는 사람은 거의 없다. 여기에도 감정이 개입되어 판단을 흐리게 한다. 시장이 교착상태를 좋아한다는 증거는 많다. 내가 2006년에 펴낸 책《3개의 질문으로 주식시장을 이기다》에서 밝혔듯이, 대통령 임기 3년 차와 4년 차에 주식 수익률이 가장 높았는데 그 원인이 교착상태였다. 대개 임기 중반을 넘어가면 대통령은 힘이 약해진다. 그래서 역대 대통령들은 주요 정책을 임기 1년 차와 2년 차에 추진했다. 오바마는 오바마케어와 도드-프랭크법Dodd-Frank Act을 초반에 추진했고, 부시는 사베인스-옥슬리법Sarbanes-Oxley Act을 그렇게 했다. 클린턴은 세금 인상과 의료개혁을 시도했다. 1999년 그람-리치-블라일리법Gramm-Leach-Bliley Act처럼 임기 말에 통과된 법은 드물다.

시장은 교착상태를 좋아하지만 사람들은 싫어한다. 사람들은 의회가 양극단으로 갈라서서 사소한 일로 다투기만 하는 모습을 싫어한다. 서로 증오하는 모습도 짜증스럽다. 우리는 온갖 문제를 해결하라고 이 얼간이들을 뽑은 것이지 사소한 일로 다투기만 하라고 뽑은 것이 아니다. 의회가 통과시키는 법안이 적을수록 의회에 대한 지지율은 내려간다. 2013년에는 의회가 통과시킨 법안이 기록적으로 적은 72건이었다.[4] 그해 11월 의회에 대한 지지율도 기록적으로 낮은 9퍼센트였다.[5] 에볼라 바이러스보다 겨우 9퍼센트포인트 높은 지지율이었다. 그러나 S&P500은 32.4퍼센트 상승하면서 한 해를 마무리했다.[6] 사람들은 워싱턴 정가에 깊이 실망한 나머지 현실을 보지 못한다. 의회가 교착상태에 빠지면 새 법을 통과시키지 못하므로 시장에 유리하다는 사실을 보지 못하는 것이다. 열성 당원들은 자기 당이 제안한 법안이 통과되길 바란다. 그리고 보통 사람들은 양당이 그만 다투고 타협하기를 바란다. 의회가 수수방관해야 가장 유리하다고 생각하는 사람은 거의 없다. 사람들이 자신의 이데올로기를 지나치게 믿기 때문이다. 진보주의자들은 의회가 놀고먹는 모습을 싫어한다. 보수주의자도 마찬가지다. 이데올로기가 없는 사람들 역시 그렇다. 오로지 시장만 좋아한다. 정치인들이 분주하게 움직이면 시장 위험이 증가하기 때문이다.

양당 합의는 그럴듯하게 들린다. 그러나 사실은 물을 타서 어중간하게 만든 법을 뜻한다. 역사에는 양당 합의가 빚어낸 악취가 남아 있다. 사베인스-옥슬리법이 대표적인 사례다. 재앙을 불러온 1930년 무역법the Tariff Act(스무트-홀리법Smoot-Hawley Tariff도 양당으로부터 폭넓게 지지받았다. 지금까지도 미국 원유 수송의 발목을 잡는 1920년 해운법Merchant Marine Act(존스법) 역시 그랬다. 1978년 험프리-호킨스법Humphrey-Hawkins Act도 양당 합의가 만들어낸 폭탄이다. 인플레이션과 실업률은 무관하다는 사실이 이미 오래전에 밝혀졌는데도, 이 법은 연준에 두 가지 임무를 부여했다. 양당 합의가 모두 좋은 것은 아니다. 인기영합으로 흐를 수도 있다.

교착상태가 시장에 안겨주는 혜택을 헤아리는 사람은 거의 없다. 교착상태는 방 안의 코끼리다. 시장은 교착상태일 때 상승하지만 교착상태가 구체적인 호재를 불러오는 것은 아니다. 단지 극단적인 새 법안이 통과되지 않을 뿐이다. 악재가 없다는 사실 자체가 호재다. 교착상태는 누구나 볼 수 있지만, 수수방관하는 의회가 시장에 주는 혜택을 보는 사람은 많지 않다.

인플레이션과 실업률 사이의 관계(역의 상관관계)를 보여주는 오래된 모형이 필립스 곡선이다. 그러나 인플레이션과 실업률이 무관하다는 사실은 이미 오래전에 밝혀졌다. 이 모형을 개발한 필립스A.W.H Phillips는 1861~1957년 영국의 임금과 고용 사이에서 역의 상관관계를 발견했다. 그는 인과관계를 이렇게 가정했다. 노동자가 남아돌아 실업률이 높으면, 회사는 임금을 낮게 유지할 수 있다. 그러나 실업률이 낮으면 회사는 임금을 높여줘야 인재를 잡아둘 수 있다. 필립스는 이 곡선으로 모형을 만들었고, 실업률 수준이 인플레이션 수준을 좌우한다고 주장했다.

밀턴 프리드먼은 1968년 '통화정책의 역할'이라는 제목의 연설을 통해 이 이론을 반박했다.[7] 1967년 에드먼드 펠프스 역시 이 이론을 공격했다.[8] 요컨대 이들은 필립스의 모형이 (언제 어디서나 화폐적 현상인) 인플레이션의 실제 동인인 통화공급을 무시했다고 주장했다. 기업들은 임금을 조정할 때 인플레이션을 반영한 실질 임금에 더 주목했다는 주장이다. 인플레이션은 임금 결정에 입력 변수였지, 결과가 아니었다는 뜻이다.

실업률도 높고 인플레이션율도 높았던 1970년대에 프리드먼과 펠프스의 주장이 옳은 것으로 밝혀졌다. 그런데도 필립스 곡선은 명맥을 유지하고 있다. 학문적 논쟁은 쉽게 끝나지 않고 있다.

교착상태가 최선이 아닌 경우

교착상태를 보는 나의 관점은 경쟁 환경이 조성된 대부분 선진 국에 적용된다. 예를 들면 미국, 영국, 서유럽, 호주, 캐나다 등이다. 물론 자유시장, 자본주의, 재산권의 근간을 이루는 미국의 경제정책이 더 강력해지길 바라는 사람도 있을 것이다. 미국 경제에도 정책을 통해서 개선할 여지가 있을까? 젠장, 왜 없겠나? 세법이 더 단순하고, 짧막하며, 구간이 더 단순화되면 오죽 좋겠는가? 그러나 십중팔구 내 평생에 이루어질 일은 아니다. 통화 가치가 안정돼도 멋질 것이다. 그러나 이 역시 내 평생에 이루어 질 일은 아니다. 타파할 관료주의도 얼마든지 있다. 물론 내 이데올로기다. 마음에 안 들면 무시하기 바란다. 시장은 나나 당신 이나 누구의 이데올로기에도 관심이 없다. 그러나 현실적으로 말해서, 의회가 경제 관련 법안을 통과시키면 누군가는 반드시 피해를 보게 되어 있다. 예외는 극히 드물다.

그러나 과거에 사회주의나 공산주의였던 국가들과 신흥시장 등 경쟁환경이 조성되지 않은 나라라면 이야기가 달라진다. 이런 나라들은 재산권이 취약하고, 공공부문이 비대하며, 규제가 비 효율적이고, 부패가 심하며, 소득뿐 아니라 기회도 불평등해서 가난하게 태어난 사람들은 부자가 되기 어렵다. 이런 나라에서 는 성장정책을 지원하는 활발한 입법 활동이 유용하다. 폐쇄했던 산업을 개방해 경쟁 체제를 도입하고, 골칫거리 국영기업을 민영화하며, 민간투자를 환영하고, 재산권을 강화하며, 기업가 정신을 촉진하고, 무역규제를 철폐하면 시장 발전과 장기성장에 큰 도움이 된다.

영국의 마거릿 대처가 대표적인 사례다. 20세기 중반 대부분 기간에 영국은 사회주의를 추구했다. 프랑스나 대부분 유럽 대륙 국가들처럼 심각한 수준은 아니었지만 그래도 매우 나쁜 상황이었다. 1979년, 국가는 국제경쟁력을 상실한 광부와 제조업체들까지 지원해줬다. 영국의 GDP는 1950년대, 1960년대, 1970년대에도 성장했지만 미국을 따라가지는 못했다. 장담하는데 사회주의로는 절대 안 된다. 그것을 설명하려면 책 한 권 분량이 되므로 생략한다. 대처는 1979년 총리가 되어 이후 몇 년 동안 영국의 경제구조를 뜯어고쳤다. 국영산업을 민영화했고 규제를 완화했다. 이렇게 공간을 조성해주자 서비스 섹터가 성장하고 번창했다. 1986년 금융개혁 '빅뱅Big Bang'을 통해 자본시장을 현대화하자 영국은 마침내 세계 최대 금융 허브가 되어 세계 금융시장을 지배하게 되었다. 철의 여인이 주도한 개혁은 영국의 구조적 환경을 극적으로 개선했다. 1985년부터 1980년대 말까지 민영화와 개혁이 확대되자 영국 주식시장이 폭발적으로 상승했다.

철의 장막이 무너지고 나서, 구舊소련과 위성국에도 자유시장 사고방식이 유입되었다. 체코 대통령 바츨라프 하벨Vaclav Havel도

자유시장 사고를 받아들였다. 에스토니아와 라트비아도 그 뒤를 따랐다. 이들에게는 어렵지 않았다. 자유시장이야말로 파산한 공산주의 지옥에서 빠져나오는 방법이었다. 더 나은 삶을 위한 극단적인 거대 변화였다. 당시 현상 유지는 끔찍했다. 교착상태는 파멸을 뜻했다.

단지 자유시장 개혁을 찾아내는 것으로는 부족하다. 이 사실이 널리 알려졌다면 십중팔구 가격에 반영되었을 것이기 때문이다. 오늘날 멕시코는 자유시장 경제가 빠르게 성장하고 있다. 그동안 국가가 지원하던 통신과 에너지 독점 체제도 철폐했고, 은행업에 대한 규제도 풀었으며, 노동시장도 현대화했다. 멕시코 국민과 기업에 잘된 일이다. 그러나 이미 널리 논의된 사실이다. 미국의 이웃인 탓에 수많은 이목이 쏠렸다. 멕시코의 개혁은 곧바로 주가에 반영되었다.

시장이 개혁을 얼마나 잘 평가하는지 항상 질문을 던져라. 최초의 국제적 투자가였던 존 템플턴 경은 전후 일본처럼 아무도 거들떠보지 않는 나라들을 모두 조사했다. 그는 모두가 무시한 나라들을 분석해 남들이 못 본 기회를 찾아냈다. 오늘날 템플턴처럼 투자하려면 아무도 관심을 두지 않는 지역에서 자유시장 체제로 바뀌는 나라를 찾아내야 한다. 과거에는 신흥시장이 여기에 해당했으나 이제는 모두가 관심을 기울이고 있다. 브라질, 러시아, 인도, 중국의 개혁은 이미 가격에 반영되었다고 봐야 한다. 페루와 칠레 등 작은 신흥시장은 보는 사람이 더 적으므로 기회가 숨어 있을지도 모른다. 그러나 가장 큰 기회는 더 멀리 떨어진 프런티어마켓^{Frontier Markets}에 있다. 아프리카, 중동국가, 미얀마, 베트남 등이다. 투자자들이 보지 않았던 시장이다. 이들 중 일부의 경제가 활기차게 성장하고 있다는 사실을 아는 사람은 많지 않다. 1994년 르완다의 집단 학살이 우리 뇌리에 박혀 있기 때문이다. 이들 국가가 얼마나 발전했는지 아는 사람은 거의 없다.

개혁을 하겠다는 약속만으로는 부족하다. 시장은 말이 아니라 행동을 원한다. 이들 나라의 지도자도 모두 정치인이라는 사실을 기억해야 한다. 이들은 말뿐이 아님을 증명해야 한다. 주가는 이 모든 사항을 반영한다. 개혁이 기대에 못 미치면, 기대감으로 올랐던 주가는 다시 내려간다. 2009년 인도에서 일어난 일이다. 재선된 총리 만모한 싱^{Manmohan Singh}이 전면적인 자유시장 개혁 권한을 확보하자 인도 주식시장이 호황을 맞이했다. 그러나 그가 개혁을 완수하지 못하자 호황이었던 주식시장은 침체로 바뀌었다.

일본도 같은 모습이다. 일본은 1980년대 이후 고전했다. 낡은 신중상주의 경제구조가 그 원인이다. 높은 관세가 무역을 가로막았다. 막대한 정부 지출이 민간 투자를 몰아냈다. 35퍼센트에 이르는 법인세가 기업들의 의욕을 꺾었다. 복잡한 노동법 탓에 기업의 비용이 급증했다. 정치인들은 경영이 부실하고 수익성 나쁜 거대 기업들을 시장의 처분에 맡겨두지 않았다. 막대한 일본 우정성 예금이 정부의 자금줄이 되었다. 이들 탓에 디플레이선과 함께 명목 GDP가 감소하는 악명 높은 '잃어버린 10년(또는 20년)'이 왔다.

2012년 말, 새 총리 아베 신조가 이 문제를 해결하겠다고 약속했다. 아베는 불룩한 배와 코밑수염은 없지만 그로버 클리블랜드Grover Cleveland(경제정책에 융통성이 부족했던 미국 22대와 24대 대통령)와 닮은꼴이다. 그는 2006년과 2007년 총리였다. 당시에는 실패했지만 두 번째 임기는 다를 것이라고 장담했다. 그는 '3개의 화살'로 경제를 재활성화한다는, 이른바 '아베노믹스Abenomics'를 내세워 선거에서 압승을 거두었다. 첫 번째 화살은 양적 완화다. (저런!) 두 번째 화살은 경기부양이다. (저런!) 세 번째 화살은 심층적 구조개혁이다. (어려울 것이다!) 투자자들은 받아들였다. 그래서 2013년 초 그가 첫 번째 화살과 두 번째 화살을 쏘았을 때 일본 주식시장은 세계 주식시장보다 더 상승했다. 그러나 2년이 지나도록 그는 세 번째 화살을 쏘지 않고 있다. 약속만 되풀이하고 있다. 그의 정부는 카지노 합법화처럼 손쉬운 법안조차 통과시킬 수가 없다. 그들에게는 너무 큰 도박이기 때문이다. 그는 노동시장, 이민법 개혁, 법인세율 인하, 자유무역, 기업 지배구조 유인책을 논하지만 제안한 법안은 모호하고 희석되었으며 도입 속도도 지나치게 느리다. 정책의 현실성이 부족할수록 일본 경제는 더 부진해진다. 강세장은 근심의 벽을 타고 오른다는 말이 있다. 아베가 이끄는 일본은 절망의 비탈에서 미끄러지고 있다.

의회에서 잠자는 법안

본질적으로 부정적인 법이라고 해서 모두 시장을 망가뜨리는 것은 아니다. 주식시장은 성급하고 급진적인 변화를 싫어한다. 실시간으로 변화에 적응해야 하고 승자와 패자를 가려내야 하기 때문이다. 그래서 뜻밖의 악재가 될 가능성이 크다. 잠재적 악재를 파악해서 소화하는 기간이 길어질수록 시장이 받는 충격은 감소한다. 시장이 잠재 악재를 일찌감치 파악하면 악재의 위력이 약해진다. 충격은 여전히 있겠지만 그래도 가벼워진다.

새 법안이 공론화되면 시장은 새 법안을 소화하기 시작한다. 초기 토론, 법안 초안, 의회 토론과 수정, 대중매체의 언급 등을 통해서 시장은 다양한 견해와 예상 결과를 주가에 반영한다. 전문가들이 잠재 수혜주와 잠재 피해주를 가려내는 작업도 주가 형성에 도움이 된다. 우리는 악재가 다가온다는 사실을 알고 있으면 악재가 갑자기 닥칠 때보다 더 잘 대처할 수 있다.

파악하는 기간이 길어질수록 실제로 법이 미치는 영향은 감소한다. 그러나 파악하는 기간이 짧으면 충격이 커질 수 있다. 근대사 최악의 법에 시장이 보였던 반응을 생각해보자. '증권법 등에 의한 정보 공개의 정확성과 신뢰성을 개선해 투자자를 보호하기 위한 법'으로서 일명 사베인스-옥슬리법이다. 명칭은 거창하지만, 엔론 회계부정에 대한 의회의 과잉반응이었다. 사베인스-옥슬리법은 회계 오류와 보고 오류에 대해 CEO에게 형사책임을 지게 하는 방식으로 지배구조와 투명성을 개선하려고 했다. 상장기업들에게 엄청난 부담을 주는 고약한 법이었다.

사베인스-옥슬리법은 빠르게 진행되었다. 엔론과 미국 경제계의 병폐를 다루는 상원 청문회가 약 6주 진행되고 나서 2002년 2월 14일 법안 초안이 제출되었다. 하원위원회 토론은 2개월간 이어졌다. 비교적 짧은 편이었다. 최종안은 4월 16일 하원에 제출되어 4월 24일 통과되었다. 상원은 더 엄격한 법안을 7월 15일 통과시켰다. 의회는 두 법안의 조정작업을 7월 24일과 25일 시도했다. 사람들 대부분은 더 온건한 하원안이 채택될 것으로 생각했다. 그러나 기업이 위원회 구성원에게 제공한 개인융자가 드러나는 등 막판에 난처한 상황이 벌어졌다. 결국 부시 대통령은 갑자기 입장을 변경해 상원안을 채택했다. 게다가 입법 과정에서 월드컴 부정사건까지 터졌으므로 비공개 상태에서 대부분의 조항이 더 강화되었다. 7월 30일 부시 대통령의 서명 후 이 법은 당일부터 발효되었다. 단계적 도입이 아니라 갑작스런 발효였다. 법이 있으라 하니 법이 있었다!

당시 주식시장은 이미 약세장이었는데 사베인스-옥슬리법이 더 악화시켰다. 4월 16일~7월 25일 S&P500은 25.4퍼센트 하락했다.[9] 이 약세장은 2.5개월 더 이어졌다. 그러나 9월 9일부터 강세장이 시작되었다. 사베인스-옥슬리법이 대형 악재였지만 시장순환 요소가 이 악재를 압도했다. 대형 악재도 시장의 상승을 가로막지는 못한다. 시장은 적응 능력이 있어서 사베인스-옥슬리법에 적응했다. 처음에는 충격을 받았지만 이후 적응에 성공했다.

의회가 오바마케어를 전면적으로 뜯어고칠 때 이 사실을 파악한 사람도 거의 없었다. 오바마케어는 사베인스-옥슬리법처럼 본질적으로 나쁜 법은 아니었다. 사베인스-옥슬리법은 미국 기업 전부를 무력하게 만들었다. 그러나 오바마케어는 의료서비스 부문에서만 승자와 패자를 만들어냈고 투자세와 기업의 비용 인상도 점진적으로 진행했다. 그러나 투자자들은 오바마케어가 사회주의에 가까운 악법이라고 봤다. 이 법이 통과되던 2010년 3월, 사람들은 주식시장이 가라앉을까 두려워했다. 여러 해 공포가 다시 찾아왔다. 그러나 사람들이 이 법을 싫어했는데도 주식시장은 괜찮았다. 왜 그랬을까? 이미 가격에 반영되었기 때문이다.

앞에서도 말했지만, 사람들이 법을 논하기 시작할 때 시장도 주가에 반영하기 시작한다. 오바마케어는 2008년 대통령 선거 시점부터 전국적으로 논의되기 시작했다. 당시 명칭은 오바마케어가 아니었다. 존 매케인과 버락 오바마 둘 다 대규모 의료개혁을 약속했다. 오바마가 승리하자, 시장은 오바마 방식의 개혁을 예상했다. 그는 법안을 의회에 위탁했고 의회는 1년에 걸쳐 법안을 작성, 토론, 수정, 무력화했다.

이 법은 2010년 3월 21일 통과되었다. 이튿날 의료주는 상승했다. 4월 15일~7월 5일 조정이 있었지만, 주로 그리스 파산과 유로 붕괴에 대한 두려움 탓이었다. 2011년 초까지 의료주의 상승률은 주가지수를 밑돌았지만, 새 법이 의료산업의 기반을 근본적으로 바꾼다는 점을 고려하면 이상한 일이 아니었다. 관리의료기관 등 일부 의료 부문은 사업모델을 점검해야 했다. 그런데도 의료주는 여전히 상승했다. 단지 주가지수 상승률보다 낮았을 뿐이다.

오바마케어에 대한 공포는 4년 동안 반복되었지만 의료주 주가는 양호했다. 대법원에서 논고가 시작되어 판결이 나오기 전인 2012년 초까지도 의료주는 상승했다. 2012년 6월 28일, 대법원은 오바마케어 대부분이 합헌이라고 인정했다. 주가는 더 상승했다. 2012년 대통령 선거는 오바마케어에 대한 찬반투표로 간주되었고, 오바마가 승리함으로써 이 법은 최종 승인을 받았다. 의료주는 선거 후 2주 동안 다소 하락했다가 다시 상승하면서 지수 상승률을 넘어섰다. 2013년 7월, 오바마는 논쟁이 격렬한 고용주 의무사항을 1년 미뤘는데, 주가는 아무 반응이 없었다. 이는 관점에 따라 대형 호재가 될 수도 있었고 악재가 될 수도 있었다. 2013년부터 발효되는 투자 소득세를 수정했을 때도 주가는 반응이 없었다. 주가는 2013년 말부터 2014년 초까지 계속 상승했다. 이 모든 악재가 이미 주가에 반영되어 있었다. 2011년 초 이후 사람들의 이목을 사로잡는 온갖 사건이 벌어졌는데도 미국 의료주의 상승률은 S&P500을 능가했다(도표 6.1 참조). 왜 그랬을까? 오바마케어가 사람들이 처음에 걱정했던 규모보다 훨씬 축소되었기 때문일 것이다. 지금까지도 이런 식으로 원인을 파악한 사람은 거의 없다.

2008년 대통령 선거운동 기간에 의료보험 미가입자는 미국 인구의 14.9퍼센트로 4,470만 명이었다.[10] 오바마는 의료개혁을 통해 미가입자를 약 3,500만 명 줄이겠다고 말했다. 그러나 과도한 약속

도표 6.1 S&P500 의료주 상승률과 S&P500 상승률

자료: 팩트세트, 2013.10.9. 기준. S&P500 의료주 총수익률과 S&P500 총수익률, 2009.12.31.~2013.10.8. 2009.12.31.
S&P500지수=1.

이었다. 대부분의 추정치에 의하면, 2013년까지 감소한 미가입자는 700만~1,000만 명이었다(이들 추정치는 인구증가에 의해서 다소 왜곡된 면도 있다). 정부와 민간 추정치 양쪽에서 2014년 의료보험 미가입자 비율이 2008년보다 다소 감소한 것으로 나타났다. 미국 보건복지부와 질병통제예방센터는 13.1퍼센트라고 발표했고, 갤럽조사에서는 13.4퍼센트로 나왔다.[11] 어느 추정치를 봐도 미가입자 수가 3,500만 명 감소하지는 않았다.

이 사실이 중요한 이유는 무엇일까? 처음에 사람들은 3,500만 명에 대한 보험료 지원 비용을 두려워했으므로 즉시 주가에 반영하려고 했다. 그러나 치솟는 비용을 신속하게 파악하기가 어려웠다. 하원 의장이었던 낸시 펠로시Nancy Pelosi는 모두에게 오바마케어를 제공하는 법안을 통과시킨 뒤에야 비용을 파악할 수 있다고 비꼬아 말하기도 했다. 그래서 처음에 시장은 오바마케어가 미치는 영향을 훨씬 과대평가했으나, 오바마케어가 의도했던 대로 진행되기 어렵다는 사실을 점차 깨달았다. 결국 처음 예상했던 인구의 10~15퍼센트에 대해서만 혜택을 제공하게 되었고 비용도 처음 예상했던 수준의 10~15퍼센트로 감소했다. 말만 요란했을 뿐 용두사미로 끝난 것이다.

그동안 길고 복잡한 절차를 거쳤지만 추가로 혜택을 받게 된 사람은 인구의 1.1퍼센트에 해당하는 수백만 명에 불과했다.[12] 의료보험료를 4퍼센트 인상해 인구 1.1퍼센트를 지원하는 프로그램이라는 사실을 2008년에 밝혔다면 사람들의 반응은 전혀 달랐을 것이다. 지원 대상 3,500만 명과 350만 명은 천양지차기 때문이다. 오바마케어가 미치는 영향이 사람들이 걱정하는 것처럼 크지 않다는 사실을 시장도 파악했을 것이다. 지원 대상이 인구의 10퍼센트가 아니라 1퍼센트라면 비용부담이 훨씬 작아진다. 시장은 뒤늦게 이 사실을 파악하고 안도했다. 적어도 나는 그렇게 생각한다.

오바마케어에도 코끼리가 있었다. 시장 관련 코끼리가 아니라 왁자지껄한 정치 관련 코끼리였다. 막대한 비용과 논란과 선전을 거쳐 결국 용두사미로 끝나리라고 생각한 사람은 거의 없었다. 이는 정부 프로그램이 무력하다는 증거다. 바로 이것이 코끼리다. 이 시대에는 정부가 큰일을 하기가 거의 불가능하다. 그러나 이 사실을 아는 사람은 드물다. 정부는 심각한 동맥경화증에 시달리고 있다.

오바마케어는 출범 첫날부터 무기력했다. 월마트를 생각해보자. 월마트의 세계제국은 하루아침에 이루어진 것이 아니다. 1950년 샘 월튼은 아칸소 주에서 매장 하나로 소박하게 사업을 시작했다. 이후 수십 년 동안 시행착오를 거쳐 성장했고, 마침내 거대 강자가 되었다. 월튼 같은 천재적인 사업가도 성과를 내기까지 수십 년이나 걸렸는데, 오바마케어처럼 거대한 사업을 정부가 어떻게 3년 만에 순조롭게 마무리하겠는가? 어떤 사업이든 초기에는 막대한 비용과 시행착오가 발생하며, 성과는 적은 법이다.

시장은 정부 프로그램에 관심이 없다. 정부의 자금 지출은 항상 비효율적이었다. 이는 놀랄 일도 아니다. 이렇게 자금을 낭비했지만, 4장에서 논의했듯이 미국은 아직 부채 문제에 시달리지 않는다. 이는 시장 위험이 아니다. 큰 정부냐 작은 정부냐를 다투는 정치 문제일 뿐이다. 오바마케어를 지지했던 민주당은 10년 뒤이든, 15년 뒤이든 의료보험 문제를 다시 끄집어낼 것이다. 오바마는 소심해서 제대로 하지 못했다고 주장하면서 다른 집단이 새로운 계획을 들고 나올 것이다. 어쩌면 부자들로부터 세금을 거두어 젊은 마약 중독자들을 지원하는 기금을 만들려고 할지도 모른다. 누가 알겠는가? 왕은 죽었지만 언제든 부활할 수 있다. 그러나 다행히 30개월 안에 일어날 사건은 아니다.

내가 어린 시절 이전에는 미국 정부가 큰일을 많이 해냈다. 거대한 도로망, 교량, 댐 등 온갖 시설을 구축했다. 효과도 있었다. 미국의 고속도로망은 경이로운 업적이다. 훌륭한 정부 프로그램이 빚어낸 가시적인 성과였다. 그러나 이제는 정부가 이런 성과를 내기 어렵다. 요즘도 정부가 즉시 착수할 수 있다고 말하는 프로젝트는 많지만, 실제로 정부가 마무리할 수 있는 프로젝트는 많지 않다. 1906년 지진이 났을 때 샌프란시스코는 단기간에 재건되었지만 1989년에 지진이 났을 때는 도로 재건에 오랜 기간이 걸렸다. 정부가 비대해져서가 아니다. 정부 역할이 매우 복잡하게 세분화되었기 때문이다.

여러 주州가 관련된 프로젝트를 시작할 때 승인에 관여하는 정부기관들을 생각해보자. 연방정부, 주정부, 지역 당국이 있다. 육군공병도 있다. 미국 환경보호국은 대개 어류 및 야생동물관리국의 승인을 받아오라고 요구하고, 때로는 산림과의 서명을 받아오라고 한다. 모든 주와 지자체에도 이런 기관들이 있다. 정부의 모든 부서가 허락해야 프로젝트가 진행될 수 있다. 그러니 거의 불가능한 일이다.

좋든 싫든 정부의 의사결정이 하향식으로 이루어지던 시대는 지나갔다. 선출직 공무원들은 임기마다 교체되지만 직업 공무원들은 굳건하게 자리를 지킨다. 이들은 선출직 공무원들의 지시에 복종할 필요가 없다. 이는 미국이 만들어낸 제도다. 우리 사회가 이런 제도를 선택한 것이다. 그러나 이런 제도로는 정부가 큰일을 해내기 어렵다. 기존 정부기관들이 없는 완전히 새로운 영역으로 진출하지 않는 한 관료주의가 발목을 잡기 때문이다. 정부가 두 도시나 주에 걸쳐 도로를 만드는 것보다 상업용 사무실 건물 하나를 세우는 편이 훨씬 쉽다.

보이는 것과 보이지 않는 것

오바마케어는 뜻밖의 결과를 불러왔지만, 예상했던 것만큼 영향이 크지는 않았으며 주가에 미친 영향도 대단하지 않았다. 오바마케어는 의료보험제도에 혼란을 일으켰다. 이 법 탓에 보험사들의 비용이 증가했으므로 보험료도 인상되었다. 기업들은 법을 준수하는 것보다 벌금을 내는 편이 더 싸게 먹혔다. 그래도 의료보험을 제공하는 기업이 많았다. 직원들을 채용하고 유지하는 측면에서 유리했기 때문이다. 그러나 일부 기업은 의료보험 제공 대상을 축소하거나 전국민의료보험체계National Health Exchange에 부담을 떠넘겼다. 그래서 직원 중 일부는 스스로 보험에 가입했지만 일부는 불이익을 당하는 편이 싸다고 판단했다. 기존의 제약조건이 사라졌으므로 건강한 사람들은 벌금을 냈으며 병원에 갈 때 비용을 직접 부담하면서 꼭 필요할 때까지 보험 가입을 미뤘다. 뜻밖의 결과였다.

주식시장은 아무도 예상 못한 사건이 발생할 때 고통받는다(바스티아가 말한 상점 주인은 아들이 창문을 깨뜨린 탓에 6프랑의 손실을 봤다). 뜻밖의 사건은 사람들을 놀라게 한다.

이런 사건은 오랜 기간이 지나고 나서 영향을 미칠 수도 있다. "30개월 안에 일어날 사건은 아니야"라며 안심했다가 30개월 뒤에 일격을 당할 수도 있다. 사베인스-옥슬리법을 다시 생각해보자. 1장에서 다루었듯이, 2008년 금융위기의 원인은 과격한 자산상각 규정 탓에 약 2조 달러가 은행 시스템에서 사라졌기 때문이다. 주범은 의회가 아니라 회계 단체가 주도한 시가평가 회계규정이었다(외부 단체가 의회보다 더 위험할 수도 있다). 만일 2008년에도 사베인스-옥슬리법에서 정의한 대로 분식회계에 대해 은행 경영진에 민형사상 책임을 지게 했다면 각 은행 경영진이 그렇게 과격한 상각을 자제했을까? 실제로 약 3,000억 달러에 이르렀던 은행 대손이 대폭 감소했을까?[13] 1990년, 당시 연준 의장이었던 앨런 그린스펀은 증권거래위원회 의장 리처드 브리든Richard Breeden에게 유동성 낮은 은행 대출금에 시가회계를 적용해서는 안 된다는 취지로 서한을 보냈다. 변덕스러운 시장을 기준으로 대출자산을 과도하게 평가하면 곤란하다는 뜻이었다. 2008년에 사베인스-옥슬리법이 시행되고 있었더라도 금융위기를 막을 수는 없었을 것이다.

사베인스-옥슬리법은 아무도 예상하지 못한 방향으로 흘러갔다. 법을 만들 때 사람들은 즉시 보이는 결과에 주목한다. 오바마케어가 성장을 가로막지 않을까? 세금이 인상되어 소비가 감소하지 않을까? 좋은 질문들이다. 그러나 널리 논의된 내용이므로 주가에는 이미 반영되었다. 성과를 내려면 남들이 생각하지 못하는 질문을 던져야 한다.

예를 들어보겠다. 유럽 의회는 은행 경영진의 보너스를 엄격하게 규제했다. 유럽 의회는 은행 경영진이 받는 과도한 보너스가 위험한 행태를 조장해 금융위기를 일으켰다고 판단했다. 잘못된 판단이다. 그러나 정치인들에게는 항상 희생양이 필요하고 은행 경영진은 손쉬운 대상이다. 아이들에게 잠자리에서 들려주는 동화 중에, 자라서 은행 경영진이 되라는 이야기는 없다. 그래서 이들은 은행 경영진의 보너스를 연봉의 100퍼센트로 제한하고 주주들의 승인을 얻어야 연봉의 200퍼센트까지 허용하는 규정을 만들었다. 이제 은행 경영진이 위험을 떠안을 이유가 사라졌으므로 이 규정으로 위기가 방지된다고 정치인들은 생각했다.

그러나 위기가 방지된다는 생각은 동화에나 나올 법한 착각이다. 게다가 오히려 부작용만 일으킨다. 주요 뉴스거리만 잔뜩 나왔다. 영국은 유럽 대법원에 소송을 제기했다. 터무니없는 보너스 제한 규정 탓에 기업들이 빠져나가면서 런던 은행섹터가 공동空洞화되고 경제가 침체했다고 주장했다. 은행들은 유럽의 금융 중심지에 있어야 하고 영국은 막강한 경쟁우위를 확보하고 있으므로 이런 주장은 다소 과장된 면이 있다(예상대로 대법원은 공감하지 않았다). 이 내용은 폭넓게 논의되었으므로 십중팔구 주가에 반영되었다.

먼 훗날 악재가 될 만한 요소가 또 있다. 보너스는 재량 보상이므로 변동비에 해당한다. 은행들은 막대한 보너스를 지급하는 대신 급여를 낮게 유지할 수 있으므로 역경이 닥쳤을 때 잘 버틸 수 있다. 은행들도 바보가 아니므로 최고의 인재를 원한다. 보너스를 많이 주지도 않으면서 급여를 낮게 유지하면 인재들이 다른 산업으로 빠져나간다. 따라서 은행들은 급여를 높여 총보상을 과거와 비슷한 수준으로 맞출 것이다. 여기서 문제가 발생한다. 급여는 고정비라는 사실이다. 다음에 위기가 닥쳐 매출이 급감하면 보너스 삭감으로는 비용을 충분히 낮출 수가 없다. 은행들은 직원들을 대량 해고하든가 막대한 손실을 떠안고 파산하든가 선택해야 한다. 이렇게 보너스 제한은 은행들에게 본질적인 악재가 된다. 30개월 안에 일어날 사건은 아니지만 언젠가 일어날 사건이다. 위기를 기다리면서 방 안에 조용히 숨어 있는 코끼리다.

정치인보다 나쁜 집단

보이지 않는 악재를 의회가 도맡아 만들어내는 것은 아니다. 간혹 의회는 자신이 모르는 분야와 관련한 개혁 법안을 만들 때 외주를 주기도 한다. 월스트리트를 개혁하고 소비자를 보호하는 2010년 도드-프랭크법이 그런 예다. 증권거래위원회, 연준, 연방예금보험공사, 저축기관감독청 등 여러 규제 당국에 권한을 위임하는 약 2,000페이지에 이르는 법이 외주로 만들어졌다. 일부 조항은 실제 규정을 담는 틀로 만들었다. 또 일부 조항에서는 나중에 필요하면 규정을 만들라고 당국에 막연하게 지시하면서 연구를 명령했다.

바로 여기에 못된 코끼리가 있었다. 외주에 의한 법률 제정이 듣기에는 그럴듯하다. 의원들은 은행가도 아니고 그 분야 전문가도 아니므로, 직접 은행 규제법을 만들면 부작용이 발생할 수밖에 없다. 따라서 규제 당국에 일을 맡기는 편이 합리적인 것처럼 보인다.

그러나 여기에 문제가 있다. 규제 당국은 흔히 자신의 업무 범위를 모르는데도 아무런 관리나 감시를 받지 않는 사례가 많다. 법적으로는 의회에 감독 권한이 있지만, 가끔 불러 증언을 듣는 식으로 대충 때우기 일쑤다. 실제로 규제 당국은 경찰, 판사, 배심원도 될 수 있다.

규제 당국은 비공개로 업무를 진행하기도 한다. 의회에서 법을 만들 때는 모든 과정이 공개된다. www.govtrack.us에서 누구나 초안을 읽어볼 수 있다. 미국 의회방송인 C-SPAN에서는 누구나 토론을 지켜볼 수 있다. 언론인들은 토론과 협상 과정을 보고 기사를 쓴다. 이 과정에서 악재가 드러나면 가격에 반영된다. 그러나 규제 당국이 법안을 만들 때는 상황이 달라진다. 이들은 주로 비공개 상태로 일을 진행한다. 대낮에 정치인 수백 명이 공개적으로 토론하는 방식이 아니다. 임의로 선정된 10여 명이 감시도 받지 않으면서 비밀리에 법안을 작성한다.

이렇게 규제 당국이 비공개로 만든 법안이 공개논평 과정도 충분히 거치지 않고 발효되면 곧바로 문제가 발생할 수 있다. 1장에서 사례로 다룬 시가평가 회계규정은 최근 대규모 재앙을 불러왔다.

2013년 연준이 공개한 볼커룰Volcker Rule 초안도 논란이 되는 사례다.

볼커룰은 도드-프랭크법의 한 부분으로서, 전직 연준 의장 폴 볼커가 은행의 고유계정 트레이딩을 금지하려고 만든 3페이지짜리 계획이다. 이것도 2008년 금융위기 재발방지책이지만 고유계정 트레이딩은 금융위기를 일으킨 원인이 아니다. 당시 은행들은 트레이딩용 증권이 아니라, 만기까지 보유하려던 자산을 상각했다(트레이딩용 증권은 이미 시가로 평가되고 있었다). 미국 회계감사원 자료에 의하면, 2007년 4분기~2008년 4분기에 6대 은행이 실현한 트레이딩 손실은 158억 달러에 불과했다.[14] 하찮은 규모다. 당시 은행의 고유계정 트레이딩을 금지했더라도 리먼브라더스의 파산은 막을 수 없었다. 그러나 정치인들은 이런 사실에 전혀 관심이 없다.

의회는 도드-프랭크법을 통과시키고 나서 볼커룰은 연준, 연방예금보험공사, 통화감독청, 상품선물거래위원회, 증권거래위원회에 외주를 맡겼다. 이들 정부기관은 2011년 초안을 발표하고 공개 논평을 받았다. 그리고 논평을 검토해 일부 조항을 수정했다. 2013년 12월 10일, 이들이 발표한 수정안이 최종안이 되어 2015년 7월부터 발효되었다. 이들은 예외를 인정하지 않았다.

문제는 초안에 없었던 끔찍한 내용이 최종안에 포함되었다는 사실이다. 신탁우선증권(Trust-preferred Securities, TruPs)을 근거로 발행된 부채담보부증권(Collateralized Debt Obligation, CDO)을 은행이 보유하지 못한다는 조항이었다. 지루한 세부사항은 설명하지 않겠지만, 이들은 지역 은행들이 오래전부터 보유했어도 아무 문제가 없었던 증권이다. 회계와 규제 면에서 우대받았고 금리도 높았으므로 지역 은행들이 만기까지 보유하던 증권이었다. 그러나 개정된 볼커 룰은 이자를 받는 은행이 지분을 보유한 것으로 간주했다. 터무니 없는 규정이었다. 이 때문에 은행들은 이 증권을 '매도 가능' 자산 으로 분류해 시가평가할 수밖에 없었다. 결국 문제가 터졌다!

2주도 지나기 전에 유타 소재 지역 은행 자이언스 뱅코퍼레이션 Zions Bancorporation이 신탁우선증권의 부채담보부증권을 3억 8,700만 달 러 상각했다고 발표하면서 볼커를 비난했다. 미국은행협회는 지역 은행들이 아무 이유 없이 피해를 봤다고 주장하면서 연준을 고소했 다. 대중이 대형 은행은 증오해도 고전하는 소형 은행은 동정했으 므로 연준이 굴복했다. 그러나 연준이 특정 대출채권담보부증권 보 유 금지조항은 수정하지 않았으므로, 이 때문에 헐값에 처분해야 하는 증권 규모가 700억 달러에 이를 것으로 미국은행협회는 추정 한다. 2008년처럼 금융위기를 불러올 규모에는 못 미치지만 외주 법안의 폐해를 분명하게 보여주는 사례다.

규제 관련 논쟁이 모두 의회가 외주한 법안에서 나오는 것은 아 니다. 행정부가 문제를 일으키기도 한다. 2014년 재무부가 탄압한 '주객전도inversion' 인수합병(절세 목적으로 미국 기업이 외국 소기업을 인수 한 다음, 미국 본부를 외국 소기업으로 옮기는 행위)이 그런 사례다. 일반적 으로 기업이 외국에서 번 소득에 대해 외국 정부에 세금을 내면, 모 국 정부는 이익을 모국으로 송금하지 않는 한 세금을 부과하지 않 는다. 기업들은 이익을 본국에 송금하면 세금을 내야 하므로 세금을 피하려고 외국에 쌓아두게 된다. 이렇게 미국 기업이 외국에서 번 돈을 미국에 투자할 때 주객전도 인수합병을 이용했다. 미국 기업이 외국 기업으로 바뀌므로 외국에서 번 돈을 미국에 투자해도 세금을 내지 않기 때문이다. 따라서 모두에게 유리한 해결책이 된다. 그러나 신문에서 이런 기사를 읽어본 사람은 없을 것이다.

정치인들은 세수감소를 싫어하므로 주객전도 인수합병은 골칫거리였다. 그래서 주객전도 인수합병이 투자를 망친다는 터무니없는 이야기를 지어냈다(주객전도 인수합병의 주된 목적이 투자라는 사실을 무시했다). 이 이야기는 곧바로 먹혔다. 재무부는 애국적 의무라고 주장하면서 금지법안을 만들어달라고 의회를 괴롭혔다. 그러나 의회는 교착상태에 빠져 있었다. 그래서 재무부는 세법을 재해석해 주객전도 인수합병을 어렵게 만들었다. 주객전도 기업이 이익을 미국으로 가져오는 분식거래를 금지한 것이다. 그러나 실제로는 재무부의 논리가 주객전도였다. 재무부는 주객전도 인수합병이 투자를 저해한다고 주장하면서 탄압했지만 사실은 투자가 주된 목적이었기 때문이다.

주객전도 인수합병은 방 안의 코끼리가 아니다. 대부분의 기업은 주객전도 인수합병에 관심이 없다. 기업들이 걱정하는 것은 규정 변경이다. 규정 변경은 대부분 의회가 한다. 의회가 할 수 없어서 재무부에 요청하면 재무부는 규정을 개정해 선례를 만든다. 지금까지는 이런 변경이 미세하고 효과도 크지 않았지만 이번에는 재무부가 법을 바꿔 판을 뒤집었다. 이제 기업들이 의심하기 시작했다.

"재무부가 이런 일을 할 수 있다면 다른 일인들 못할까? 다음에는 어떤 규정을 건드릴까? 이래서야 계획을 세울 수 있나? 재무부가 언제 나를 잡아먹겠다고 덤빌지도 모르는데."

기업들은 불확실성 앞에서 몸을 사린다. 규제 당국이 사전 경고도 없이 규정을 바꿀 수 있는데 막대한 비용을 들여가면서 장기 프로젝트를 시작할 이유가 어디 있겠는가? 관두자!

대형 악재는 아니지만 역발상 투자자라면 알아둬야 할 숨은 위험이다. 이런 작은 위험을 볼 줄 알아야 더 큰 위험도 찾아낼 수 있다. 세계 GDP 수조 달러를 날려버리고 강세장을 무너뜨릴 수 있는 규정 변경 같은 위험 말이다.

다음 위기를 더 심각하게 만든 정부 정책

정치 이야기를 마무리하기 전에 한 가지만 더 설명하겠다. 정치 위험의 숨은 출처가 하나 더 있다. 위험은 법과 규정에서만 나오는 것이 아니다. 정치인들의 행동도 위험을 불러올 수 있다. 행동에도 메시지가 담겨 있다. 무서운 메시지가 담긴 일부 행동은 시한폭탄이 될 수도 있다. 2008년 금융위기가 닥쳤을 때 오바마 정부는 거대한 시한폭탄을 만들어냈다. 노련한 투자자라면 이 폭탄을 파악하고 있어야 한다.

정치인들의 목표는 당선이다. 그래서 의사결정을 할 때마다 "어떻게 해야 표를 더 얻을까?" 하고 생각한다. 유권자들이 어떤 기업과 산업이 나쁘다고 생각하면 정치인들은 주저 없이 그 기업과 산업을 호되기 비판한다.

2008년 금융위기 이후 사람들은 은행을 악당이라고 생각했다. 은행들이 순진한 무자격자들에게 마구 대출을 해주고 부실 대출로 만든 유독성 증권을 패니메이Fannie Mae(연방저당권협회)와 프레디맥Freddie Mac(연방주택금융 저당회사)에 속여 팔았으며, 주택시장이 붕괴하자 순진한 사람들의 주택에 담보권을 행사했고 혈세 수천억 달러를 훔쳐 달아났다고 생각했다. 대중은 은행들을 가혹하게 처벌하라고 요구했고 정치인들은 대중의 요구에 영합했다. 대중의 요구가 터무니없이 잘못되었더라도 정치인들은 개의치 않았다. 오로지 표가 중요했기 때문이다. 2010년부터 2014년 8월까지 정부는 금융위기 관련 벌금으로 6대 은행에 1,250억 달러를 부과했다. 당신이 이 책을 읽는 시점에는 벌금이 십중팔구 더 늘어났을 것이다. 그러나 벌금 규모는 중요하지 않다.

JP모건체이스와 뱅크오브아메리카에 부과된 벌금은 1,000억 달러가 넘어 전체 금액의 80퍼센트에 해당한다. 문제는 대부분 소송과 기소의 대상이 두 은행이 아니었다는 사실이다. 대상은 두 은행이 금융위기 동안에 정부를 도와주려고 인수한 회사들이었다. 이것이 금융위기에 파산한 은행을 인수해 협조해준 두 은행에 정부가 보답하는 방식이라면, 이는 다시는 정부에 협조하지 말라는 메시지가 된다. 참으로 기막힌 현상이 아닐 수 없다.

100년 넘게 이어져온 위기관리 전통에도 어긋난다. 오래전부터 금융위기가 닥치면 재무구조가 건전한 대형 은행들이 정부에 협조했다. 이들은 파산 은행을 인수하거나 자금을 지원하고 고객의 예금을 보장해줌으로써, 예금인출 사태를 방지했다. 이들이 파산 은행을 인수하면 부채도 함께 떠안지만 자산과 고객도 함께 인수했다. 장기적으로는 유리한 거래였으므로 자선사업은 아니었다. 그러나 위기가 닥칠 때마다 이런 거래가 이루어졌다.

JP모건은 1893년 공황기에도 구원투수로 나섰다. JP모건이 설계하고 보증한 국채를 외국 투자자들에게 판매해 금을 회수함으로써 국고를 다시 채운 것이다. JP모건은 자기 돈을 써서 미국 재무부를 구제했다. 1907년 공황기에도(연준 설립 전이었으므로) 최종 대부자가 되어 미국 재무부를 구제했다. 자금난에 빠진 은행이더라도 자산과 사업모델이 건전하다고 판단되면 자금을 지원했다. 건전한 은행들을 모아 조성한 기금으로 고전하던 은행들을 살려냈다. 증권회사 '무어앤드슬라이Moore and Schley'가 '테네시석탄철강철도회사(Tennessee Coal, Iron and Railroad Company, TCI)' 주식을 담보로 빌린 600만 달러를 상환하지 못하자 자신이 지배하던 US스틸을 통해서 TCI 주식을 사들였고, 마침내 TCI를 인수했다. 무어앤드슬라이는 살아났다. JP모건은 뉴욕 시도 구제해줬고, 뉴욕증권거래소 구제에도 참여했다.

악명 높은 저축대부조합 위기(2007~2009년 금융위기 기간보다 파산 은행 수와 금액이 더 많았던 위기) 때는 노스캐롤라이나내셔널뱅크(North

Carolina National Bank, NCNB)가 파산한 퍼스트리퍼블릭뱅크First Republic Bank를 1988년에 인수했다. NCNB는 이후 몇 년에 걸쳐 전국에서 여러 은행을 인수했다. 당신은 NCNB를 들어본 적이 없을 것이다. 여러 차례 인수를 거쳐 네이션스뱅크NationsBank가 되었고, 1998년 뱅크오브아메리카를 인수한 뒤 명칭을 뱅크오브아메리카로 바꾸었기 때문이다. 오늘날 뱅크오브아메리카는 1980년대 말과 1990년대 초 연방예금보험공사를 여러 차례 도왔던 바로 그 은행인 셈이다.

2008년 뱅크오브아메리카의 CEO 켄 루이스Ken Lewis는 NCNB 출신이다. 그는 NCNB CEO 휴 맥콜Hugh McColl의 오른팔로서, 1988년 NCNB '텍사스내셔널뱅크Texas National Bank(1988년에 인수한 퍼스트리퍼블릭뱅크)'를 경영했다. 그는 그동안 배운 파산 은행 인수기법을 활용해 2008년 파산한 모기지 은행 컨트리와이드Countrywide와 메릴린치를 인수했다. (시티의 기업인수 대가 샌디 웨일Sandy Weill에게 배운) JP모건체이스 CEO 제이미 다이먼Jamie Dimon은 2008년 연준의 요청에 따라 파산한 베어스턴스를 인수했다. 9월에 파산한 워싱턴뮤추얼Washington Mutual도 연방예금보험공사를 도우려고 인수했다.

만일 두 은행이 이렇게 인수하지 않았다면 어떻게 되었을까? 엄청난 혼란이 발생했을 것이다. 베어스턴스가 무너지는 조짐을 보이자 시장은 공포에 휩싸이기 시작했다. 그러나 JP모건체이스가 인수에 나서자 시장은 안정을 되찾고 반등했다. JP모건체이스가 인수해준 덕분에 연방예금보험공사는 막대한 보험금을 절약할 수 있었다.

파산 시점 워싱턴뮤추얼의 예금 추정치가 1,650억 달러였으므로 엄청난 비용이 들어갈 뻔했다.[15] 뱅크오브아메리카에 인수된 덕분에 메릴린치는 연준의 비상대출 창구를 이용해서 살아났으므로 막대한 혈세가 절약되었다. 사람들은 금융위기 동안 부실자산구제 프로그램(Troubled Asset Relief Program, TARP)에 들어간 비용 4,230억 달러가 지나치게 많다고 생각한다. 그러나 재무부와 연방예금보험공사가 민간은행들의 도움을 받지 못했다면 훨씬 더 큰 비용이 들어갔을 것이다.[16]

금융계는 이런 방식으로 돌아간다. 그래서 민간 부문이 주도해야 한다. 민간 부문이 정부보다 훨씬 효율적이다. 연준과 재무부는 JP모건체이스와 베어스턴스를 합병시키고 패니메이와 프레디맥과 AIG를 사실상 국유화하고 나서 리먼브라더스를 파산시켰다. 이들이 멋대로 승자와 패자를 결정하자 시장은 극심한 공포에 휩싸였다. 만일 이들이 워싱턴뮤추얼과 메릴린치도 파산시켰다면?

JP모건체이스와 뱅크오브아메리카는 고객들을 안심시켜 더 심각한 공포를 방지함으로써 금융 시스템을 지켜냈다. 정부는 이들에게 퍼레이드라도 시켜줘야 했다. 그러나 정부는 오히려 백기사들을 공격했다. 연준은 컨트리와이드가 사기를 쳤다고 주장하면서 뱅크오브아메리카를 고발했다. 그리고 베어스턴스와 워싱턴뮤추얼이 비열한 행위를 했다는 이유로 JP모건체이스를 고발하고 벌금을 부과했다.

지독한 역설이다. 2008년 금융위기에 "젠장, 우리는 돕지 않겠소!"라고 말하며 협조를 거부한 은행들은 그다지 다치지 않았다. 골

드만삭스는 벌금으로 겨우 9억 달러를 냈을 뿐이다. 모건스탠리는 벌금으로 19억 달러를 냈다. 그러나 정부에 협조한 은행들은 심하게 두들겨 맞았다.

정부는 협조한 은행들을 공격함으로써 매우 강력한 메시지를 보냈다. "다시는 정부에 협조해 다른 은행을 구제하지 마시오." 협조한 은행들은 이 메시지를 들었다. 제이미 다이먼은 말했다. "이번 일을 정리해보자. 우리는 정부의 부탁을 받고 큰 위험을 무릅쓴 채 협조에 나섰다. 지금처럼 될 줄 알았다면 내가 베어스턴스를 인수했겠는가? 이제 협조는 끝이다."[17] 뱅크오브아메리카도 똑같은 심정일 것이다. 운 좋게 벌금 90억 달러를 내고 빠져나온 웰스파고도 지켜보고 있다.

다음에 대형 은행이 파산하면 정부 혼자서 해결해야 한다. 정치인들의 탐욕과 인기영합주의 탓에 우리 모두 대가를 치르게 될 것이다. 앞으로 약세장은 더 악화할 것이다. 은행들은 주로 시장이 나쁠 때 파산하기 때문이다. 전혀 불필요한 정치 위험을 떠안게 생겼다.

정치인이 미국에서 가장 위험한 사람은 아닐 것이다. 미친 도끼 살인마는 아니니까. 그러나 투자자에게는 가장 위험한 적이다. 우리는 정치인을 더 많이 알수록 그들에 더 잘 대응할 수 있다.

나는 독자들에게 겁주려고 정치 이야기를 한 것이 아니다. 적을 알게 해주려고 한 것이다. 이제 당신은 정치인이 쓰는 수법과 무기를 파악했으므로 싸울 준비를 마쳤다. 7장에서는 유쾌한 주제를 다뤄보자.

BEAT
THE
CROWD

7
장

교과서는 치워라

교과서는 치워라

MBA가 투자에 도움이 될까? CFA는 어떨까? 재무학 교수들은 투자 실력이 뛰어날까? 의학, 공학, 법학 같은 분야는 교육이 절대적으로 중요하다. 그러나 투자 분야는 전혀 다르다. 위대한 투자가 중에는 정식 교육을 거의 받지 않은 사람도 있다. 그리고 위대한 투자 사상가와 이론가 중에는 투자 실적이 형편없는 사람도 있다.

이런 현상을 나는 피터 번스타인 효과Peter Bernstein Effect라고 부른다. 투자 사상 및 아이디어 분야의 거장인 번스타인은 매혹적인 저서 《세계 금융시장을 뒤흔든 투자 아이디어Capital Ideas》에서 월스트리트의 지성 발전 과정을 추적하면서 투자 이론에 기여한 학자들을 소개했다. 예를 들면, 알프레드 코울스Alfred Cowles는 스탠더드앤드푸어스Standard & Poor's(S&P) 지수를 창시했다. 윌리엄 샤프William Sharpe는 샤프 지수Sharpe ratio를 개발했다. 제임스 토빈James Tobin은 1958년 '목표에 의한 투자'라는 개념을 제시했는데 당시에는 혁명적인 사상이었다. 폴 새뮤얼슨Paul Samuelson은 경제학 분야에서 첫 노벨상을 받은 미국인이었다. 그러나 이런 위대한 사상가 중에 투자 실력이 뛰어난 사람은 거의 없었다. 일부는 부끄러울 정도로 형편없었다. 이들은 재능은 뛰어났지만 투자 실적은 초라했다.

투자는 독서보다 실전을 통해 더 많이 배우는 분야다. 이를테면 야구와 같다. 요기 베라는 어린 시절에 야구 교육을 받은 적이 없다. 단지 동네 야구를 즐겼을 뿐이다. 경영대학원에 진학해서 투자를 배우는 것도 나쁘지는 않다. 그러나 교과서 이론을 배워봐야, 학교에서 가르치는 용도로나 써먹을 정도다. 현실세계와 동떨어진 이론이기 때문이다. 우리는 자신의 실수로부터 배울 때 투자에 성공한다. 자신의 행태를 파악해 최대의 적인 감정과 편견을 극복해야 한다(9장 참조). 우리는 실제 자금을 투입해 현실세계에서 실시간으로 배워야 한다. 이론은 현실에 들어맞을 때도 있지만 맞지 않을 때가 더 많다.

고등교육은 유용하다. 비판적 사고기법을 가르쳐주기 때문이다. 우리는 이론 자체를 좋아할 수도 있고 재무학 전문가가 될 수도 있다. 흥미로운 분야다. 그러나 MBA, CFA, 교수 중에도 투자에 성공한 사람들은 교과서 이론에 얽매이지 않는다. 이들은 교과서 이론을 기본 도구 정도로 사용할 뿐 규정집처럼 떠받들지는 않는다. 이론의 노예가 되지 않고 자신이 습득한 비판적 사고기법을 활용한다는 말이다.

재무학을 전공하지 않은 사람들도 십중팔구 교과서 이론을 들어봤을 것이다. 전문가들이 마치 복음처럼 전파하므로 대중매체를 통해 교과서 이론을 쉽게 접할 수 있다. 7장의 내용은 MBA, CFA, 재무학 전공자는 물론 독학한 사람들에게도 똑같이 유용하다. 투자이론 전문가이든 아니든 다음과 같은 질문에 대한 답을 찾을 수 있을 것이다.

- 교과서 이론이나 '모두가 아는' 투자 원칙이 현실세계에서 통하지 않는 이유
- 평가기법과 소형주에 대한 전통적 사고를 받아들여야 하는가?
- 연준의 통화정책이 타당하지 않은 이유(그리고 앞으로도 절대 타당하지 않을 이유)

교과서를 내던지지는 마라, 그러나 한계는 알아둬라!

재무학 교과서 이론들은 이미 주가에 반영되었다고 봐야 한다. 지난 수십 년 동안 수많은 사람이 교과서를 읽었다. 똑같은 교과서를 읽으면서 똑같은 이론을 배운 사람들은 똑같은 관점을 갖게 된다. 이런 관점은 시장 가격에 신속하게 반영된다.

그렇다고 교과서나 수업이 무용지물이라는 말은 아니다. 이들은 기본을 가르쳐주며 기본은 항상 중요한 법이다. 예를 들어 재무학 이론에 대해 얘기해보자. 수익을 얻으려면 위험을 떠안아야 하며, 떠안는 위험이 커질수록 수익도 커진다는 이론이 있다. 이런 이론을

알고 있으면 "원금을 보전하면서 고수익도 얻을 수 있다"라는 증권 중개인들의 과장 선전에 쉽게 넘어가지 않는다. 재무학 이론은 중개인의 주장이 헛소리라는 사실을 알려준다. 수익을 얻으려면 위험을 떠안아야 하고, 위험을 떠안으려면 손실 위험도 감수해야 한다. 따라서 원금은 보전되지 않는다. 정말로 원금을 보전하려면 자산을 모두 현금으로 보유해야 한다. 이때는 위험은 없지만 수익도 없다.

현대 포트폴리오 이론(Modern Portfolio Theory, MPT)도 중요한 재무학 교과서 이론이다. 해리 마코위츠Harry Markowitz는 1952년 〈자산선택Portfolio Selection〉이라는 논문을 통해 이 이론을 소개했다. 분산 포트폴리오에서는 개별 증권이 수익에 미치는 영향보다 전체 자산의 위험/수익 구성(자산배분)이 수익에 미치는 영향이 훨씬 크다는 내용이다.[1] 주식이나 채권의 종목 선택보다 보유비중 결정이 더 중요하다는 말이다. 이 이론을 좋아하는 사람은 거의 없지만 그래도 통계적으로 타당한 기본 이론이다. 후속 연구에서도 주로 (국가별/섹터별) 자산배분에 따라 포트폴리오의 수익률이 결정되는 것으로 밝혀졌다. 분석가들의 관심사인 종목 선택은 수익률에 미치는 영향이 미미하다.

현대 포트폴리오 이론은 포트폴리오 구축에 유용하다. 종목을 선택할 때 모집단을 줄여주기 때문이다. 현재 전 세계에는 상장 회사가 5만이 넘는다. 인기 종목 40~50개를 선택하려면 차라리 화살을 던져 고르는 편이 나을 것이다. 그러나 처음부터 자산배분 개념으로 접근하면 주요 국가와 섹터별로 비중을 할당해 쉽게 종목을 선택할 수 있다. 일부 지역에 지나치게 편중되는 함정에도 빠지지 않는다.

효율적 시장 가설(Efficient Market Hypothesis, EMH)도 중요한 기본 이론이다. 1970년대에 유진 파마Eugene Fama가 제시했는데, 이론 자체는 완벽하지 않다. 널리 알려진 정보가 주가에 이미 반영되어 있다는 가정은 훌륭하다. 이 책 내용의 토대이기도 하다. 그러나 학계 이론 대부분이 그렇듯이, 이 가설도 현실세계에서 항상 통하는 것은 아니다. 시장이 장기적으로는 효율적이지만 단기적으로는 매우 비효율적일 수 있다. 왜 그럴까? 데이터만 주가에 반영되는 것이 아니기 때문이다. 2장과 6장에서 살펴봤듯이, 기대와 견해도 주가에 반영된다. 그래서 역발상 투자자들은 대중을 누를 수 있다.

효율적 시장 가설의 결점을 이용하려면 독자적인 사고방식과 현실감각이 필요하다. 이 이론은 중요하다. 그러나 제대로 이용하려면 단지 이론을 이해하는 것만으로는 부족하다. 교과서 수준을 넘어 현실세계를 알고 있어야 한다.

유용한 교과서 이론은 무수히 많다. 재무학 이론도 수십 가지나 된다. 1장에서 설명한 '규정집'을 기억하는가? 바로 규정집이 문제의 원천이다. 교과서 이론도 가끔 들어맞는다. 전혀 들어맞지 않는다면 교과서에 실리지도 않았을 것이다. 그러나 이론은 현실과 맞지 않을 때가 더 많다. 이론을 따르는 군중은 모욕의 달인인 시장에게 손쉬운 먹잇감이 된다. 교과서 이론 역시 세상 물정에 밝으면서 비판적 사고를 갖춰야 극복할 수 있다.

재무학 연구 중 상당수는 국제공인재무분석사협회(이하 CFA협회)의 공식 학술지 〈파이낸셜애널리스트저널Financial Analysts Journal〉에서 나왔다. CFA협회는 20세기 중반 투자가 겸 분석가였던 헬렌 슬레이드Helen Slade가 고안해낸 기관이다. 벤저민 그레이엄이 증권 분석의 아버지라면 헬렌 슬레이드는 증권 분석의 어머니다(여러모로 벤저민 그레이엄의 스승이기도 했다). 뉴욕증권분석가협회의 간사였던 그녀는 매주 수요일 최고의 인물 40~50명을 초대해 모임을 가졌다. 벤저민 그레이엄을 비롯해서 루시앙 후퍼Lucien Hooper, 맬컴 포브스Malcolm Forbes가 정기적으로 참석했으며, 나의 아버지 필립 피셔Philip Fisher도 가끔 참석했다.

헬렌은 참석한 손님들을 '정보 제공자'라고 불렀다. 이들은 샌드위치를 먹고 음료를 마시면서 증권과 시장 관련 아이디어를 놓고 장시간 토론했다. 헬렌은 1945년 〈파이낸셜애널리스트저널〉을 창간해 1958년 사망할 때까지 편집을 맡았는데, 이 학술지를 통해 참석자들의 토론 내용이 전국에 알려졌다. 당시에는 재무학 교육 과정도 없었다. 〈파이낸셜애널리스트저널〉은 분석, 이론, 견해를 한곳에 모아 축적함으로써, 이후 세대들에게 지식의 기반을 마련해줬다. 현재 확고하게 자리 잡은 이론도 당시에는 이론이 아니었으므로 가격에 반영되지 않았다. 그래서 유용했다.

헬렌의 활동은 후원에 그치지 않았다. 그녀는 세계적인 금융학술지에도 글을 올렸다. 실명으로 올리기도 했고 '존 딘John Dean'

이라는 필명으로 올리기도 했다. 전국산업협의회의 연례경제포럼 고정 토론자이기도 했다. 신문기사에 의하면, 전국산업협의회는 이듬해 경제 환경을 예측했으며 1949년의 침체도 정확하게 예측했다.

확인할 방법이 없으므로 내 개인적 견해에 불과하지만, 헬렌이 10년 동안 모임을 이끌지 않았다면 증권 분석은 현재 같은 모습이 아닐 것이다. 당시 전문가들이 한곳에 모여 아이디어를 교환하는 과정에서 새로운 이론과 지식이 축적되었기 때문이다. 증권 분석이 직업으로 자리 잡기는 했겠지만 그 시점은 늦어졌을 것이다.

첫 번째 원칙: PER은 예측력이 없다

아주 오래된 사례를 제시하겠다. 대부분 이론에서는 PER(주가수익비율)이 높은 주식은 비싸므로 위험하다고 주장한다. 그리고 PER이 낮은 주식은 싸므로 사라고 외친다. 강세장이 무르익어 PER이 높아질수록 전문가들은 주가가 너무 높아서 곧 떨어질 것이라고 역설한다.

이론상으로는 그럴듯하게 들린다. 주식을 사는 행위는 미래 이익을 사는 행위이므로, PER이 높으면 시장이 과대평가되었다는 뜻이다. 즉 투자자들이 도취감에 빠져 너무 앞서갔다는 말이다. 그러나 나는 2006년 저서 《3개의 질문으로 주식시장을 이기다》에 이런 주장이 그릇된 통념이라고 썼다. 전혀 사실이 아니다.

실제로 시장 PER이 낮을 때보다 높을 때 더 위험하다는 사실을 뒷받침하는 타당한 통계는 존재하지 않는다. 1년, 3년, 5년 등 기준 기간을 어떻게 나누더라도 타당한 통계는 전혀 나오지 않는다. 웹사이트 www.multpl.com에서 직접 확인해보기 바란다. 예일대 경제학자 로버트 실러가 과거 S&P500 주가와 PER을 수집한 강력한 데이터베이스다. 1962년 강세장이 시작될 때 S&P500의 12개월 PER은 장기 평균보다 높았다. 1990년대 강세장 대부분 기간에도 PER은 장기 평균보다 높았다. 2002~2009년 강세장이 시작될 때도 PER은 29가 넘었으며 강세장 기간 내내 평균보다 높았다. 2009년 3월 강세장이 시작될 때는 S&P500의 과거 12개월 PER이 100을 넘어갔다. 'PER이 높으면 위험하다'는 이론을 따른 사람들은 대형 강세장을 놓쳤을 것이다.

PER이 낮다고 해서 안전한 것도 아니다. 1980~1982년 약세장이 시작될 때는 PER이 불과 9.19였다. 1956~1957년 약세장이 시작될 때도 S&P500의 PER은 평균보다 낮은 13.81에 그쳤다. 이때도 PER 미신을 따른 사람들은 타격을 입었을 것이다.

PER 이론은 논리적으로도 맞지 않는다. 첫째, PER 이론은 분모를 무시한다. 침체기에는 기업의 이익이 감소한다. 그런데 회복기에는 주가가 먼저 상승한다. 이익 증가를 주가에 선반영하는 것이다. 그 결과 흔히 강세장 초기에는 PER이 높아진다. 둘째, PER 이론은 과거 실적으로 미래를 예측할 수 있다고 가정한다. 언제 어디에서나 전혀 사실이 아니다.

끝으로 PER이 높은 주식은 과대평가되었고 PER이 낮은 주식은 과소평가되었다는 이론은, 주식에 고유의 공정가치가 존재한다고 가정한다. PER이 일정 수준을 벗어나면 시장이 틀렸다고 본다는 말이다. 그러나 이런 식으로 생각하는 사람은 심각한 위험에 처할 수 있다. 가끔 단기적으로는 이런 생각이 맞을 수도 있다. 벤저민 그레이엄은 시장이 단기적으로는 투표소와 같다고 말했다. 사람들이 감정에 따라 매매하는데 감정은 대개 불합리하기 때문이다. 그러나 시장이 장기적으로는 저울과 같아서 미래 펀더멘털을 반영한다. 기술주가 호황을 누리던 1996~1999년에는 일반 주식도 급등하면서 PER이 평균을 넘어섰다. 이때 시장이 틀렸을까? 당시 상황을 제대로 파악하는 사람은 거의 없다. 기술주에 실제로 거품이 형성된 것은 1999년 말~2000년 초였다. 이 무렵 보유 현금을 소진하고 심각한 적자에 시달리던 기업들이 줄지어 신규 상장되었는데도 닷컴 열풍에 도취한 투자자들이 앞다퉈 사들이면서 가격이 급등했다. 1996년과 1997년 주가는 불합리한 수준이었을까? 정답은 없다. 당시 주가가 불합리한 수준이었는지 확실하게 안다고 믿는다면 오만하고 어리석은 생각이다.

PER이 시장 심리 파악에 유용하긴 하지만 PER이 주가의 과대평가와 과소평가를 알려주는 것은 아니다. 강세장이 무르익어 사람들의 심리가 밝아지면 PER은 장기간 높은 수준을 유지하기도 한다. PER 장기 평균이 공정가치라고 주장하는 사람도 있지만 PER이 항상 평균으로 회귀하는 것은 아니다. 물론 평균으로 회귀할 때도 있지만 나는 회귀하지 않을 때가 더 많다고 본다. 만일 PER이 평균으로 회귀한다면 사람들이 모욕의 달인인 시장에 당하는 일도 훨씬 적을 것이다. 평균 PER은 높고 낮은 수많은 PER을 평균한 값으로서, 극단치들이 혼합된 숫자다. 따라서 중력처럼 한 방향으로 흐르는 성격이 아니다.

내가 과거에 쓴 책들을 읽어봤다면 내 주장이 익숙할 것이다. 나는 수십 년 동안 PER 미신을 타파하려고 노력했다. 2000년 마이어 슈태트만Meir Statman과 나는 《저널오브포트폴리오매니지먼트The Journal of Portfolio Management》에 올린 논문 〈시장예측의 인지편향 Cognitive Biases in Market Forecasts〉에서 PER 미신을 공격했다. 우리는 실러의 데이터를 이용해서 1872~1999년(128년) 동안 PER과 수익률의 관계를 분석했다. 그러나 매년 1월 1일 PER과 1년 수익률 사이에서는 통계적으로 유의한 상관관계가 나타나지 않았다. PER로는 수익률을 예측할 수 없다는 의미다.

이 논문에서 밝혀진 흥미로운 사실이 또 있다.

"투자자들은 PER이 매우 높으면 곧바로 수익률이 매우 나빠질 것으로 예상해 심하게 걱정한다. 그러나 과거의 사례를 보면 걱정할 이유가 거의 없다. 예를 들어 PER이 19가 넘어도 이듬해 주가 하락률이 10퍼센트를 초과한 적은 한 번도 없었다. 물론 PER이 높으면 이후 곧바로 수익률이 하락할 수는 있지만, 아이러니하게도 투자자들은 과거 주식시장에서 실제로 이런 현상이 흔히 일어났다고 믿는다."[2]

왜 그럴까? 대중매체의 과장보도와 교과서 탓이다. 그러므로 항상 이론을 의심하라.

혁신적인 CAPE 비율도 만능이 아니다

실러와 공동 연구자 존 캠벨John Campbell은 경기침체가 이익을 왜곡한다고 지적했다. 옳은 말이다. 그러나 이들이 제시한 해결책도 예측 용도로는 일반 PER과 마찬가지로 쓸모가 없어 보인다. 이들은 과거 장기간의 실적으로 산출한 PER을 이용하면 미래 10년 실적을 예측할 수 있다고 주장했다(헛수고다. 실제로 10년을 내다보고 주식을 사는 사람이 과연 있는가?).

실러는 1996년에 쓴 논문 〈PER을 이용한 수익률 예측: 1996년 주식시장 전망Price-Earnings Ratios as Forecasters of Returns: The Stock Market Outlook in 1996〉에서 초기 연구를 설명했다.[3] 여기서 그는 과거 30년 이동평균으로 PER을 산출했다. 오자가 아니라, 실제로 30년 이동평균이다. 30년의 근거가 무엇일까? 벤저민 그레이엄은 1934년에 출간한 고전 《증권분석》에서 '5년 이상, 가능하면 7~10년' 평균이익을 사용하라고 충고했다.[4] 10년이 더 낫다면, 30년이면 더할 나위가 없을 것이다.

실러는 1996년 1월, 30년 PER이 29.72로 터무니없이 높다고 말했다. 그리고 이렇게 조언했다. "앞으로 10년 동안 시장이 대폭 하락할 것 같은 생각이다. 장기투자자라면 다음 10년 동안 주식을 보유하지 말아야 할 듯하다."

1996년 12월 3일, 실러는 앨런 그린스펀에게 이 분석을 설명하면서 강세장이 마침내 거품 단계에 도달했다고 주장했다. 이틀 뒤 그린스펀은 연설에서 이른바 '이상과열irrational exuberance'을 경고했다. 그런데도 강세장은 3년 3개월 3주간 더 이어졌다.

1998년 실러와 캠벨은 방법론을 다듬어 이익 평균기간을 10년으로 단축했다. 이것이 세계적으로 유명해진 '실러 PER 또는 CAPE(Cyclically Adjusted P/E) 비율'이다. 이들의 예측은 1996년 실러의 연구와 일치했다. 최근 CAPE 비율에 의하면 "앞으로 10년 동안 실질 주가가 대폭 하락해 주식의 실질 수익률이 제로에 가까울 것"이라고 밝혔다.[5] 이들은 CAPE 비율이 이렇게 높았던 적이 거의 없었다고 경고했지만 이들의 주장을 곧이곧대로 받아들여서는 안 된다.

다음 박스는 《3개의 질문으로 주식시장을 이기다》에서 가져온 자료다. CAPE 비율이 인기를 얻은 것은 사람들이 오래전부터 믿어온 그릇된 통념을 데이터로 뒷받침하는 것처럼 보였기 때문이다. 그러나 데이터를 왜곡해 억지로 가설에 맞추었으므로 사실은 아무것도 아니다(10년 평균으로 이익을 매끄럽게 다듬었고, 고풍스럽게도 물가지수를 이용해서 인플레이션을 반영했다).

CAPE 비율은 1990년대에 틀렸는데도 인기가 유지되고 있다. 1998~2008년에 적중했기 때문일 것이다(1996~2006년이나 1997~2007년에는 형편없이 빗나갔다). 하지만 고장 난 시계도 하루에 두 번은 맞는다. CAPE 비율은 최근 10년을 포함해서 대부분 10년 기간에 빗나갔다. 그런데도 전문가들은 주식 거품을 경고할 때 줄곧 CAPE 비율을 인용한다. 게다가 실러가 2013년 노벨상을 받으면서 학계의 엄청난 신뢰까지 얻게 되었다.

그렇더라도 단 30초면 과거 사례와 논리로 CAPE 비율의 오류를 입증할 수 있다. 마이어 슈태트만과 나는 2000년 논문에서 CAPE 비율을 공격하려고 방대한 통계분석을 동원했지만 이런 분석도 필요 없다. www.multpl.com에서 CAPE 비율이 높은데도 강세장이 유지된 수많은 사례를 찾아보면 된다. 이것이 과거 사례 분석이다.

이번에는 논리 분석이다. 앞에서도 언급했지만, 과거 실적으로는 미래 실적을 절대 예측할 수 없다. 주가이든 과거 10년 이익이든 마찬가지다. 회사를 경영해본 사람은 누구나 공감할 것이다. 과거 10년 이익 추세를 연장해서 사업 계획을 세우는 CEO나 CFO는 없다. 지난 10년 이익이 평균보다 많았거나 적었다고 해서 이후 이익이 평균으로 회귀한다고 가정하는 CEO나 CFO도 없다. 이런 방식을 쓰는 어리석고 게으른 CFO는 곧바로 해고당할 것이다. 경영자들은 신규 프로젝트의 선급비용과 계속비용을 예상 매출과 비교한다. 이들은 현재의 경제 여건을 포함해서 가까운 장래의 경제 여건, 금리, 노무비용 등을 예상한다. 물론 최근 흐름이 예측에 도움이 될 수는 있다. 그러나 과거 자료로 미래를 예측하지는 않는다(해서도 안 된다).

실러와 캠벨도 장기 주가 흐름의 변곡점을 예측하려고 CAPE 비율을 개발한 것은 아니다(그러나 대중매체는 CAPE 비율에 대해 잘못 보도할 때가 많았다. 2013년과 2014년에는 실러가 직접 나서서 CAPE 비율이 높으므로, 이는 주가 하락을 경고하는 신호라고 주장했다. 즉 투자자들이 다시 도취감에 빠졌다는 신호이며, 이런 고평가 상태는 계속 유지되지 못할 것으로 판단했다.[6] 그러나 3주 뒤에는 오히려 사람들이 지나치게 비관적이라고 주장했다.[7] 처음에 실러는 CAPE 비율로 무려 10년 수익률을 예측하려고 했다. 10년은 30개월을 훨씬 넘어가는 기간이다. 설사 CAPE 비율의 예측이 적중해서 이후 10년 수익률이 낮게 나오더라도, 10년 내내 수익률이 낮다는 뜻은 아니다.

과거에 10년 단위로 수익률이 엉망이었던 기간에도 강하게 상승한 기간이 몇 년은 있었다. 1998~2008년의 10년 동안 S&P500은 13퍼센트 하락했다.[8] 이는 1998년과 2008년이 대형 약세장에 속했기 때문이다. 게다가 시가평가 회계규정 탓에 2007년 갑자기 금융위기가 닥친다는 사실을 1998년에는 전혀 예상할 수 없었다. 1998~2008년 수익률은 마이너스가 나오더라도, 2002~2007년 강세장에는 참여하려고 했을 것이다. 장기 성장을 추구하는 투자자라면 강세장을 놓쳐서는 안 된다.

CAPE 비율이 일정 기간 실제로 적중했다고 가정해보자. 그랬다면 실러와 캠벨은 이 기법을 공개하지 않고서 조용히 이익을 챙길 수 있었다. 여기서 두 가지 질문이 떠오른다. 첫째, 두 사람은 왜 이 기법을 공개했을까? 둘째, 시장은 효율적인가? 첫째 질문에는 당신이 답하기 바란다. 나는 둘째 질문에 답하겠다. 시장은 매우 효율적이지만 완벽하지는 않다. 1980년대 초에 내가 옹호했던 주가매출액비율(Price-to-Sales Ratio, PSR)도 한동안 효과가 있었다. 그러나 이 지표가 널리 인기를 얻게 되자 효과를 상실했다. 월스트리트에 이미 알려진 기법으로는 경쟁우위를 확보할 수 없다.

다음은 2006년에 발간된 《3개의 질문으로 주식시장을 이기다》에 실렸던 내용이다.

— 실러와 캠벨은 사람들의 믿음(PER이 상승하면 위험이 커지고 수익률이 낮아진다는 믿음)에 영합하는 모형을 개발했다. 그래서 이 지표는 사람들의 환심을 샀다.
통계학에서 결정계수(決定係數: R squared)는 두 변수의 상관관계를 보여주는 지표로서, 한 변수의 변동이 다른 변수에 미치는 영향을 나타낸다. 실러와 캠벨이 개발한 모형은 결정계수가 0.40이었다.[9] 즉 두 사람이 개발한 PER 모형과 주식 수익률 사이의 상관관계가 40퍼센트라는 뜻이다. 통계적으로 보면, (매우 강력한 모형은 아니지만) 나쁘지 않은 모형이다. 두 사람의 이론을 강력하게는 아니더라도 어느 정도 지지해주는 모형이다.

그러나 주의할 점이 있다. 이들의 모형은 사람들이 오래전부터 고수한 견해(PER이 상승하면 위험이 커지고 수익률이 낮아진다는 견해)를 뒷받침한 덕분에 널리 인기를 얻었다는 사실이다. 효과가 있더라도 사람들의 미신을 깨뜨리는 모형을 제시하면, 이런 모형은 널리 인기를 얻지 못할 것이다. 대신 사람들이 앞다퉈 사용하지는 않을 터이므로 이 모형은 효과를 유지할 것이다.

결정계수가 0.40이라 함은, 주식 수익률의 60퍼센트가 다른 변수에 좌우된다는 뜻도 된다. 40퍼센트짜리 변수와 60퍼센트 변수 중 어느 쪽이 더 중요하겠는가?

소형주가 유리하다?

소형주의 수익률이 가장 높다는 교과서 이론도 있다. 과거 실적으로도 입증되는 것처럼 보인다. 1926~2013년 평균 수익률이 대형주는 연 10퍼센트였고, 소형주는 연 11.5퍼센트였다.[10] 유진 파마와 케네스 프렌치Kenneth French의 유명한 '3요인 모형three-factor model'을 포함해서 수많은 연구가 이를 뒷받침한다.[11] 전문가들도 소형주의 수익률이 항상 더 높다고 즐겨 주장한다. 학자들 역시 소형주는 본질적으로 더 위험하므로 수익률도 당연히 더 높아야 한다고 입을 모아 주장한다.

이런 주장들은 과거 실적으로도 뒷받침되고 논리적으로도 맞는 것처럼 보인다. 그런데 소형주가 그토록 유리하다면 사람들은 왜 대형주를 보유하는 것일까? 이런 질문이 갑자기 떠오른다면, 이는 역발상을 추구하는 독자적인 사고본능이다. 이 사고본능을 무시하지 말고 따라가기 바란다.

장기 수익률 평균은 소형주가 대형주보다 높다. 여기에는 이론의 여지가 없다. 그러나 평균에는 극단치도 포함된다. 소형주는 불과 몇 년 동안만 대형주보다 수익률이 압도적으로 높았을 뿐이다. 이 것으로는 유리하다고 보기 어렵다. 어떤 분야를 비교하든 중요한 기간이 있다. 대형주는 중요한 기간 대부분에서 우위를 보였다.

실제로 1926~2013년의 대부분 기간에 대형주의 수익률이 소형주보다 높았다. 소형주는 강세장 초기 약 3분의 1 기간에만 수익률이 매우 높았고 나머지 기간에는 대개 대형주의 수익률이 더 높았다.

이렇게 소형주의 장기 수익률이 더 높은 것은, 강세장 초기 몇 년 동안 엄청난 수익률을 기록했기 때문이다. 표 7.1은 1999년 금융전문지 〈리서치Research〉에 실었던 자료를 갱신한 것이다. 이 표는 과거 13회의 S&P500 강세장에서 대형주와 소형주가 첫해에 기록한 수익률을 보여준다. 소형주가 1932년과 1942년에 미친 듯이 상승했음을 즉시 알 수 있다. 이 2년 실적을 제외하면 수익률은 어떻게 바뀔까? 연수익률이 대형주는 9.4퍼센트로 떨어지고 소형주는 9.8퍼

표 7.1 약세장 바닥 이후 수익률 비교

약세장 바닥 시점	소형주	대형주
1932. 6. 1.	316.45%	160.58%
1942. 4. 28.	147.29%	61.35%
1949. 6. 13.	35.41%	33.74%
1957. 10. 22.	46.63%	30.04%
1962. 6. 26.	31.12%	31.06%
1966. 10. 7.	74.74%	20.94%
1970. 5. 26.	42.83%	34.84%
1974. 10. 3.	33.04%	25.95%
1982. 8. 12.	73.43%	44.11%
1987. 12. 4.	25.02%	16.61%
1990. 10. 11.	50.39%	33.59%
2002. 10. 9.	61.64%	36.16%
2009. 3. 9.	97.90%	72.29%
회복기간 합계	**소형주**	**대형주**
누적 수익률	92,756.61%	10,264.98%
연수익률	69.16%	42.90%
연수익률 차이	**26.25%p**	
나머지 기간	**소형주**	**대형주**
누적 수익률	1,423.57%	3,978.15%
연수익률	3.70%	5.07%
연수익률 차이	**-1.37%p**	

자료: 모닝스타(Morningstar), 팩트세트, 글로벌 파이낸셜 데이터(Global Financial Data), Inc. 2014.6.2. 기준. 소형주 수익률 중 1926.1.1.~1978.12.31.(모닝스타)은 '이봇슨 어소시에이츠 소형주 총수익지수' 기준, 1979.1.1.~2013.12.31.(팩트세트)은 러셀2000(Russel 2000) 기준. 대형주 수익률은 1926.1.1.~2013.12.31. 글로벌 파이낸셜 데이터의 S&P500 총수익지수.

센트로 떨어진다. 둘의 수익률 차이는 반올림 오차로 축소된다. 4대 강세장 초기 2년(1932, 1942, 1974, 2002년부터 2년) 실적을 제외하면, 오히려 대형주의 수익률이 약간 더 높다. 연수익률이 대형주는 연 7.9퍼센트, 소형주는 7.6퍼센트로 내려간다. 과거 대부분 기간에 대형주의 수익률은 소형주보다 약간 더 높았다.

과거 강세장 첫해의 수익률만 모아서 비교하면 소형주는 연 69.16퍼센트로서 대형주의 연 42.9퍼센트보다 압도적으로 높다. 그러나 나머지 기간을 비교하면, 대형주는 연 5.07퍼센트로서 소형주의 연 3.7퍼센트보다 더 높다.

정말로 우세한 것은 어느 쪽인가? 가끔 압도적인 쪽인가, 아니면 대부분의 기간에 우세한 쪽인가? 선택은 십중팔구 투자 스타일에 좌우될 것이다.

그러나 대부분의 사람들에게는 어느 쪽도 우세하다고 보기 어렵다. (국가, 지역, 섹터, 규모, 스타일, 기타 방식 등) 다양한 유형으로 구분해봐도, 어느 쪽도 본질적으로 우세하다고 보기 어렵다. 상황에 따라 우세한 쪽이 계속 뒤바뀐다. 시점 선택 능력이 뛰어난 사람이라면 소형주가 우세하다고 생각할지도 모른다. 그러나 과거 사례를 보면 투자자들 대부분은 시점 선택 능력이 형편없어 비쌀 때 사서 쌀 때 팔았다.

소형주는 약세장 바닥 시점에 사면 탁월한 실적을 기대할 수 있다. 이것이 핵심이다. 소형주는 대형 약세장에서 심하게 두들겨 맞으므로 회복기에는 더 크게 반등한다. 소형주의 전성기는 몇 년간 이어질 때도 있고 금세 끝날 때도 있다. 매번 시점 선택을 완벽하게 할 수 있는 사람이라면 엄청난 수익을 얻을 것이다. 그런 사람이라면 이 책을 읽을 필요도 없다.

소형주의 매력적인 장기 수익률이 대부분의 사람들에게는 그림의 떡이다. 이론상의 수익률에 불과하다는 의미다. 실제로 이 수익률을 얻으려면, 1926년에 소형주를 사서 계속 보유했어야 한다. 1929년 시장 붕괴와 대공황 기간에도 계속 보유하고, 제2차 세계대전과 이후 약세장에도 버텨야 했으며, 닉슨 대통령의 물가 통제와 기술주 거품 붕괴도 참아내고, 2008년의 금융위기 등 온갖 사건도 극복해야 했다. 그런 투자자라면 십중팔구 100세가 넘었을 것이다. 가능성이 없진 않지만 매우 희박하다. 그런 강심장 역발상 투자자라면, 장담컨대 이 책을 읽지도 않을 것이다. 대부분의 투자자는 약세장 바닥에서 감히 소형주를 사지 못한다.

환상적인 학문 공식

경고한다. 그리스 문자를 보면 졸음이 쏟아지는 사람이라면, 261페이지로 건너뛰기 바란다. 환상적인 수학 모형은 장기 수익률을 예측하지 못한다. 칵테일 파티에서 잘난 척하기에나 적합할 뿐이다. 그러나 환상적인 이론과 수학 공식을 즐기는 사람이라면 이 섹션이 흥미로울 것이다.

주로 계량예측모형을 다루는 학문 분야도 있다. 시장을 대충 연구하는 사람들은 접근하기 어려운 분야다. 난해하고 복잡한 탓에, 이론가들이 수십 년 동안 그 효용성에 대해 논쟁을 벌여왔다.

주눅이 드는가? 그럴 필요 없다. 수학 모형 따위는 필요 없다.

PER이나 다른 평가기법들과 마찬가지로 대부분 결함이 있기 때문이다. 모형에 관심이 있다면 알아두는 것도 좋지만 실제로 큰 도움은 되지 않을 것이다.

모형의 효용성은 입력변수에 좌우된다. 그러나 우리가 선택할 수 있는 입력변수는 과거 실적과 가상변수 두 가지뿐이다. 두 가지 변수 모두 미래를 예측하지 못한다. 자본자산 가격결정 모형(Capital Asset Pricing Model, CAPM)은 유서 깊은 인기 모형이지만, 입력변수에서 한계가 드러난다. CAPM은 주식의 기대수익률을 계산하려고 1960년대에 개발한 모형이다. 이론적 토대는 건전해 보인다. 주식의 변동성이 클수록 투자자는 그 초과위험에 대해 더 큰 보상(시장초과수익)을 받아야 한다고 가정한다. 우리가 직관적으로도 이해할 수 있는 가정이다. 그러나 현실세계에서는 이런 주식이 더 폭락하기도 한다.

CAPM 표준 공식은 다음과 같다.

$$E(R) = R_f + \beta(R_{market} - R_f)$$

E(R)는 기대수익률이고, R_f는 시장의 '무위험' 수익률이다. β는 변동성 척도로서 한 종목의 주가 흐름을 시장과 비교한 값이다. R_{market}은 시장의 기대수익률이다.

이상야릇하게 생긴 공식 아닌가? 농담이다. 그리스 문자가 눈에 거슬리더라도 기죽지 말라는 뜻이다. 하나씩 살펴보면, 결함을 쉽게 파악할 수 있다. R_f는 최근 발행된 10년 만기 국채 수익률로서, 화폐의 시간가치를 보여주는 합리적인 기대치로 볼 수 있다. 위험/수익을 계산하는 기점으로서 별다른 문제가 없다. 그러나 β가 문제다. β는 과거 변동성을 나타내는 척도다. 과거 변동성은 과거 실적에 불과하므로, 예측력이 없다. 미래 변동성이나 미래 수익률에 대해서는 아무것도 알려주지 않는다. R_{market}도 빈약해서 추정치에 불과하다. 분석가들은 시장의 이익수익률이나 배당수익률로 시장의 기대수익률을 추정하지만, 역시 과거 실적으로 미래 실적을 추정할 수는 없다(이익수익률은 PER의 역수에 지나지 않는다). 시장의 기대수익률로 초장기 평균 수익률에 대한 합리적 기대치를 설정할 수는 있겠지만, 성장률과 생산성을 설명해주지는 않는다. 가까운 장래 수익률 예측에도 그다지 유용하지 않으므로 실제로는 대부분 쓸모가 없다.

주식 위험 프리미엄(Equity Risk Premium, ERP)은 CAPM에서 파생된 개념으로서, 무위험 수익률 대비 주식의 초과수익률을 가리킨다. 주식 위험 프리미엄을 계산하는 방법은 매우 많지만 대부분 CAPM과 같은 결함이 있다. 거의 모두 자의적인 가정을 깔고 있으며, 시장이 평균으로 회귀한다고 믿는다. 이익수익률, 배당수익률, 이익증가율, 배당증가율 등 모든 변수가 평균으로 회귀한다고 본다는 의미다.

장기적으로 주식의 수익률이 채권의 수익률보다 높아야 한다는 생각에 대해서는 나도 이견이 없다(때때로 모욕의 달인인 시장이 투자자들을 괴롭히기는 하지만 말이다). 그러나 유감스럽게도 초과수익률이 정확히 얼마인지는 알 수가 없다.

다행히 우리는 초과수익률을 정확히 알 필요가 없다. 10년, 20년, 30년 기준으로 주식의 초과수익률을 계산해야 한다면 그 목적은 뭘까? 적정 포트폴리오를 구축하려는 것이 목적이다. 그러나 장기 목표에 맞춰 주식과 채권의 최적 구성비를 찾아내는 더 유연하고 강력한 방법이 있다.

내가 경영하는 회사는 몬테카를로 시뮬레이션Monte Carlo simulation 기법을 사용한다. 컴퓨터로 과거의 실적 수천 건을 모의실험해 특정 결과가 나올 확률을 계산하는 기법이다. 나는 2013년에 펴낸 책 《번영 계획을 세워라Plan Your Prosperity》에서 이 기법을 설명했다. 우리 회사는 고객의 목표, 시간 지평, 연간 현금 흐름 필요액을 파악한 다음 다양한 자산배분 전략이 생존하고 성장할 확률을 계산한다.

몬테카를로 시뮬레이션도 완벽한 기법은 절대 아니지만(시장에서 완벽한 기법은 존재하지 않는다), 과학적으로 건전한 기법이다. 현재 널리 사용되는 현대식 기법은 1940년대에 스타니스와프 울람Stanislaw Ullum이 개발했다. 그는 맨해튼 프로젝트를 수행하면서 과학자들을 안전하게 보호하는 방사선 차폐막의 두께를 계산해냈다.

이제부터 몬테카를로 시뮬레이션 기법을 투자에 적용하는 방법을 설명하겠다. 1926~2014년(강세장, 약세장, 조정장, 기타 온갖 사건이 일어난 기간) S&P500 월간 수익률이 입력된 스프레드시트가 있고, 이 숫자에 해당하는 고무 라켓볼 1,068개가 있다고 가정하자. 매직펜으로 라켓볼마다 월간 수익률을 적어서 모두 수영장에 던져 넣는다. 이제 눈가리개를 하고 그물로 공 하나를 건져 올린다. 눈가리개를 벗고 공에 쓰인 수익률을 포트폴리오 시뮬레이션 스프레드시트의 첫 달 수익률로 입력한다. 이 공을 다시 수영장에 던져 넣고, 다시 눈가리개를 하고 공 하나를 또 건져 올린다. 투자기간만큼 이 과정을 수십 번 되풀이한 다음, 입력된 수익률로 포트폴리오의 실적을 계산한다. 이렇게 나온 수익률이 1회분 가상 수익률이다. 이 과정을 약 2,500회 되풀이해 포트폴리오의 실적이 목표 수익률에 도달할 확률을 계산한다. 이것이 100퍼센트 주식으로 구성된 포트폴리오가 목표를 달성할 현실적인 확률이다. 똑같은 방식을 100퍼센트 채권 포트폴리오에도 적용할 수 있고, 주식과 채권 혼합(70/30, 60/40, 50/50) 포트폴리오에도 적용할 수 있다.

수영장 대신 인터넷에서 프로그램을 이용하면 훨씬 더 쉽고 빠르게 작업할 수 있다(엑셀 전문가라면 직접 프로그램을 짜도 좋다).

몬테카를로 시뮬레이션을 이용하면 주식 위험 프리미엄(ERP)이나 다른 가상 모형을 이용할 때보다 훨씬 많은 정보를 얻을 수 있다. 물론 몬테카를로 시뮬레이션도 과거 데이터를 사용하지만, 데이터 표본이 방대하므로 확률을 합리적으로 추론할 수 있다. 여기서 합리적인 확률 추론이 핵심이다. 우리는 미래 수익률을 정확하게 파악하려는 것이 아니다. 가능하지도 않다. 단지 고객의 목표 달성 확률을 극대화하는 자산배분 조합을 찾아내려는 것이다. 몬테카를로 시뮬레이션은 추측이 아니라 과거 실적을 바탕으로 그 답을 제공한다.

해봤나? 이론보다 경험!

교과서 이론은 자주 틀리는데도 왜 사라지지 않는 것일까? 자주 틀리는데도 사람들은 왜 못 본 체할까? 순전히 내 짐작이지만 사람들은 실무 경험보다 화려한 학벌을 높이 평가하기 때문일 것이다. 우리는 때를 묻혀가며 사업에 성공한 사람보다, 학계에서 명성을 쌓은 인물을 더 높이 평가한다. 우리가 사는 세상에서 노벨상 수상자는 영웅으로 추앙받고 기업의 CEO는 악당으로 취급받는다.

장래에는 달라질지도 모른다. 그러나 지난 수십 년 동안 엘리트 학자들은 국가의 주요 기관을 맡았다. 2013년 재닛 옐런Janet Yellen이 연준 의장에 임명되자, 전문가들은 그녀의 예일대 박사 학위를 떠받들었다(2006년 벤 버냉키가 연준 의장에 임명되었을 때 그가 프린스턴대 종신교수임을 떠받들었듯이). 사람들은 두 사람의 논문과 학자로서의 명성만 보고 지극히 우수한 인물로 간주했다. 이론과 학벌과 연구만 보고 유능한 인물로 평가했다.

레이건 대통령 이후, 대통령은 모두 하버드대나 예일대 출신이다. 대법관 9명 중 8명도 마찬가지다. 엘리나 케이건Elena Kagan만 예외다. 그녀는 줄곧 예일대에서 공부했지만 남편이 컬럼비아대로 옮기는 바람에 컬럼비아대에서 학위를 받아야 했다.

그러나 현실세계에서는 학벌이 중요하지 않다. 시장은 투자자의 학벌이나 경력을 따지지 않는다. 그의 판단이 옳은가만 따질 뿐이다. 똑똑하고 실전 경험이 풍부하면 된다. 훌륭한 투자자가 되고 싶은가? 투자를 전공할 필요가 없다. 자연과학에서는 학교 교육과 교과서 공부가 중요하다. 그러나 투자는 생물학, 화학, 공학, 컴퓨터공학과 다르다. 유능한 투자자는 실전을 통해 배운다.

사람들은 대개 경험을 높이 평가하지 않는다. 그러면 이런 상황을 가정해보자. 당신은 사냥 여행을 떠난다. 이때 명문대에서 동물학 박사학위를 받았지만 현장 경험이 전혀 없고 30구경 반자동 총을 쏴본 적도 없는 사람을 안내인으로 선택하겠는가? 아니면 대학은 나오지 않았지만 아프리카 사바나에서 자랐고 흉터가 있으며 놀라운 클로즈업 사진이 담긴 사진첩을 보여주는 사람을 안내인으로 선택하겠는가? 장담컨대 당신은 사바나 출신을 선택할 것이다. 공부보다 경험이 중요하기 때문이다.

이 논리는 다른 분야에도 적용된다. 당신이 야구팀 단장이고 코치를 고용한다고 가정하자. 당신은 예일대 야구학 박사를 코치로 뽑을 것인가? 절대 그러지 않을 것이다. 실제로 야구를 한 사람을 뽑을 것이다. 고졸이냐 대졸이냐는 중요하지 않다. 야구에서 학력은 관건이 아니다. 물론 사람들은 애슬레틱스와 카디널스의 감독이었던 토니 라 루사Tony La Russa가 박사학위 소지자였다고 치켜세웠다. 그러나 그도 예외적인 인물이었을 뿐이다. 그가 법학박사 학위 덕분에 훌륭한 감독이 되었다고 생각한 사람은 아무도 없다. 학위는 흥미로운 요소에 불과하다(사람들이 졸업장에 매료되는 행태를 보여줄 뿐이다). 그가 훌륭한 감독으로 인정받은 것은 세계 선수권대회에서 우승하는 등 뛰어난 실적을 쌓았기 때문이다.

수십 년 동안 대중매체는 최근 사망한 조 맥나마라Joe McNamara를 떠받들었다. 그는 대도시 경찰국장 중 (자그마치 하버드대) 박사학위를 보유한 유일한 인물이었다. 게다가 그는 경찰관에 대해 매우 비판적이었기 때문에 더욱 인기가 있었다. 그러나 그가 동료 경찰국장보다 나았다고 볼 근거는 거의 없다. 그런데도 사람들은 박사학위를 좋아한다. 학위가 전혀 쓸모없는 분야에서도 말이다.

음악계를 보면 명확하게 이해할 수 있다. 미국의 최고 명문대와 공연예술학교에서도 음악이론과 작곡을 전공할 수 있다. 이론상으로는 누구든 이런 곳에서 배워 훌륭한 작곡가가 될 수 있다. 당신은 음악이론 학위를 받은 훌륭한 작곡가를 아는가? 브라이언 윌슨Brian Wilson은 학위가 없다. 비치 보이스Beach Boys에는 학위 소지자가 한 사람도 없다. 윌슨과 마이크 러브Mike Love는 10대 시절 즉흥 연주 두 시간 동안 첫 번째 히트곡 〈서핀 USA〉을 작곡했다. 나머지 그룹 멤버들이 악기 연주법도 배우기 전이었다. 나중에 칼 윌슨Carl Wilson은 이렇게 회고했다. "우리 그룹은 음반을 낸 다음에야 연주법을 제대로 배웠습니다."[12] 이들은 시행착오를 통해 스스로 배웠다. 책으로 배운 것이 아니다.

모차르트도 독학했다. 선 하우스, 로버트 존슨 등 블루스의 거장들도 독학했다. 버디 홀리, 비틀즈, 믹 재거, 키스 리처드, 지미 페이지는 모두 학위가 없다. 이들은 그냥 공연을 했다. 어빙 벌린, 조지 거슈인, 빅터 허버트 등도 마찬가지다(리처드 로저스와 오스카 해머스타인 2세는 컬럼비아대에서 음악 학위를 받았지만 박사는 아니다).

이론과 현실은 다르다

투자이론을 배우는 것은 좋지만, 이론대로만 투자해서는 좋은 성과가 나오지 않는다. 이론이 현실세계에서 항상 통하는 것은 아니기 때문이다. 경제학을 생각해보자. 경제학 이론들은 '다른 조건이 동일하다면' 옳다. 그러나 현실세계에서는 만물이 변화하므로 다른 조건이 동일할 수 없다. 현실세계는 온갖 변수로 가득하므로 이론은 큰 역할을 하지 못한다.

　연준이 대표적 사례다. 연준이 설립되고 처음 약 60년 동안은 은행가 출신들이 관리했다. 이들은 수익률 곡선과 통화량 사이의 관계를 제대로 이해하는 실무가들이었다. 이들은 대출영업도 해봤으므로 은행에 유인책을 제공할 줄도 알았다. 그러나 그린스펀 이후에는 순수 학자 출신들이 계속 의장을 맡고 있다(그린스펀 이전에도 순수 학자 출신 의장이 있었지만 이들 역시 신통치 않았다). 학벌이 화려하고 똑똑하지만 실무 경험이 전혀 없는 사람들이다. 이론에는 강하지만 이론과 모형에 지나치게 빠져 있다. 현실세계에서 일해본 적이 없으므로 현실세계에서는 다른 조건이 동일할 수 없다는 사실도 전혀 모른다. 이들은 현실이 아니라 이론을 바탕으로 정책을 펴므로 효과가 없다. 재닛 옐런 역시 현실세계를 전혀 모르는데도 중앙은행장이 되었다. 그녀는 복싱에 대해서는 모두 알지만, 링에서 싸워본 적은 없는 박사 복싱 선수와 같다.

5장에서 양적 완화를 설명했다. 양적 완화의 근거는 수요 중시 이론으로서 장기금리를 낮추면 대출 수요가 증가해 대출이 활성화된다고 가정한다. 그럴듯한 이론이다. 그러나 (은행의 자금조달 원가나 대출 수익 등) 공급에 영향을 주는 변수들을 무시한 채 공급이 일정하다고 가정했다. 양적 완화는 이윤 동기를 무시했다. 단기금리를 거의 제로에 고정한 채 장기금리를 낮추면 대출 수익성이 나빠져서 은행들이 대출을 꺼린다는 점을 연준은 전혀 고려하지 않았다. 이렇게 은행들이 대출을 꺼리면 기업들의 대출 수요가 아무리 증가해도 실제로 대출이 증가하지 않는다는 점을 생각하지 못했다. 벤 버냉키는 은행 실무 경험이 전혀 없었다. 고고한 중앙은행장에게는 세속적인 은행 실무 경험이 전혀 필요하지 않은 모양이다.

상아탑에만 머물렀던 버냉키의 한계는 2008년 금융위기에서도 드러났다. 그는 학계에서 대공황 전문가로 명성을 얻었다. 금융위기가 닥치자 권위자들은 대공황 전문가 버냉키야말로 믿을 만한 인물이라고 사람들을 안심시켰다. 그러나 그 반대였다. 그는 현실세계에서 효과가 검증된 연준의 위기관리 수단들을 무시했다. 현실을 몰랐던 그는 이런 수단들이 효과가 없으리라 생각했다. 대공황 전문가였던 그는 어떤 수단이 효과적인지 알지 못했으므로, 효과 있는 수단은 무시한 채 비전통적인 수단을 선택했다. 그는 거창한 이론을 현실세계에서 실험했다. 거대한 해머로 못을 박는 격이었다. 돌아보면 이는 놀랄 일이 아니다. 그는 비슷한 방식으로 대공황에 대처한 프랭클린 루스벨트를 오래전부터 존경해왔다. 1999년 그는 이렇게 썼다. "루스벨트가 실행한 세부 정책보다도 그의 적극적인 의지가 더 중요하다고 나는 생각한다. 미국을 되살리는 데 필요한 일이라면 무엇이든 하겠다는 의지 말이다. 루스벨트의 정책 중에는 의도했던 효과를 내지 못한 것도 많지만, 그는 잘못된 패러다임을 버리고 필요한 일을 용감하게 실행했다는 점만으로도 찬사받아 마땅하다."[13] 다시 말해서 나중에 해가 되더라도 우선 무엇이든 해야 한다는 말이다.

그래서 버냉키는 존경하는 프랭클린 루스벨트의 방식을 그대로 따랐다. 실제로 효과가 없더라도 적극적으로 실험을 한 것이다. 그는 실전에서 검증된 수단들을 무시한 채 이름도 복잡한 유동성 지원제도를 도입했고, 결국 양적 완화를 실행했다. 그러나 엄청난 현금이 풀렸는데도 신용시장은 얼어붙어 대출과 통화량이 전혀 증가하지 않았다.

왜 그랬을까? 그는 책에 있는 고전 기법을 무시했다. 연준은 두 가지 금리를 통제한다. 재할인율은 연준이 은행에 대출할 때 적용하는 금리다. 그리고 연방기금 금리는 은행들 사이에서 대출할 때 적용하는 금리다. 그동안 연준은 위기를 맞아 금융 시스템에 유동성을 공급할 때는 재할인율을 연방기금 금리보다 낮췄다. 그러면 은행들은 연준에서 빌린 금리보다 약간 높은 금리로 다른 은행에 대출해주면서 이익을 챙길 수 있었다. 이렇게 안전하게 이익을 얻을 수 있었으므로 은행들은 계속 자금을 순환시켰다. 그러나 2008년 버냉키는 역사를 뒤집어놓았다. 두 금리를 뒤바꾼 것이다. 재할인율이 연방기금 금리보다 0.25퍼센트포인트 더 높아졌고, 연말까지 이 상태가 유지되었다. 연준은 현실세계가 돌아가는 방식을 몰랐으므로 이런 상태가 미치는 악영향을 이해하지 못했다.

이는 연준 사람들이 나빠서가 아니다. 은행이나 기업에서 쌓은 실무 경험이 전혀 없었기 때문이다. 물론 예외도 있다. 금융위기 기간에 연방공개시장위원회(Federal Open Market Committee, FOMC) 이사였던 엘리자베스 듀크Elizabeth Duke다. 그녀는 2007년 부시 대통령이 연준 이사로 임명하기 전에 (임원으로서 20여 년을 포함해서) 30년 넘게 은행에서 근무했다. 그녀는 2008년 내내 은행가의 관점을 유지하면서 현실세계에서 발생하는 문제점들을 피력했는데, 재할인율이 연방기금 금리보다 높아지면 은행 이익이 사라지므로 대출도 동결된다고 설명했다. 그녀는 2008년 12월 회의에서 시가평가 회계규정에도 문제가 있다고 주장했다. 나머지 사람들은 학계에서 곧바로 연준으로 온 사람들이었다. 지역연준 총재들은 해당 지역에서 은행과 기업들로부터 일화적 증거들을 수집했지만, 기업 경영자나 은행가의 관점에서 문제를 바라볼 수 없었다.

2014년 벤 버냉키는 자신이 주택담보대출을 재융자받을 수 없었다고 밝혔다. 은행에서 재융자를 거부당한 것이다.[14] 천문학적인 인세를 받고 출연료도 억대에 달하는 벤 버냉키인데도 말이다. 그는 주택담보대출 규제가 엄격해진 탓에 대출받기 어려워졌다는 점을 인정했다. 그런데도 수익률 곡선은 언급하지 않았다. 은행이 위험 대비 수익을 평가한다는 사실을 그는 모르는 듯했다. 은행은 그를 천문학적인 인세를 받고 출연료도 억대에 달하는 벤 버냉키로 보지 않았다. 비영리 두뇌집단에 새로 고용되었지만, 이제는 연준에서 받던 안정적인 소득이 사라진 사람으로 봤다. 신용위험이 큰 사람이었으므로, 은행의 이익률이 낮을 때는 기피 대상이었다. 이것이 바로 현실세계다.

그러면 어떻게 배워야 하는가?

현실세계를 학교에서 배울 수 없다면 어디에서 배워야 할까? 직접 스승을 찾아라. 스승은 방 안의 코끼리다. 훌륭한 스승을 찾아내면 실적이 있는 유능한 스승으로부터 직접 배울 수 있다. 또 이론에만 통달한 사람들보다 항상 앞서갈 수 있다. 조지 거슈인은 스승이 셋이었다. 요기 베라에게는 동네 아이들이 스승이었다.

동물들은 오래전에 이 사실을 터득했다. 어미 퓨마는 사냥법을 가르치려고 새끼들을 학교에 보내지 않는다. 새끼들을 직접 데리고 나가 사냥법을 가르친다. 새끼들은 어미가 사냥감에 몰래 접근해 죽이는 모습을 몇 번 보고 나서 그대로 모방한다. 이제 새끼들이 앞장서면 어미는 일정 거리에서 지켜본다. 어미는 새끼들이 시행착오를 통해 배우는 모습을 지켜보다가 문제를 해결하지 못하면 직접 나서서 다시 가르친다. 주목할 만한 장면이다.

동물들도 혁신적 기법을 물려준다. 흑곰들은 개체 수가 증가해 전통적인 먹이가 부족해졌는데도 혁신적 기법을 물려받은 덕분에 생존했다. 캘리포니아 흑곰들은 시행착오를 통해서 나무 수액이 달콤한 양질의 에너지원임을 깨달았다. 이후 흑곰들은 미국삼나무 재생림(처녀림 벌채 후에 자연 발생하는 수풀)에서 40미터 가까이 치솟은 나무 꼭대기까지 올라갔다가 바닥으로 내려오면서 나무껍질을 벗긴 다음, 새어 나오는 달콤한 수액을 빨아먹었다. 곰들이 직접 만들어 먹는 시럽인 셈이다. 곰들은 새끼들에게도 이 방법을 가르쳐줬다. 이제 캘리포니아 북부 미국삼나무 재생림은 나무를 타면서 수액을 빨아먹는 곰들로 붐빈다. 사람들보다도 흑곰들이 미국삼나무에 훨씬 더 위협적인 존재가 되었다. 이것이 현실세계다.

자연에 관심이 없다면, 이번에는 스포츠 이야기를 해보자. 무하마드 알리 이야기다. 젊은 시절 무하마드 알리는 대학에서 복싱을 배우지 않았다. 그는 링 위에서 코치 겸 스승 안젤로 던디Angelo Dundee

로부터 복싱을 배웠다. 그는 나비처럼 날아서 벌처럼 쏘는 기법에 대한 학위논문을 소니 리스튼Sonny Liston에게 제출한 것이 아니다. 그는 리스튼을 때려눕혔다. 또 자이르 '정글의 혈전Rumble in the Jungle'에서 혁신적인 전략을 구사해 가공할 조지 포먼George Foreman도 때려눕혔다. 멋진 복싱 학위나 졸업장 따위는 없었다. 일대일 지도와 연습만 있었을 뿐이다. 그리고 전설이 되었다.

투자도 마찬가지다. 워런 버핏은 컬럼비아대에 갔으나 대부분 벤저민 그레이엄에게 배웠다. 기업 평가기법, 소외된 우량기업을 발굴하는 기법 등 모두 증권 분석의 아버지 벤저민 그레이엄이 하는 방식을 보면서 배웠다.

벤저민 그레이엄은 1976년 세상을 떠났으나, 당신은 여전히 그로부터 배울 수 있다. 그리고 고인이 된 다른 거장들로부터도 배울수 있다. 어떻게 배울까? 그들이 쓴 책이 있다. 이론 중심의 따분한 교과서가 아니다. 재미있고 유용한 책이다. 투자의 고전에는 수많은 코끼리가 숨어 있다. 이런 고전을 알고 싶은가? 그러면 8장으로 가보자.

KENFISHER

BEAT THE CROWD

8장

이 책도 버려라!

이 책도 버리라는 말은 절반쯤 반어적 표현이다. 이 책을 정말로 내버리라는 말이 아니다. 재활용하거나 중고서점에 팔라는 말도 아니다. 이 책도 내가 많은 공을 들여 쓴 책이다. 그러나 삐걱거리는 낡은 소파의 다리를 괴기에도 안성맞춤인 이 책을 지금 써먹기는 곤란하다. 새로 나온 책이기 때문이다. 새 책에 담긴 내용은 수많은 사람의 입에 오르내리므로 실전에서 써먹기는 곤란하다는 뜻이다. 사람들의 관심이 집중되면 책 내용이 한동안 가격에 반영되기 때문이다. 그러므로 10~20년 정도 소파 다리 밑에 괴어두었다가 소파를 버릴 때 다시 꺼내어 읽으면 좋을 것이다.

어쩌면 그럴 필요가 없을지도 모른다. 내가 《3개의 질문으로 주식시장을 이기다》를 펴낸 이유 중 하나는, 책으로 출간하면 내 기법이 가격에 반영되는지 확인하고 싶었기 때문이다. 이 책은 〈뉴욕타임스〉 베스트셀러 목록에도 오르고 개정판까지 나온 다음에도 여전히 효과가 있었다. 그러므로 이 책 역시 출간 후에도 여전히 효과가 있을지 모른다. 오로지 시간이 지나봐야 알 수 있다.

그러나 기다리는 동안 읽을 만한 훌륭한 투자 서적도 많다. 어떤 책은 실전 투자기법을 가르쳐준다. 또 어떤 책은 우리가 길을 잃지 않도록 월스트리트가 작동하는 방식을 가르쳐준다. 시장과 자본주의의 장점을 가르쳐주는 경제철학의 고전을 읽으면 현대 경제정책을 분석할 때 유용하다. 그리고 어떤 책은 생각하는 방식을 가르쳐준다. 이데올로기를 가르쳐준다는 말은 아니다. 역사책을 읽으면 이번에도 본질은 다르지 않다는 사실을 깨달을 수 있으며, 대중매체의 근시안적 관점에 빠지지 않으면서 최근 사건을 역사적 맥락에서 파악할 수 있다.

8장에서 이 모든 내용을 다루려고 한다. 8장은 이를테면 책 속의 독서클럽이다. 물론 나 혼자 주장을 펼칠 것이므로 일방적인 독서클럽이다. 그러나 나중에 견해를 밝힐 기회가 있을 것이다. 여기서 다룰 내용은 다음과 같다.

- 유행을 따라가는 새 책이 투자에 유용하지 않은 이유
- 잊혀진 고전, 탁월한 전기, 유용한 역사서
- 대중매체의 비관론에서 벗어나게 해주는 현대 고전

마일리 사이러스, 저스틴 비버, 팝스타 경제학

새 책은 방 안의 코끼리가 될 수 없다. 수많은 사람의 입에 오르내리기 때문이다. 새 책에 담긴 이론, 예측, 견해, 결론은 빠르게 주가에 반영되며 인기가 높은 책일수록 더 빨리 반영된다. 그래서 책에서 제시하는 결론이 옳아도 써먹기가 어렵다.

나중에 설명하겠지만, 새 책 중 일부는 곧바로 고전이 된다. 그러나 새 책 대부분은 둘 중 하나로 분류된다. 최근 사건에 관한 책이거나 장기 예측을 다루는 책이다.

최근 사건에 관한 책은 흥미롭다. 그러나 대개 허튼소리가 지나치게 많이 들어 있다. 내 책이 그렇듯, 저자의 생각과 편견이 배어 있다. 그래서 사실과 견해를 구분하기가 쉽지 않으며 심지어 소설을 실화로 위장하기도 한다. 읽기 쉽고 흥미로운 책이 흔히 이런 부류에 속한다. 이를테면 리얼리티 TV(일반인들이 등장해 실제 생활을 보여주는 프로그램)와 비슷하며 마이클 루이스^{Michael Lewis}의 작품이 대표적이다. 이런 베스트셀러 금융서적은 재미있다. 그러나 사실과 허구를 구분하는 일은 온전히 독자의 몫이며 쉽지 않은 작업이다.

대부분의 책들은 최근의 사건과 추세에 초점을 맞추지만 그 타당성은 금세 사라진다. 연예계의 마일리 사이러스(배우 겸 가수)나 저스틴 비버(배우 겸 싱어송라이터)와 같은 존재다(베이비붐 세대라면 데이비드 캐시디(배우)나 션 도노반(싱어송라이터)을 생각하기 바란다). 이런 유행은 곧 다른 유행으로 대체된다. 영원한 교훈이 담긴 책이 아니라면

1~2년 후 쓸모가 없어진다.

시장에서 효과가 계속 유지되는 기법은 옳으면서도 인기가 높지 않은 기법이다. 내가 이용하는 다이어트 기법과도 같다. 다이어트 책은 수없이 많고, 일부 책은 엄청나게 팔린다. 나는 몇 년 전 45킬로그램을 감량하고서 계속 체중을 유지하고 있지만, 이 기법은 절대 인기를 얻지 못할 것이다. 그리고 이런 투자기법이라면 시장에서 효과가 계속 유지될 것이다. 내가 감량한 비결을 알려주겠다. 좋아하는 음식을 절대 먹지 마라. 그러면 과식할 일도 없으므로 체중이 쑥쑥 빠진다. 그러나 이 방법을 실행할 사람은 거의 없을 것이다. 이런 방법을 소개하는 책 역시 팔리지 않을 것이다.

2008년 금융위기 이후 나온 책 다수가 이런 부류에 속하는데 실용적인 조언이 부족한 책들이다. 종말론에 휩싸인 대중의 불안감을 이용하려고 졸속으로 펴낸 책들이다. 이후 몇 년 동안 주로 '대공황'과 '파멸'이라는 제목을 단 책들이 나왔다. 위기 생존 지침서들이 판쳤는데, 일부 책은 판타지 소설《재앙을 대비하며 살아가는 사람들Doomsday Preppers》을 베낀 듯했다. 모두 "이번엔 다르다"라고 가정하는 중대한 실수를 저질렀다. 존 템플턴 경은 이런 가정이 투자에 가장 위험하다고 말한 바 있다. 이들은 경기가 완연한 회복세로 돌아선 다음에도 경기순환을 무시했다. 일부는 자신의 주장을 억지로 끼워 맞추려고 여러 차례 개정판을 냈지만 소용없었다. 이런 책을 읽으면 당시의 시장 심리는 알 수 있지만 실체는 파악할 수 없다. 그러나 심리는 책 제목만으로도 알 수 있으므로 책을 읽느라 시간을 낭비할 필요가 없다. 두꺼운 책에 담긴 견해와 비관론은 이미 가격에 반영되었다. 역발상 투자자는 이런 상황을 이용해 군중보다 앞서갈 수 있다.

장기 예측 서적도 쓸모없기는 마찬가지다(30개월 안에는 일어나지 않을 일이기 때문이다). 해리 덴트Harry Dent가 대표적인 인물인데, 인구 변화를 이용해서 주식의 장기 수익률을 예측해 인기를 얻었다. 그는 1999년 예측에서는 다우지수가 2009년에 3만 5,000에 도달한다고 주장했고, 2012년 예측에서는 다우지수가 2022년 3,300까지 떨어진다고 주장했다. 이런 선정적인 주장이 사람들의 관심을 끌어 모을지는 몰라도 투자자들에게 큰 도움이 되지 않는 것만은 분명하다.

일부 서적은 더 학구적으로 장기 예측을 다루지만, 역시 투자자들에게 거의 쓸모가 없다. 상당수는 투자자들에게 적합한 책이 아니다. 장기 경제전망으로 포장된 정책 제안서이기 때문이다. 2014년 대박 베스트셀러가 된 토마 피케티의 《21세기 자본Capital in the Twenty-First Century》이 대표적인 예다. 그는 소득 불평등이 확대되면서 경제의 장기 위험이 증대되고 있다고 주장하면서, 부유층과 고소득자들에게 가혹한 세금을 물리라고 촉구한다. 여기서 그의 이데올로기적 편향도 드러나는데, 사실보다는 견해를 바탕으로 분석이 이루어졌다는 증거다(4장에서도 논의했지만 그의 소득 불평등 데이터에는 심각한 오류가 있다). 심지어 그의 결론이 옳다고 해도 '30개월 안에 일어날 사건'이 아니므로 중요하지 않다.

나는 최근의 예로 피케티의 책을 이야기했을 뿐 이런 사례는 얼마든지 있다. 카르멘 라인하트Carmen Reinhart와 케네스 로고프Kenneth Rogoff의 《이번엔 다르다This time is different》는 부채와 경제위기에 관한 선행 연구를 바탕으로 쓴 책인데, 역시 경제 분석을 가장한 정책 제안서였다(존 템플턴 경이 지하에서 통곡할 것이다). 그러나 이들의 데이터가 틀렸다는 사실이 밝혀진 다음에도, 유로존은 위기 기간에 긴축정책을 채택했다. 《21세기 자본》 같은 책을 읽으면 경제정책을 이끄는 신념과 철학을 이해할 수 있다. 이런 분야에 관심이 많은 사람에게는 흥미로운 책이다. 그러나 이런 책이 다루는 내용은 사회학, 그것도 편향된 사회학이라는 점을 기억하라. 투자를 논하는 책은 아니다.

고전이 된 이유

쓸데없는 책에 관한 이야기는 이 정도로 해두자. 그러면 우리는 어떤 책을 읽어야 할까? 고전부터 읽기 시작해야 한다. 고전을 읽을 때 방 안의 코끼리를 발견하기가 훨씬 쉽다. 사람들은 고전을 읽지만 흔히 '낡은 방식'으로 치부한다. 매우 진부한 책이라고 여긴다. 그러나 시장의 본질은 좀처럼 바뀌지 않는다. 낡은 방식이 여전히 중요하다는 말이다. 고전에는 오랫동안 간과된 유용한 개념과 기법이 가득하다. 전설적인 투자자가 전설이 된 데에는 그만한 이유가 있다. 고전을 통해 우리는 전설적인 투자자로부터 직접 배울 수 있다.

먼저 이 도서목록이 불완전하다는 점에 대해 양해를 구한다. 권하고 싶은 고전은 수십 권이나 있지만 지면이 부족해서 모두 소개할 수 없다. 더 완벽한 도서목록을 원한다면 셸던 저던Sheldon Zerden의 《주식시장 관련 우량도서: 분석적 참고문헌 목록Best books on the stock market: An analytical bibliography》을 읽어보기 바란다. 필독서 100여 권을 각각 약 1페이지로 요약한 책이다. 여기에 시장의 기본, 역사, 투자심리, 역발상적 사고 등에 관한 놀라운 지혜가 담겨 있다. 1972년에 발간되어 현대 고전은 들어 있지 않지만 모든 투자자에게 유용한 기본 참고문헌들을 소개한다. 이 책은 즐거운 장거리 독서여행으로 우리를 안내한다. 아마존이나 AbeBooks.com에서 중고서적을 헐값에 구할 수도 있다.

벤저민 그레이엄, 《현명한 투자자》, 1949

매우 오래되었어도 지혜가 가득 담긴 책이다. 그레이엄이 데이비드 도드David Dodd와 함께 쓴 1934년 판 《증권분석Security Analysis》은 투자의 바이블로 불리는 보석 같은 책이다. 그러나 우리 목적에는 《현명한 투자자The Intelligent Investor: The Classic Text on Value Investing》가 더 유용하며, 1973년에 개정되었으므로 내용도 더 최신이다.《증권분석》은 주로 종목 선정을 다루므로, 분산 포트폴리오에는 유용성이 높지 않다. 반면에《현명한 투자자》는 주로 시장을 다룬다. 그레이엄은 변덕스러운 시장을 의인화해 미스터 마켓이라는 가공인물을 만들어냈다. 미스터 마켓은 조울증 환자여서, 하루 도취감에 빠지면 이튿날에는 공포에 휩싸인다. 시장이 단기적으로는 '투표소'와 같아서 매우 비합리적이라는 뜻이다. 이런 비합리적인 행태를 통해 시장은 역발상 투자자에게 좋은 기회를 만들어준다.

이 책에서는 미스터 마켓 외에도 많은 주제를 논의한다. 그는 단기 변동성은 실제 위험과 거리가 멀다고 말한다. 다우 이론의 문제점도 지적한다. 우리도 7장에서 논의했지만, 학문적 공식에는 한계가 있으며 이런 공식 대부분은 이미 주가에 반영되어 있다. 그는 자명한 이치도 다시 강조한다. 기업에는 좋은 기업과 나쁜 기업이 있지만 주식에는 좋은 주식과 나쁜 주식이 따로 없다는 말이다. 그레이엄의 다양한 가르침을 통해 우리는 흔히 저지르기 쉬운 실수를 피할 수 있다.

《증권분석》을 읽으려면 1934년 초판본을 선택하기 바란다. 이후 나온 개정판도 좋지만 개정 과정에서 다른 사람들의 주장이 섞여 그레이엄의 고유한 생각을 파악하기가 어렵다.

필립 피셔, 《위대한 기업에 투자하라》, 1958

워런 버핏은 자신의 투자철학 중 '85퍼센트는 벤저민 그레이엄의 철학이고, 15퍼센트는 필립 피셔의 철학'이라고 말했다.[1] 필립 피셔는 나의 아버지다.

아버지는 나에게 생각하는 방법을 가르쳐줬다. 당신도 이 책에서 생각하는 방법을 배울 수 있다. 그는 철두철미한 역발상 투자자였다. 《위대한 기업에 투자하라Common Stocks and Uncommon Profits》는 투자 서적 중 처음으로 〈뉴욕타임스〉 베스트셀러 목록에 올라간 책이다. 지금도 아마존에서 꾸준히 팔리고 있다.

《위대한 기업에 투자하라》는 주로 기업에 초점을 맞춘다. 그는 분산투자의 효용성이 과대평가되었다고 생각했으며, 시장주기를 이용하는 투자에는 관심이 없었다. 짧은 책이므로 꼭 숙독하기 바란다. 오후 한나절이면 충분할 것이다. 이 책은 주식 평가에 양적 분석뿐 아니라 질적 분석도 필요한 이유를 가르쳐준다. 우리 판단은 틀릴 수 있으며 자신의 실수로부터 배워야 한다고 거듭 강조한다. 자존심 탓에 자신의 잘못을 못 보면 곤란하다. 군중심리에 휩쓸리면 길을 잃게 된다. 1949년 침체기의 극단적 비관론이 그런 예다. 투자 판단이 심리에 휘둘리면 위험하다. 절제의 미덕을 유지해야 하며 주가 흐름이 좋거나 나쁘다는 이유로 주식을 팔아서는 안 된다.

아버지가 제시한 주의사항은 세월이 흘러도 여전히 유효하다. 기업의 과대선전에 넘어가면 안 된다. 과거 실적을 보고 주식을 매수하지 마라. 아버지는 로버트 실러의 10년 PER도 좋게 보지 않았을 것이다. 믿기지 않으면 아래 박스 내용을 보라. "전쟁의 공포감에도 과감하게 주식을 매수하라"라는 말도 훌륭하며, 무엇보다도 "군중을 따라가지 마라"라고 했다. 그의 말을 직접 들어보자. "다수의 의견 속에 숨은 사실을 꿰뚫어볼 수 있다면 주식시장에서 커다란 보상을 받을 수 있다. 그러나 우리는 모두 주위 사람들의 견해로부터 큰 영향을 받으므로, 사실을 꿰뚫어보기가 쉽지 않다."[2]

7장에서 봤듯이, 실러의 CAPE 비율은 현재 주가를 과거 10년 실질 이익과 비교한다. 이 비율이 평균보다 높으면 이후 10년 동안 이 비율이 하락하고, 평균보다 낮으면 이후 10년 동안 상승한다고 주장한다. 아버지는 이미 수십 년 전에 이런 주장을 무너뜨렸다. 다음은 《위대한 기업에 투자하라》의 9장 '투자자가 저지르지 말아야 할 다섯 가지 잘못'에 실린 글이다.

— "투자자들은 주식 매수를 검토할 때, 과거 5년 EPS(주당 이익)에 큰 비중을 둔다. 이렇게 과거 5년 EPS를 중시하는 것은 아직 장착되지도 않은 엔진만 보고서 자동차를 평가하려는 것과 같다. 5년 전 EPS가 올해 EPS의 4배이든 4분의 1이든, 이는 해당 주식을 매수하거나 매도할 이유가 되지 못한다. 중요한 것은 환경 파악이다. 앞으로 몇 년간 발생할 일을 파악하는 것이다.

> 끊임없이 쏟아져 나오는 보고서와 이른바 분석들은 주로 과거
> 5년 실적에 초점을 맞춘다. 그러나 중요한 것은 과거 5년 실적
> 이 아니라, 미래 5년 실적이라는 사실을 명심해야 한다."[3]

에드윈 르페브르, 《제시 리버모어의 회상》, 1923

내가 지금까지 가장 좋아한 책 중 하나다. 나는 1993년에 출간된 《시장을 뒤흔든 100명의 거인들100 Minds that Made the Market》에서 소중한 자금을 투자하려는 사람은 반드시 이 책을 먼저 읽어야 한다고 썼다. 수십 년이 지난 지금도 이 생각에는 변함이 없다. 《제시 리버모어의 회상Reminiscences of a Stock Operator》은 에드윈 르페브르Edwin Lefevre가 전지적 작가 시점에서 쓴 자서전적 소설이다. 이 책은 단기매매가 터무니없이 어리석은 짓임을 보여준다. 예컨대 1901년 공황기에 그가 저지른 잘못은 매우 교훈적이다.

제시 리버모어는 직접 책을 쓰기도 했다. 바로 《주식투자의 기술How to Trade in Stocks》이다. 반면교사로 삼기에 훌륭한 지침서다. 그는 가격 흐름에 따라 단기매매하는 자존심 덩어리였다. 이런 허세는 마침내 비극을 부른다. 1940년 11월, 무일푼이 된 그는 권총으로 자살했다. 이 천재 트레이더는 재산을 지킬 수 없었다. 그는 거액을 벌었다가 날리기를 거듭하면서 네 번 파산했다. 리처드 스미튼Richard Smitten이 쓴 《역전의 승부사 제시 리버모어: 월스트리트의 전설 리버모어의 투자철학과 삶Jesse Livermore: World's Greatest Stock Trader》에 자세한 내

용이 나온다.

그러나 내가 유달리 좋아하는 책은 《제시 리버모어의 회상》이다. 리버모어는 중학교를 졸업한 이튿날부터 바로 월스트리트로 가서 주가 흐름을 지켜봤다. 그는 사설 증권사 창구직원에서 전설적인 '꼬마 약탈자'를 거쳐 월스트리트의 왕이 되었으며, 그가 이 과정에서 배운 내용을 이 책에서 기꺼이 나누어준다. 보석 같은 지혜가 담긴 책이다.

아이러니하게도 가장 중요한 교훈은 일찌감치 나온다. "내가 항상 돈을 번 것은 아니다. 내 트레이딩 원칙은 매우 건전했으므로, 잃을 때보다 벌 때가 더 많았다. 내가 트레이딩 원칙을 준수하면 아마도 10회 중 7회는 벌었다. 사실 시작하기 전에 내 판단이 옳다는 확신이 들 때는 항상 돈을 벌었다. 내가 돈을 잃은 경우는 트레이딩 원칙을 지키지 않을 때였다. 즉 초기 주가 흐름이 내게 유리하지 않은 줄 알면서 트레이딩을 했을 때는 꼭 돈을 잃었다. 세상만사에는 때가 있는 법이다. 그러나 나는 이 사실을 알지 못했다. 그런데도 때를 거스르다가 실패한 사람들은 월스트리트의 노련한 선수 중에도 수없이 많다. 전국의 바보들은 언제 어디서나 온갖 잘못을 저지르지만, 월스트리트의 바보들은 트레이딩을 항상 해야 한다고 생각한다. 누구에게도 매일 주식을 사고팔아야 할 이유는 없다. 매일 거래하면서 돈을 벌 수 있는 능력자는 없다는 말이다."

리버모어는 이 교훈을 평생 깨닫지 못했고 결국 자멸적 본능을 극복하지 못했다. 그는 주식으로 거금을 벌었으나 토지 사기로 모두 날렸고 다시 벌었다가 또 잃기를 반복했다. 결국 그는 자살하면서 "나 자신과의 싸움에 지쳤다"라는 메모를 남겼다.[4] 이 책은 리버모어의 인생 중 행복했던 날들을 주로 다루면서 그의 성공, 실수, 자랑을 유쾌하게 다룬다. 여러모로 교훈적이므로 그로부터 배우기 바란다.

데이비드 드레먼, 《데이비드 드레먼의 역발상 투자》, 1980

내가 오래전부터 좋아했으며 내게 엄청난 영향을 미친《데이비드 드레먼의 역발상 투자Contrarian Investment Strategy: The Psychology of Stock-Market Success》역시 당시 시대상을 반영한다. '스태그플레이션' 등으로 고심하던 1970년대 말 사람들의 심리가 바탕에 깔려 있다. 이 책에서 언급하는 평가기법들은 이미 널리 사용되고 있으므로 역발상 투자 목적으로는 그다지 유용하지 않다. 그러나 이는 사소한 단점에 불과하다. 집단사고와 군중행동의 위험성에 대한 논의가 워낙 탁월하기 때문이다. 이 책의 일부는 내 책의 전편이라는 생각이 들 정도다. 예컨대 1960년대까지 거슬러 올라가면서 예측 전문가들의 실적이 부실했음을 보여주는 챕터가 그렇다. 다른 파트에서는 기술적 분석가들과 기본적 분석가들이 스스로 군중으로 전락하는 모습을 보여준다. 1장에서도 논의했지만 똑같은 모형, 이론, 가정을 사용하기 때문이다. 드레먼은 미시시피 계획과 1962년 강세장 정점 등의 사례를 제시하면서 군중을 따라가는 행동이 매우 위험하다고 설명한다. 이 책은 효과적인 역발상 사고 과정을 가르쳐주므로 이를 배워 현재 상황과 문제에 적용할 수 있다.

드레먼은 나보다 조금 먼저 〈포브스〉에 '역발상 투자자The Contrarian'라는 정기 칼럼을 쓰기 시작했다. 이후 그와 나는 수십 년 동안 교대로 칼럼을 썼다. 그는 지금도 칼럼을 쓰고 있지만 극히 드물어졌다. 우리는 관점이 대립할 때도 있었지만 비슷할 때가 더 많았다. 〈포브스〉에는 역발상과 관련한 유용한 정보가 늘 풍부하다.

프레드 쉐드, 《고객의 요트는 어디에 있는가》, 1940

《고객의 요트는 어디에 있는가Where Are the Customers' Yachts?》도 짧고 재미있는 고전이어서(150페이지에 불과하며 활자도 크다) 오후 한나절이면 가볍게 읽을 수 있다. 이 책 역시 당시 시대상을 반영한다. 대공황이 지나가자 사람들은 영원한 강세장이 시작되었다고 생각했다. 당시는 투자상품 판매와 투자자문을 분리하는 1940년 투자자문사법Investment Advisers Act of 1940이 제정되기 전이었다. 이 책은 유서 깊은 투자의 기본을 누구나 이해할 수 있도록 아주 쉽게 설명해준다. 과거 실적으로는 미래 실적을 절대 예측할 수 없다. 누군가 주식을 사면 누군가는 주식을 판다. 누군가 초단기 주가 예측을 할 수 있다고 주장한다면 그의 예측은 어림짐작일 뿐이다.

이 고전은 행동재무학적 오류도 다룬다. 예컨대 추세가 우리의 친구라고 간주하는 이른바 모멘텀 투자는 위험하다고 설명한다. 월스트리트에 대한 반감과 은행 때리기도 아주 오래전부터 존재한 행동재무학적 오류(후회 회피)로 볼 수 있다. 모욕의 달인인 시장에게 모욕당하면 남을 탓하는 대신 자신의 실수를 인정하는 편이 낫다.

그래야 실수로부터 배울 수 있다.

보이든 스팍스, 《고객관리자》, 1931

보이든 스팍스Boyden Sparkes의 《고객관리자Customers' Man》는 다소 특이
한 작은 책인데, 투자보다도 월스트리트의 구조를 주로 다룬다. 그
래도 투자자들에게는 여전히 유용한 책이다. 1929년 대공황 이후의
증권가를 우화적으로 표현한 소설이다. 당시 증권회사들은 주식중
개인(고객관리자)들에게 새로 도입된 규정을 교육 중이었다(1933년 증
권법, 1934년 증권거래법, 1940년 투자자문사법). 주인공은 돈을 벌어 애인
에게 결혼반지를 사주려고 월스트리트로 온 정직한 음악가였다. 그
러나 고객과 직원 사이에 이해관계가 충돌하는 데다가 동료들의 부
도덕한 행위가 혐오감을 유발한다. 이 책은 투자상품 판매와 자문
서비스가 분리되어야 하는 이유를 알려준다. 지난 수십 년 동안 두
업무가 명확하게 분리되지 않았던 탓에 투자자들이 피해를 봤다.
두 업무가 분리되지 않으면 이해관계가 충돌해 위험하다는 사실을
정치인, 규제 당국, 투자자들에게 일깨워주는 책이다.

철학과 경제학 개론

아직 소개하지 못한 보석 같은 고전들이 남아 있는데도 지면 관계
상 주제를 바꾸려니 마음이 아프다. 그러나 순수 투자 서적에만 지

혜가 담겨 있는 것은 아니다. 정치와 경제 분야에도 유용한 서적이 있다. 앞에서도 논의했지만 정치와 경제도 시장과 상호작용하면서 호황과 불황을 불러오는 요소다. 이 분야의 고전도 유용하다는 말이다.

프레데릭 바스티아, 《보이는 것과 보이지 않는 것》, 1850

우리는 5장에서 '깨진 창문'에 대해 다루었는데, 그 원전이 프레데릭 바스티아가 쓴 에세이 《보이는 것과 보이지 않는 것That Which Is Seen and That Which Is Not Seen》이다. 이 책은 12부로 구성된 시론(試論, 시험 삼아 해보는 의론)으로서, 자유시장에 정치가 개입하면 위험하다고 19세기 프랑스 정치인들에게 경고한다. 프랑스 자유주의파였던 바스티아는 자유로운 상업활동이 번영을 불러오며, 정부의 간섭은 파멸로 가는 길이라고 믿었다. 그러나 프랑스는 그의 경고를 무시했다. 현대 프랑스는 바스티아의 경고가 옳았음을 보여주는 증거다.

이 책은 의도하지 않은 결과가 가르쳐주는 교훈을 쉽고 간결하게 설명해준다. 일반 서적의 약 40페이지 분량에 불과하다. 게다가 공짜다. Bastiat.org 등 웹사이트에서 읽을 수 있다. 19세기 중반에 쓴 프랑스어를 영어로 옮겼으므로 표현이 다소 어색하지만 논리는 단순 명쾌하고, 주제는 시대를 초월한다. 국가는 고용증대를 위해서 대규모 군대를 유지해야 하는가? 높은 세율과 공공 투자가 성장을 촉진하는가? 정부가 지원하지 않으면 순수예술은 사라질까? 공공 인프라 지출은 실제로 경기를 부양하는가? 자동생산이 노동자들을 대체해 사회를 무너뜨리는가? 정부가 은행보다 대출금 배분을 더 잘할까?

정치인들과 대중은 지금도 이런 문제와 씨름하고 있다. 지금까지 그래왔고 앞으로도 그럴 것이다. 바스티아의 사고방식을 이해하면 의회가 뭔가를 '수정'하려 할 때마다 발생하는 위험을 더 잘 평가할 수 있을 것이다.

애덤 스미스, 《국부론》, 1776

1776년은 인류역사에서 의미 깊은 해다. 미국은 독립을 선언했고 애덤 스미스는 자본주의를 발표했다. 미국의 자유와 번영 어느 쪽이 더 중요했을까? 《국부론》을 읽고 나서 판단하기 바란다.

스코틀랜드 출신 애덤 스미스가 쓴 이 책의 원제는 'An Inquiry into the Nature and Causes of the Wealth of Nations(국부의 본질과 원인에 관한 연구)' 다. 이 책이 출간될 당시 영국은 들끓고 있었다. 식민지들은 국왕 조지가 폭군이라고 선언했고, 막강한 중상주의 군주 밑에서 수백 년 시달리던 영국인들은 개인주의 개념에 눈뜨기 시작했다. 스미스는 단순하고 급진적인 아이디어로 이른바 계몽주의 시대를 대표하는 인물이 되었다. 모든 사람이 자신의 이익을 추구할 수 있다면, 시장의 '보이지 않는 손(서로 자신의 이익을 추구하면서 벌이는 경쟁)'이 안내하는 덕분에, 개인의 이익이 충돌하면서 부가 창출되고 사회가 발전한다고 주장했다. 이기적인 판매자들은 경쟁자보다 한발 앞서려고 더 싸고 좋은 상품, 서비스, 기술을 끊임없이 개발할 것이고 이기적인 소비자들은 가장 싸고 좋은 상품을 선택하면서 가격을 낮추려 할 것이다. 이 과정에서 모두가 승리하게 된다.

《국부론》은 1,000페이지에 걸쳐 이 원리를 거듭 깨우쳐준다. 국왕은 식민지에 사실상 자유방임정책을 폈고, 식민지는 자율권을 확보한 덕분에 번창했다고 스미스는 설명한다(식민지가 부유해지자 국왕 조지는 욕심이 나서 부를 차지하려고 덤벼들었다). 정부가 비대해지고 세율이 높아지면 경제의 활력이 사라질 수 있다. 분업과 전문화를 도입하면 생산성을 대폭 높일 수 있다(그는 산업혁명의 전성기를 보지 못하고 죽었지만 틀림없이 상상해봤을 것이다). 사람들이 은행을 신뢰하는 한, 법정 불환不換 지폐가 효과를 발휘하므로 금본위제도는 필요 없다고 설명했다.

이 책은 애덤 스미스가 독자를 배려해서 대중도 이해할 수 있도록 쉽게 썼다. 1,000페이지에 이르지만 정치철학 서적 중 가장 쉬운 책이다. 졸음이 쏟아지는 책이 아니다. 독자들은 시장이 사회주의를 싫어하는 이유와 자유경제가 가장 좋은 이유를 깨닫게 될 것이다.

스티브 포브스 · 엘리자베스 에임즈, 《자본주의는 어떻게 우리를 구할 것인가》, 2009

스티브 포브스Steve Forbes와 엘리자베스 에임스Elizabeth Ames가 쓴 《자본주의는 어떻게 우리를 구할 것인가How Capitalism Will Save Us》는 제목도 훌륭하지만 부제 '자유 시민과 자유시장이 현대 경제 문제에 최상의 해결책인 이유Why Free People and Free Markets Are the Best Answer in Today's Economy'

도 탁월하다. 5장에서 나는 자본주의(즉 공급 중시 사고)가 2008년 금융위기 이후 인기를 상실했다고 말했다. 그러나 포브스는 자유시장이 아직도 도덕성과 활력을 유지하고 있다고 말하면서, 지난 수백년 동안 미국과 영국 사람들의 생활수준을 높여줬듯이 앞으로 어떤 상황에서도 자유시장이 우리 생활수준을 높여줄 것이라고 단순 명쾌한 논리로 설명한다.

이 책이 투자기법을 가르쳐주지는 않지만 주식에 투자하는 사람이라면 읽어봐야 한다. 자유시장을 이해하면, 기업과 개인들이 상품을 풍부하게 생산해 부를 창출하고 주주들에게 보상하면서 사람들의 생활수준을 높여주는 과정을 이해할 수 있기 때문이다. 게다가 거대한 기본 계획이 없어도 사람들이 자신의 이익을 추구하면서 자연스럽게 이 과정이 진행된다. 자본주의의 보이지 않는 힘을 이해하면, 우리는 시장이 모든 문제를 극복할 수 있다고 믿게 된다. 그러면 대중매체가 계속해서 불안감을 조성하더라도, 장기적 관점으로 더 현명하게 투자할 수 있다.

앵거스 블랙, 《새 급진주의자의 경제 본질 지침서》, 1970
앵거스 블랙Angus Black은 로저 르로이 밀러Roger Leroy Miller의 필명이다. 나는 험볼트주립대에 다닐 때 그를 만났다. 그는 내 인생을 바꿔놓았다. 나는 경제학 과목을 거의 모두 수강했고 성적도 매우 좋았지만 큰 그림을 여전히 파악하지 못하고 있었다. 비유하자면, 자동차 부품 하나하나는 모두 파악하고 있었지만 모든 부품이 맞물려서 자동차가 굴러가는 원리는 이해하지 못했다.

호리호리하고 활기 넘치는 젊은 자유시장 옹호자 밀러가 우리 학교에 와서 강연했다. 시카고대에서 공부한 이 급진적인 경제학자는 장발에 검은 부츠 차림이었다. 험볼트주립대는 수풀이 울창한 캘리포니아 북부 시골 깊숙한 곳에 있다. 당시나 지금이나 마리화나를 즐기는 자유분방한 히피들의 천국이다. 밀러가 일어서서 말했다. "자유주의 정책이 이 모든 문제를 해결한다고 생각하는 자유주의자라면 이 책에서 진상을 보게 될 것입니다." 당시 19세의 자유주의자였던 나는 "저 양반, 우리 교수들에게 호되게 당해서 만신창이가 될 거야"라고 생각했다. 생각만 해도 즐거웠다. 그러나 질의응답 시간이 오자, 교수들이 질문을 하지 않고 머뭇거렸다. 그가 더 많이 안다는 사실을 파악했으므로 공개석상에서 망신당하고 싶지 않았던 것이다.

바로 그 45분 동안 내 머리가 돌아가면서 자동차가 굴러가는 원리를 터득했고, 나는 자유주의자가 되었다. 밀러는 정부가 비대해질수록 문제가 오히려 더 증가한다는 점을 사실, 이론, 상식을 동원해 입증했다. 자유로운 선택과 자유시장이 정치와 급진적 규제보다 더 많은 성과를 낼 수 있다. 집에 돌아오자 내 아내 셰릴린은 바뀐 내 모습을 보고 경악했다. 밀러의 책은 세상만사에 대한 내 견해를 송두리째 바꿔놓았다. 나는 신고전주의 경제학이 작동하는 원리를 이해하게 되었다. 가장 중요한 점은 신고전주의 모형을 경제 예측에 어느 정도 적용할 수 있게 되었다는 사실이다.

당신도 《새 급진주의자의 경제 본질 지침서A New Radical's Guide to Economic Reality》에서 똑같은 성과를 거둘 수 있다. 신고전주의 경제학의 기본을 순식간에 배울 수 있다. 미리 밝혀두자면, 이 책은 정말 급진적이다. 간혹 역겹고 차별적이다. 이 책에서 사용하는 모욕적인 표현에 대해서는 나도 절대 지지하지 않는다. 그러나 이런 표현은 그 시대의 유물이며, 이 책이 인기를 얻지 못한 이유가 되기도 한다. 내가 이런 표현을 눈감아주듯이 당신도 눈감아주기 바란다. 이 책의 핵심이 시대를 초월하기 때문이다.

로저 뱁슨, 《통화량 경기지표》, 1905~1930

출간 연도로 표시된 1905~1930은 오류가 아니다. 로저 뱁슨Roger Babson이 이 기간에 수십 번이나 개정판을 냈기 때문이다. 그러나 내용의 핵심은 똑같으므로, 개정판 중 하나만 읽으면 된다. 개정판은 쉽게 구할 수 있으며, 일부는 전자책으로 제작되어 인터넷에서 무료로 제공된다. 구글에서 검색하면 0.5초면 충분하다.

《통화량 경기지표Business Barometers Used in the Accumulation of Money》는 장기 투자 목적으로 기본적 분석을 다루는 매우 독창적인 작품이다. 그는 단기시점 선택은 시도해도 소용없지만 장기 경기순환('번영기'와 '쇠퇴기', 즉 강세장과 약세장)은 예측할 수 있다며 이 책에서 그 방법을 제시했다.

모든 개정판의 첫 번째 챕터에는 성격이 전혀 다른 '두 가지 통계'가 간략하게 소개된다. 하나는 이익이나 매출 등 '비교 통계'이고, 나머지 하나는 경제상황을 나타내는 '기본 통계'다. 비교 통계는 유용하지만 본질적으로 예측력이 없다고 설명한다. 그는 투자자들이 기본 환경을 바탕으로 경기순환을 예측할 수 있고 마땅히 예측해야 한다고 주장했는데, 당시에는 획기적인 발상이었다. 철도회사 이익 등 그가 선호한 지표 일부는 구식이 되었지만, 대신 항공화물 운송량이나 육상화물 복합운송량 등 새로운 지표가 등장했다. 광의통화 같은 지표는 시대를 초월한다(신용카드처럼 뱁슨이 상상할 수 없었던 준화폐가 등장함에 따라 통화량 측정 방식은 바뀌었다).

뱁슨은 이 책이 투자자를 위한 응용통계학 교과서라고 말했다. 그러나 무미건조한 교과서 같은 책이 아니다. 주식 중개인에게 최신 정보를 듣고 주식을 사면 헛수고라는 우화도 들어 있기 때문이다. 묵직한 경제분석서인데도 참신한 이야기들이 많이 담겨 있다.

웨슬리 미첼, 《경기순환》, 1913

5장에서도 웨슬리 미첼의 대표작 《경기순환Business Cycles》을 소개했다. 나는 이 책을 너무도 좋아하므로 여기서도 카메오로 소개한다. 미첼은 내게 경제학, 통계학, 경기순환, 예측의 신과 같은 존재다.

미첼이 《경기순환》을 저술한 1913년 무렵, 사람들은 호황과 불황이 날씨처럼 우연히 발생한다고 생각했다. 과잉생산에 의해 주기적으로 발생하는 자연적인 현상이 호황과 불황이라고 추측한 사람은 거의 없었다. 그는 보이지 않는 손이 과잉생산 문제를 해결해 자본주의를 유지하는 과정에서 불황이 나타난다고 봤다(그러나 정치인들은 보이지 않는 손이 문제를 해결하도록 맡겨두려 하지 않는다).

미첼은 이 책에서 이론과 증거를 제시했다. 허황된 주장이 아닌 과학적 기법을 사용한 제시였다. 그는 소중한 데이터를 수집해서 관찰하고 분석하며 시험하고 추론했다. 그리고 경기순환이 진행되는 이유와 방식을 단계별로 재미있게 설명해준다. 경기가 과열되면 사람들은 낙관해 사업을 확대하지만 원가를 통제하지 못해 곤경에 처한다. 겁먹은 은행들이 대출을 줄이면 기업들의 자금조달비용이 상승한다. 이어서 기업들이 대출금을 상환하지 못하면 시장은 공포감에 휩싸인다. 대출이 동결되면 공포감이 절정에 이르고 기업들은 유동성을 갈망한다. 이때 연준이 개입한다. 그러면 물가가 조정되고, 사업이 개선되며, 다시 경기가 확장된다.

이 책은 금융계와 실물계가 밀접하게 연결되어 서로 협력하는 과정을 설명한다. 1세기 전과 마찬가지로, 이런 협력관계는 지금도 절대적으로 중요하다. 이 책을 읽고 나서 볼 만한 책은 전미경제연구소가 발행한 《경기순환: 그 문제와 배경Business Cycles: The Problem and Its Setting》이다. 세계 경제 예측의 기원을 깊이 탐구하는 사람에게 권하는 역작이다.

대럴 허프, 《새빨간 거짓말 통계》, 1954

"거짓말에는 세 종류가 있다. 거짓말, 새빨간 거짓말, 그리고 통계다." 마크 트웨인이 인용한 벤저민 디즈레일리Benjamin Disraeli(영국 정치가)의 말이다. 대럴 허프Darrell Huff는 이 말이 옳은 이유를 유쾌하게 설명한다. 재미있는 삽화도 들어 있다.

짧은 책이므로 장황하게 소개할 필요도 없다. 책 제목에서 내용이 모두 드러난다. 통계분석은 왜곡하기 쉬우므로 분석자가 원하는 대로 얼마든지 결과를 만들어내거나 편견을 뒷받침할 수 있다. 누구든지 거짓 숫자를 만들어낼 수 있다는 말이다.

왜《새빨간 거짓말 통계How to Lie with Statistics》를 읽어야 할까? 사람들은 경제, 시장, 정책에 대한 터무니없는 주장을 통계로 뒷받침하기 때문이다. 피케티나 사에즈처럼 말이다. 허프는 통계로 손쉽게 거짓말하는 방법을 가르쳐준다. 이 책을 제대로 이해하지 못하는 사람은 군중의 사고방식에서 벗어날 수 없다. 스스로 지식인이라고 생각하는 사람이라면 이 책을 읽어야 한다. 나처럼 통계학을 정식으로 배운 사람까지 포함해서 말이다. 나는 이 책에서 많이 배웠다. 이 책의 가장 큰 장점은, 강의를 듣지 않아도 핵심을 쉽게 파악하게 해준다는 점이다.

전설적 투자가로부터 배우는 방법

전설적 투자가들이 모두 책을 쓰지는 않았다. 바빠서 책을 쓰지 못한 사람이 많다. 다행히 전기 작가들이 대신 책을 써줬다. 우리는 전기에 담긴 대가들의 활동, 성공, 실패, 경험으로부터 배울 수 있다.

프레더릭 모턴, 《250년 금융재벌 로스차일드 가문》, 1961

"거리에 유혈이 낭자할 때가 주식을 살 때다." 이 말이 나단 메이어 로스차일드Nathan Mayer Rothschild의 말이라는 설이 있다. 그러나 이 말을 인정할 수 없다고 주장하는 역사학자도 있다. 아무튼 프레더릭 모턴Frederic Morton의 《250년 금융재벌 로스차일드 가문The Rothschilds: A Family Portrait》을 읽기 바란다. 로스차일드가 이 말을 하지 않았더라도 이 말대로 실천한 것만은 분명하다.

제목이 말해주듯이, 이 책은 1760년대 프랑크푸르트 유대인 거주 지역 대표자 메이어 로스차일드Mayer Rothschild에서 시작된 로스차일드 가문의 200년 역사를 담은 책이다. 그러나 분량은 약 300페이지에 불과하다.

로스차일드 가문은 세계 최초로 현대적 프라이빗뱅크를 설립했다. 게다가 사실상 세계의 중앙은행이 되어 산업에 대한 대출은 물론 정부에 전쟁 자금까지 대주기도 했다. 나단은 뛰어난 리더였으며 타고난 투기꾼이었다. 그는 나폴레옹 전쟁기간 중 거리에 유혈이 낭자할 때 투자해 거금을 벌었다. 1826년에는 잉글랜드은행을 구제했다(JP모건은 1893년 미국을 구제했다). 그는 국제 대출사업을 개척했고 문서 시스템을 도입해 차입자들이 담보물을 운반하는 수고를 덜어줬다.

이 책에는 배울 내용이 많다. 시대를 초월하는 교훈 하나는 앞부분에 나온다. 나폴레옹 전쟁기간에 로스차일드 가문은 불법 행위를 저지른다. 당시 나단은 전설적인 투기도 했지만 핵심 사업은 밀수였다. 물론 부끄러운 짓이다. 그러나 아무리 전쟁 중이더라도 사람들은 먹고 마셔야 한다는 사실을 알고 있었으므로, 로스차일드 가문은 밀수를 통해 물자를 공급했다. 그러나 앞으로 또 전쟁이 벌어지면 틀림없이 경기가 침체한다는 사실을 명심하기 바란다. 내가 이 책을 얼마나 소중히 여기는지 알고 싶은가? 나는 이 책을 읽고 나서, 나단 로스차일드의 이름을 따서 내 둘째 아들 이름을 지었다. 농담이 아니다.

론 처노, 《금융제국 J.P. 모건》, 1990

전설적인 은행가 존 피어폰트 모건John Pierpont Morgan에 관한 이야기다. 그가 없었다면 은행 시스템과 자본시장이 현재의 모습과 같지 않을 것이다. 1893년 공황기간에 미국을 구해줄 사람이 없었을 것이기 때문이다. 그러나 모건처럼 선견지명이 있으면서 냉혹하고 극악무도한 다중인격자는 그 유례를 찾기 어렵다.

800페이지가 넘는, 론 처노Ron Chernow의 《금융제국 J.P. 모건The House of Morgan》은 심약한 사람에게는 적합하지 않은 책이다. 그러나 미국 금융 시스템의 역사와 4세대에 걸친 모건 가문 이야기는 흡인력이 있다. 모건 가문은 정부에 긴급자금을 지원했던 로스차일드 가문과 비견된다. 모건은 수완을 발휘해 1893년과 1907년의 공황 사태를 수습한다. 제킬 아일랜드Jekyll Island 휴양지 비밀회동과 의회 청문회를 거쳐 마침내 연준이 탄생하는 과정도 나온다. 대공황 기간에 페르디낭 페코라Ferdinand Pecora 등 정치인들은 은행을 압박하려고 상업은행과 투자은행을 분리하는 글래스-스티걸 법을 제정한다. 모건 가문의 150년 역사를 통해서, 시장에서 일어난 온갖 사건들을 보게 될 것이다.

앨브로 마틴, 《북서부의 길을 열어준 제임스 힐》, 1991

로스차일드와 모건은 내 책 《시장을 뒤흔든 100명의 거인들100 Minds that Made the Market》에 등장하는 주요 인물들이다. 지금부터 다룰 북서부의 거물 제임스 힐 James Hill 등 세 명도 내 책의 주요 인물들이다.

로저 뱁슨은 제임스 힐이 "기본 통계를 제대로 배운" 인물이라고 평했다.[5] 19세기 철도왕 힐은 위대한 사상가이자 기업 지도자였으며 투자가였다. 그는 자수성가한 대표적인 거물로서, 철도제국을 건설해 북서부 전역의 산업을 발전시켰다. 이 과정에서 그는 무상 토지불하도 받지 않았고, 토지 수용권도 행사하지 않았으며, 정치적 특혜는 물론 정부 지원을 한 푼도 받지 않았다. 민간이 정부보다 개발 효율성이 훨씬 높다는 사실을 보여주는 생생한 증거다.

힐은 나중에야 월스트리트로 진출하므로, 앨브로 마틴Albro Martin 의 《북서부의 길을 열어준 제임스 힐James J. Hill and the Opening of the Northwest》은 주로 그가 철도제국을 건설하는 과정을 다룬다. 그가 의사결정하는 과정도 투자에 유용한 지혜로 제공한다. 경제환경을 분석해 수익성에 초점을 맞추는 그의 방식은 오늘날 증권 분석에도 그대로 적용할 수 있다. 그는 월스트리트에 진출하면서 본격적으로 수완을 발휘하기 시작했다. 자신이 보유한 그레이트노던철도를 대륙횡단철도로 키우려고 경쟁하는 과정에서, 그는 탐욕의 화신이 되었고 강력한 역발상 기질을 발휘했다. 1893년의 공황에 노던 퍼시픽^{Northern Pacific}이 파산하자 곧바로 잡아챘다. 그가 '시카고벌링턴앤드퀸시 ^{Chicago, Burlington and Quincy}'를 인수하자, 맞수였던 에드 해리먼^{Ed Harriman}은 질투심에 눈이 멀어 결국 1901년 공황의 씨를 뿌리게 된다. 그는 1898년 그레이트노던철도를 통해서 미네소타 메사비^{Mesabi} 산맥의 철광석 산지를 400만 달러에 사서 8년 동안 보유하다가 US스틸에 채광권을 팔았다. 주변 사람들은 이 거래에 회의적이었지만 투자했던 400만 달러가 1906년에는 4억 2,500만 달러로 불어나 주주들에게 대박을 안겨줬다. 주주 중에는 종업원도 있었다. 그가 속임수를 동원한 덕분에 종업원들은 주식을 반값에 살 수 있었다. 그는 혁신적인 기법으로 종업원 지주제에도 앞장선 인물이었다.

힐은 착취활동을 통해서 증권법과 반독점법 발전에도 기여했다. 이 책은 큰 흐름을 훌륭하게 전달하지만 극적 요소가 다소 부족한 면이 있다. 그러나 걱정할 필요 없다. 뒤에 근사한 작품이 기다리고 있다.

에드워드 레니핸 2세, 《월스트리트의 흉악한 천재》, 2005

극적인 이야기를 원한다면 제이 굴드^{Jay Gould}가 제격이다. 모든 사람이 증오한 굴드와 비교하면, 도금시대(Gilded Age, 1873~1893)에 날뛰던 나머지 악덕 자본가들은 애송이에 불과하다. 그러나 직접 당하지 않은 사람들에게는 굴드가 그저 불쾌한 사람일 뿐이다. 그는 매우 창의적이고 혁신적인 자본가이기도 했다. 나는 그의 대담성이 마음에 들었다. 저자 레니핸도 틀림없이 그를 좋아했을 것이다. 에드워드 레니핸 2세Edward Renehan Jr.의 《월스트리트의 흉악한 천재Dark Genius of Wall Street》는 진정한 외톨이 역발상 투자자를 생생하게 그려낸 매력적인 이야기를 들려준다.

그러나 굴드의 행동을 함부로 모방해서는 안 된다. 주가를 올리려고 재무제표를 조작하면 교도소에 간다. 그러나 그의 뛰어난 솜씨와 절제력에 관한 이야기는 사실인 듯하다. 그는 무모했던 탓에 미움을 받고 외톨이가 되었다. 그리고 이런 환경과 본능에 의해서 역발상 투자자가 되었다.

굴드는 성공할수록 사회로부터 더 조롱을 당했다. 뉴욕의 밴더빌트 가문과 애스터 가문 사람들은 투기로 명성과 재산을 얻은 이 신흥부자에 대해 질색했다. 부정한 방법으로 재산을 모았으므로 자격 미달이라고 주장했다. 〈뉴욕타임스〉는 1892년 그의 재산을 7,000만 달러(현재 가치로 약 12억 달러)로 추정하면서 그의 이기적인 책략에 분노했다. 애스터나 밴더빌트처럼 번영을 이룩한 인물로 보지 않고 범죄의 경계를 넘나드는 거머리 같은 존재로 간주했다.[6]

그러나 굴드가 거머리는 아니었다. 기업을 싸게 인수하려고 주가를 떨어뜨리긴 했어도, 주식을 투매해 기업을 파산으로 내몰지는 않았다. 그는 헐값에 산 기업을 경영해서 상태를 개선했다. 이렇게 해서 번영을 이룩했다는 말이다. 그는 요즘 사모펀드들이 하는 일을 개척한 선구자였다.

이 책은 공황을 포함해 온갖 이야기를 다룬다. 1869년의 공황을 일으킨 주범은 굴드다. 그는 금 매점買占에 거의 성공하는 듯했다. 친구의 매형이었던 그랜트Grant 대통령에게 금값을 올리라고 강요하기까지 했다. 그러나 그랜트 대통령은 이 요구를 거절하고 재무부 금 보유고 5퍼센트를 방출해 오히려 가격을 떨어뜨렸다. 투기꾼들은 궤멸당했지만 굴드는 예외였다. 그는 그랜트 대통령의 아내로부터 내부정보를 입수해 높은 가격에 팔고 미리 빠져나왔다(앞에서도 말했지만 그의 행동을 모방해서는 안 된다). 다른 흥미로운 이야기도 많지만 이 정도로 마무리하겠다.

보이든 스팍스 · 새뮤얼 테일러 무어, 《헤티 그린: 돈을 사랑한 여인》, 1930

전기 《월스트리트의 마녀Witch of Wall Street》 개정판이 많이 나왔지만, 보이든 스팍스와 새뮤얼 테일러 무어Samuel Taylor Moore가 쓴 《헤티 그린: 돈을 사랑한 여인Hetty Green: A Woman Who Loved Money》만큼 그녀의 시장 지식과 기법을 잘 묘사한 책은 없다. 다른 책들은 그녀의 기벽(奇癖)과 통속적인 소문에 지면을 지나치게 할애하느라 그녀의 증권거래를 충분히 다루지 못했다. 헤티는 소문을 싫어했다. 그녀가 죽은 후 14년 뒤에 나온 이 책은 그녀의 인생과 기이한 천재성을 솔직하게 묘사한다.

헤티는 남성들이 지배하던 19세기 월스트리트에서 유리천장 (glass ceiling, 성차별의 벽)을 깨뜨렸다. 굴드, 힐, 모건이 지배하던 시대에 유일하게 우뚝 선 여성 거물이었다. 그녀는 다른 투기꾼들보다 한 수 앞섰고, 뉴욕 시를 적어도 두 번 구제했다. 그리고 전설에 의하면, 텍사스철도를 차지하려고 경쟁하던 철도왕 콜리스 헌팅턴 Collis Huntington이 그녀의 아들을 교도소에 처넣겠다고 협박했을 때는 총을 뽑아들었다. 남편이 부실한 은행거래로 손실을 보자 돈이 아까웠던 그녀는 남편을 내던졌다. 감상주의는 약자들에게나 어울린다고 생각했다. 소비제품과 서비스에 돈을 쓰는 것은 낭비였다. 그녀는 세금을 피하고 비용을 아끼려고 부랑자처럼 살았는데, 자녀를 브루클린과 맨해튼의 싸구려 셋방을 옮겨 다니며 살게 했다.

그녀의 절약은 광기에 가까웠다. 그러나 재산은 복리로 증식되어 엄청나게 불어났다. 유산으로 받은 600만 달러를 연 6퍼센트로 복리 증식해 죽을 무렵에는 1억 달러로 늘렸다. 그녀는 채권과 주택담보채권을 즐겨 샀는데, 원리금이 연체되면 주택을 압류했다. 그리고 헐값에 주식을 살 기회가 오면 놓치는 법이 없었는데 주로 철도 주식을 샀다. 1873년 공황이 닥칠 때는 주식을 보유하고 있었다. 그녀의 전략은 단순했다. "나는 사려는 사람이 없어서 가격이 내려갔을 때 물건을 삽니다. 그리고 가격이 상승해서 사람들이 사려고 안달할 때까지 계속 보유합니다. 현재 내가 보유 중인 많은 다이아몬드처럼 말이지요. 이것이 성공을 일구는 보편적인 비밀입니다. 나는 절대 투기하지 않습니다. 나는 주식을 신용으로 매수하는 법이 절대 없습니다."[7]

헤티는 피아노를 연주하듯 시장의 심리주기를 능란하게 이용했다. 항상 공황기의 바닥에 사서 정점 근처에서 털고 나왔다. 그녀는 1907년 니커보커신탁회사Knickerbocker Trust 주식을 모두 팔아버렸는데 그 이유가 직원들이 '지나치게 멋져 보였기' 때문이다. 직원들이 행복감에 젖어 있었던 모양이다. 그녀는 회수한 돈을 자금난에 처한 은행과 자본가들에게 빌려줬다. 그러나 항상 신중했으며 고리를 받는 법이 없었다. 헤티는 위험을 평가할 줄 알았으므로 무리한 수익을 추구하지 않았다. 그녀의 절제력, 역발상 사고, 복리증식에 대한 애착은 배울 만하다. 그러나 지나치게 검소한 생활방식까지 배울 필요는 없다.

조너선 데이비스 · 앨러스데어 네른, 《템플턴의 투자법》, 2012

존 템플턴 경도 책을 썼지만 주제가 대부분 신앙, 과학, 개인 철학이었다. 다행히 그의 탁월한 전술을 담은 이 보석 같은 책이 그 틈새를 메워준다.

6장에서 언급했듯이, 템플턴은 국제투자를 개척한 선구자다. 그가 효시다. 그는 제2차 세계대전 직후 일본에 투자했다. 외국인들이 일본의 자본통제를 두려워하던 시기였다. 그는 일본의 역사와 문화를 연구했고 경제와 정치 시스템이 돌아가는 방식을 파악하고 나서 투자했다. 1980년대 초 한국을 가장 먼저 주목한 인물이기도 하다. 박정희 군사정부가 무너지고 나서 규제가 심하던 시기였다. 그의 국제투자로부터 우리가 배울 것이 많다.

템플턴은 전설적인 명언도 남겼다. "강세장은 비관론에서 태어나 회의론을 먹고 자라며, 낙관론 속에서 무르익다가 도취감에 빠져 죽는다." 조너선 데이비스Jonathan Davis와 앨러스데어 네른Alasdair Nairn

의 《템플턴의 투자법Templeton's Way With Money》에는 이렇게 지혜로운 명언이 담겨 있다. 예를 들어보겠다. "20~30년 동안 좋은 실적을 내려면 유연한 관점이 필요하다. 그러려면 특정 인간 본성에서 벗어날 수 있어야 한다. 즉 과거에 사고 싶었던 종목을 사거나, 과거에 높은 실적을 안겨준 종목만 계속 사려는 습성에서 벗어날 수 있어야 한다."

그는 "절대 군중을 따르지 마라"라고 말했고 몸소 이 말을 실천했다. 그리고 '비관론이 극에 달했을 때' 즐겨 주식을 샀다. 그는 대중매체에 휘둘리지 않고 사실을 조사해 독자적으로 생각했다. 저축대부조합 위기가 심각해져서 모두가 '매도'를 외칠 때 저축대부조합의 대차대조표를 하나씩 세밀하게 검토해 투자했다. 또한 정확하게 바닥 시점에 투자하기가 불가능하다는 사실을 인정했다. 그가 헐값에 주식을 산 다음에도 주가는 더 하락하기 일쑤였다. 그러나 자신이 세운 가정이 여전히 유효하면 주식을 계속 보유했다. 이런 상황에서 그가 구사한 전술과 사고방식은 우리에게 시사하는 바가 많다. 나는 그를 몇 번 만났는데 선견지명, 겸손, 용기, 검소, 지식, 유연성을 갖춘 놀라운 인물이었다.

이 책을 숙독하면 초보자와 전문가 모두 엄청난 득을 볼 수 있다. 다음 매매를 하기 전에 이 책을 먼저 읽기 바란다.

윈스럽 스미스 2세, 《번개를 병에 담다》, 2013

윈스럽 스미스 2세Winthrop H. Smith Jr.가 쓴 《번개를 병에 담다Catching

Lightning in a Bottle》는 수많은 혁신을 이룬 투자은행 메릴린치의 역사를 담았다. 설립자 찰스 메릴Charles Merrill은 실물경제를 섬기는 투자은행을 만들고자 했으며, 실제로 메릴린치가 최초로 도입한 혁신이 20세기 투자은행 가운데 가장 많았다(경제학자 웨슬리 미첼도 이 사실을 인정할 것이다). 메릴린치는 최초로 투자자 교육제도를 도입해 평범한 사람들의 투자 능력을 향상시키고 투자문화를 개선했다. 여성 투자자 집단도 가장 먼저 고객으로 유치했다. 대형 증권회사로서는 처음으로 큰손은 물론 평범한 소액 투자자도 고객으로 유치했다. 최초로 컴퓨터를 업무에 사용하기 시작했으며, 최초로 사업보고서를 발간한 증권회사였다. 수표 발행과 신용카드 기능이 포함된 현금관리계좌(CMA)도 최초로 도입했다. 덕분에 고객들은 잔액을 번거롭게 은행으로 이체하지 않고도 MMF로 굴릴 수 있었다. 메릴린치는 원스톱 금융 서비스도 최초로 제공했다(그러나 기업공개는 2위였다. 모든 분야에서 1등을 할 수는 없는 법이다).

메릴린치의 역사는 그야말로 미국 금융 서비스의 역사다. 부제 '금융계에 변혁을 불러온 메릴린치How Merrill Lynch Revolutionized the Financial World'는 과장이 아니다. 헬렌 슬레이드Helen Slade가 만찬 모임을 여는 동안 메릴린치는 월스트리트를 매료시켰다. 메릴린치가 최초로 도입한 업무는 현재 모두 업계 표준이 되었으며, 저자 윈스럽 스미스 2세는 이 모든 과정을 지켜봤다. 저자의 아버지 윈스럽 스미스 1세는 1916년 대학을 졸업하자마자 입사해 1940년 사장이 된 인물이다. 저자는 아버지로부터 회사 이야기를 들으며 자랐고 1974년 메릴린치에 입사했다. 그는 28년간 근무하면서 대부분 임원으로 활동했다. 메릴린치에 대해 그보다 더 잘 설명할 수 있는 사람은 없다.

이 책의 사소한 단점 하나만 미리 말해두고자 한다. 뒷부분 내용약 3분의 1이 다소 진부하다. 주로 스탠 오닐Stan O'Neal에 대한 비판인데, 2008년까지 메릴린치를 쇠퇴의 길로 몰아갔으며 전통을 더럽혔다고 주장했다. 옳은 지적이다. 그러나 이는 비교적 최근의 일이어서 여러 매체에서 널리 다룬 매우 흔한 주제다. 앞부분 내용 3분의 2는 탁월하고도 유익하다.

자서전을 경계하라

이 독서클럽에서 다루지 않은 유형이 하나 있다. 바로 자서전이다. 연준 이사, 재무부장관, 대통령 보좌관 등 이른바 경제정책 입안자들의 회고록이다. 이들은 공직에서 물러나면 거의 모두 곧바로 회고록을 집필한다. 몇몇 사람은 정말로 흥미로운 이야기를 멋지게 써낸다(대부분은 대필작가를 이용한다). 그러나 투자에는 그다지 유용하지 않다.

이런 책이 진실만을 말해주는 경우는 거의 없다. 이들이 회고록을 쓰는 주된 목적은 실제 있었던 일을 말해주려는 것이 아니라 자신의 업적을 치장하려는 것이다. 경력기간 전체를 돌아보는 책이든 금융위기처럼 짧은 기간을 집중적으로 회고하는 책이든 마찬가지다. 회고록을 보면 이들이 판단한 근거나 사고과정을 파악할 수 있다. 그러나 그뿐이다.

회고록은 말이다. 하지만 말보다는 행동이 더 중요하다. 그래서 이들이 재직기간에 남긴 공식 기록물이 훨씬 더 정확하고 유용하다. 연준 회의록이 대표적인 예다.

연준이 전화 회의록을 포함한 모든 회의록을 5년 후에 공개한다는 사실은 축복이자 저주다. 이들이 언제 무엇을 알았고 언제 허풍을 떨었는지 실상을 파악할 수 있다는 점은 축복이다. 그러나 5년이나 기다려야 한다는 게 저주다. 시간이 중요하기 때문이다. 2008년 회의록이 2012년 이전에 공개되었다면, 재닛 옐런은 연준 의장이 되지 못했을지도 모른다. 이 회의록은 상원이 옐런을 인준하고 나서 몇 주 뒤에 공개되었다. 회의록이 훨씬 일찍 공개되었다면 상원은 옐런의 경력이나 능력보다 행동에 더 비중을 두었을 것이며, 더 날카로운 질문을 던졌을 것이다. 금융 시스템이 갑자기 악화했을 때, 왜 고전하던 치과의사와 컨트리클럽을 경멸하는 농담을 던졌는지 옐런에게 물었을지도 모른다. 2008년 금융위기가 터졌을 때, 왜 갈피를 잡지 못했는지 따졌을지도 모른다. 리먼브라더스 파산 이튿날 금리 인하에 반대표를 던진 이유까지 물었을 수도 있다.

2008년 연준 회의록은 1,000페이지가 넘는데도 흥미로운 내용으로 가득하다. 게다가 전직 재무장관 행크 폴슨Hank Paulson과 팀 가이트너Tim Geithner의 회고록과 상반된 내용까지 들어 있다. 회의록에 의하면, 폴슨과 가이트너는 리먼브라더스의 회생을 가로

막았다. 미국 당국은 JP모건체이스가 베어스턴스를 인수하도록 허용했지만, 영국 당국은 바클레이스가 리먼브라더스를 인수하도록 허용하지 않을 것이라고 폴슨이 주장했다. 맞는 말일지도 모른다. 그러나 회의록에 의하면, 재무부와 연준은 의도적으로 리먼브라더스에 대한 자금 지원을 가로막는 결정을 내렸다. 거의 똑같은 상황에서 JP모건체이스에 대해서는 베어스턴스를 인수하도록 지원하고서도 말이다. 그러나 인수가 성사되고 나서 재무부와 연준은 서로 비난했다. 당국자들은 늘 자기가 일을 잘했다고 생각한다. 잘못했다고 생각하는 사례는 드물다. 가이트너는 회고록에서, 자기는 바클레이스의 리먼브라더스 인수를 지지하려 했다고 말했다. 그런데 왜 실제로는 지지하지 않았을까? 연준 이사 모두가 리먼브라더스 파산이 승리라고 주장할 때 왜 반대하지 않았을까?

내 말이 믿기 어려우면, 연준 웹사이트에서 회의록을 직접 읽어보기 바란다. 리먼브라더스를 파산시켜놓고 연준 이사들과 지역연준 총재들이 서로 축하하는 내용이 나온다. 그리고 회의에서 버냉키가 은행 시스템보다 정책에 대한 홍보성 표현에 더 신경 쓰는 모습도 드러난다. 이들은 리먼브라더스를 파산시켜도 아무 문제가 없다고 생각했던 것이다. 당국자들은 대개 아주 명청해서 문제를 해결할 때보다 망칠 때가 훨씬 더 많다는 사실을 회의록은 보여준다. 바로 이런 지식이 중요하다. 그러나 화려하게 치장한 회고록에서는 이런 지식을 절대 얻을 수 없다.

역사를 기억하지 못하는 사람들

역사를 기억하지 못하는 사람들은 그 역사를 반복할 수밖에 없다. 역사책을 읽으면 우리가 흔히 망각하는 과거 공황기와 혼란기를 기억할 수 있으며 현재의 혼란을 이해할 수 있다.

역사를 알면 대중매체의 과장보도에 휩쓸리지 않게 된다. 2008년의 금융위기는 19세기와 20세기 초에 만성적으로 나타났던 전형적인 금융공황이었으나, 대부분의 언론인은 이 사실을 파악하지 못했다. 오랫동안 잊었을 뿐 이례적인 사건이 아니었는데도, 언론인들은 전례 없는 대참사로 받아들였다. 이들은 공황의 역사를 알지 못했으므로 금융공황이 매우 빨리 회복된다는 사실도 알지 못했다. 이들의 불안심리가 대중의 불안심리를 이끌어내자 거리에 유혈이 낭자했다. 이에 따라 역발상 투자자들에게 절호의 기회가 조성되었다.

과거의 조정장, 약세장, 붕괴, 예금인출 사태를 많이 알수록 세상에 새로운 일이 없다는 사실도 잘 알게 된다. 그래서 두려워할 일도 줄어든다. 시장은 과거에도 그런 일을 겪었고, 극복했으며, 더 강해졌고, 더 성장했다.

금융 역사를 다룬 훌륭한 책은 너무 많아서 모두 소개하기가 어려울 정도다. 그래서 과거 주요 경제사건에 대해 1권씩 모두 5권을 소개하고자 한다. 맛보기 정도로 생각하기 바란다.

찰스 맥케이, 《대중의 미망과 광기》, 1841

찰스 맥케이Charles Mackay가 《대중의 미망과 광기Extraordinary Popular Delusions and the Madness of Crowds》를 집필한 1841년에도, 이미 여러 세기에 걸쳐 발생한 금융시장 거품사건들이 있었다. 그는 다소 지루한 산문체로 이 거품사건들을 설명한다. 미시시피 거품사건Mississippi Scheme, 남해 회사 거품사건South Sea Bubble, 네덜란드 튤립 파동Dutch Tulipmania, 기타 산업혁명 이전의 거품사건과 우리가 혐오하는 현대 거품사건들이 그 것들이다.

왜 번거롭게 이런 책을 읽어야 하는가? 대부분의 사람이 거품사건을 제대로 이해하지 못하기 때문이다. 전문가들은 거품이 발생했을 때는 알아채지 못하고, 거품이 없을 때는 거품이 발생했다고 늘 헛다리를 짚는다. 이들은 항상 강세장 초기부터 거품이라고 주장한다. 지난 20년 동안 전문가들은 채권, 금, 은, 부동산 등에 거품이 생겼다고 주장했지만 모두 빗나갔다. 진짜 거품은 좀처럼 발생하지 않으며 발생해도 놓치기 일쑤다.

거품은 집단심리에서 비롯되는 사건이다. 집단심리가 형성되면 거의 모든 사람이 휘말린다(이 책을 읽은 사람은 휘말리지 않길 바란다). 지극히 똑똑한 사람들도 예외가 아니다. 아이작 뉴턴 경도 남해회사 거품사건에 휘말려 거금을 날렸다. 그는 초기에 투자해 거의 두 배를 벌고 빠져나왔다. 그러나 이후 친구들이 더 큰돈을 버는 모습을 지켜봤다. 결국 질투와 탐욕에 사로잡힌 그는 정점 근처에서 모든 재산을 투자했다. 이후 주가가 계속 하락해 그가 입은 손실은

2만 파운드나 되었다. 현재 가치로 300만 달러가 넘는다. 그는 파산 직전까지 몰렸다.[8] 이때 그가 남긴 말이 전설이 되었다. "천체의 움직임은 계산할 수 있지만 사람들의 광기는 계산할 수가 없더군요."[9]

진짜 거품이 발생하면 합리적인 사람들조차 아무 근거 없이 "이번엔 다르다"라고 믿는다. 수요와 공급 따위는 중요하지 않다. 새로 상장된 닷컴 주가가 상승하는 한 수익성도 중요하지 않다. 거품이라고 말하는 소수는 사방에서 조롱당한다.

이 책은 거품이 발생했을 때 사람들이 빠지는 심리적 함정을 조명한다. 이런 현상은 1929년 대공황, 1980년대 금 거품, 1999~2000년 기술주 거품에서도 나타났다. 환경은 달라도 줄거리는 절대 바뀌지 않는다. 대중매체는 이번엔 다르다고 보도한다. 그러나 "대중매체가 어떻게 보도하든 지난 수세기 동안 금융시장에서 정말로 중요한 것은 하나도 바뀌지 않았다." (내가 이 책에서 요약해 1985년 〈포브스〉 칼럼에 인용한 글)[10] 이 말은 여전히 옳다. 그런데도 사람들은 여전히 기억하지 못한다. 그래서 이 책은 오늘날에도 거품을 일깨워주는 고전이다.

밀턴 프리드먼 · 안나 제이콥슨 슈워츠, 《미국 통화의 역사》, 1963

밀턴 프리드먼Milton Friedman과 안나 제이콥슨 슈워츠Anna Jacobson Schwartz가 쓴 《미국 통화의 역사A Monetary History of the United States》는 가장 포괄적이고 중요한 경제사 교과서 중 하나다. 방대한 분량에 기가 질린다면 대공황을 자세히 다룬 '대침체기The Great Contraction'부터 읽어보기 바란다. 연준의 무분별한 정책이 침체를 불러온 과정을 정성껏 설명한다. 당신은 이 책에 몰입한 나머지 잔뜩 달아놓은 각주마저 남김없이 읽게 될 것이다.

대공황을 이해하려면 '대침체기'를 읽어야 하지만 미국을 이해하려면 나머지 본문도 읽어야 한다. 남북전쟁 이후 그린백 달러 시대Greenback Era부터 통화공급이 안정적이던 1940년대와 1950년대까지 1세기를 다룬다. 이 기간에 발생한 모든 충격, 공황, 호황, 예금인출사태, 침체, 불경기, 호경기를 통화주의자 관점에서 해석한다. 그러나 그래프와 표만 잔뜩 들어 있는 것은 아니다. 두 저자는 은행, 은행 간부, 정책, 정치인, 부채 등에 관해서도 이야기한다.

은화자유주조운동Free Silver movement을 옹호한 개성 넘치는 윌리엄 제닝스 브라이언William Jennings Bryan 등도 이 책에서 만나게 된다. 믿기 어렵겠지만 아동서적 《오즈의 마법사The Wizard of Oz》는 금본위제와 은본위제를 둘러싼 정치투쟁을 풍자한 책으로서, 여기 등장하는 사자가 윌리엄 제닝스 브라이언을 가리킨다. 자세한 설명은 《3개의 질문으로 주식시장을 이기다》를 참조하기 바란다. 연준 설립 초기에 연준의 골격을 구성한 사람들도 이 책에서 만나게 된다. 뉴딜 정책도 실제보다 과장되었음을 알 수 있다. 이 책을 읽고 나면 프리드먼과 슈워츠가 죽기 전에 2판을 내지 않았다는 사실이 못내 아쉬울 것이다. 닉슨의 가격통제를 다룬 챕터는 충격적일 것이다.

더글러스 노스, 《과거 미국의 성장과 복지》, 1966

《미국 통화의 역사》의 사촌뻘인 책이다. 분량은 약 650페이지 적지만 사촌 못지않게 유익하다. 저자는 식민지시대 이후 당시 사람들의 인식이 옳았는지 미국 경제통계를 분석해 확인했다. 예컨대 영국은 1763년 이후 실제로 미국의 발전을 방해했는가? 19세기 전반기에 다이너마이트 산업은 실제로 철도 덕분에 성장했는가? 도금시대에 날뛰던 이른바 악덕 자본가들은 실제로 형편없는 임금과 근로환경을 강요하면서 노동자들을 착취했는가? 저자는 미국의 시장경제, 기술, 경쟁, 교육(학교 교육과 사내 교육)이 상호작용하면서 수세기에 걸쳐 경제가 성장하고 생활수준이 향상된 과정을 설명한다.

더글러스 노스Douglass North가 쓴 《과거 미국의 성장과 복지Growth and Welfare in the American Past》는 역사에 대한 설명도 훌륭하지만 역사에 대한 미신을 타파하는 용도로 가장 유용하다. 왜 그럴까? 노스의 말을 직접 들어보자. "경제사가들의 주된 관심사는 사회 집단별 실질소득이 과연 증가했는가다. 산업혁명기 노동자들의 생활수준, 19세기 말 농부들의 불만, 현대의 빈곤퇴치운동 등이 그런 예다. 각 집단의 실질소득 추이를 파악하려면 정확한 계량 데이터를 수집해서 분석해야 한다." 오늘날에도 그대로 적용되는 말이다. 지금도 경제성장의 방법과 목적에 대한 논쟁은 끊이지 않는다. 자본시장이 존재하는 한 노스가 제시한 기법과 과정은 여전히 타당할 것이다. 그는 역사 인식이 현실을 왜곡하는 이유를 파악하고자 했다. 이 책에서 우리 인식이 왜곡되는 과정을 탐구했듯이 말이다.

래리 핵, 《해리먼 대 힐: 월스트리트 최대의 철도전쟁》, 2013

제임스 힐은 몇 페이지 앞에도 등장했던 인물이다. 그의 전기에서는 한 챕터로 다룬 1901년 공황을 이 책에서는 자세히 설명한다.

1901년 공황은 맞수였던 철도 자본가 해리먼과 힐이 질투와 탐욕에 빠져 경쟁하는 과정에서 부수적으로 발생한 사건이다. 대륙횡단 철도제국을 건설하려던 해리먼(유니언퍼시픽Union Pacific)과 힐(그레이트노던Great Northern)은 지역 철도회사를 인수하려고 치열한 경쟁을 벌였다. 먼저 힐이 해리먼의 코앞에서 '시카고벌링턴앤드퀸시'를 잡아챘다. 그러자 해리먼은 노던퍼시픽에 대해 적대적 인수를 시도했다. 그는 증권회사 쿤롭Kuhn, Loeb을 통해서 노던퍼시픽 주식 9,000만 주를 사려고 했다. 눈치를 챈 힐도 이 시도를 막으려고 맹렬하게 주식을 사들였다. 둘이 주식을 매점하자 110달러였던 주가가 며칠 만에 1,000달러를 돌파했고, 다른 철도주와 대부분의 종목도 함께 상승했다. 이렇게 주가가 폭등하자 공매도했던 사람들은 공황상태에 빠졌고, 주식을 상환하지 못한 증권사들은 파산했다. 이어 주가도 폭락했다. 뉴욕증권거래소 역사상 최초의 폭락이자 최대의 폭락이었다. 그러나 머지않아 반등했다.

이야기는 여기서 끝나지 않는다. 함께 노던퍼시픽 주식을 매점한 해리먼과 힐은 공동지주회사 노던시큐리티Northern Securities를 설립해 사실상 두 회사를 합병했다(그러나 여전히 서로 증오했다). 테디 루스벨트는 이 합병을 싫어했으므로, 연방정부는 셔먼 독점 금지법Sherman Antitrust Act을 근거로 소송을 제기했다. 패배한 노던시큐리티는 대법원까지 올라갔으나 이기지 못했다. 하지만 대법관 올리버 웬들 홈스 2세Oliver Wendell Holmes Jr.는 인격권과 마찬가지로 재산권도 보호해야 한다고 열정적으로 반대 의견을 제시했다. 그는 반대 의견을 통해 루스벨트 대통령의 간섭을 억제했고, 미국 재산권과 독점 금지법에 지금까지도 영향을 미치고 있다.

래리 핵Larry Haeg의 《해리먼대 힐: 월스트리트 최대의 철도전쟁 Harriman vs. Hill: Wall Street's Great Railroad War》에 담긴 시장의 혼란, 음모, 자본주의자의 승리 이야기를 아주 간략하게 소개해봤다. 직접 읽어보기 바란다.

피터 테민, 《잭슨주의 경제》, 1969

미국 7대 대통령이 중앙은행을 폐쇄하고 경화硬貨를 도입하며 국가 부채를 모두 상환했을 때 어떤 일이 벌어졌을까? 경제가 번영해 지상낙원이 펼쳐졌을까? 아니다. 정반대였다. 정부는 서부 토지를 매각했으나 재정이 황폐해졌고, 곧바로 1937년 공황이 발생했다. 이 공황은 6년간 이어지면서 최장, 최악의 공황이 되었다. 이렇게 값진 교훈을 주는 역사도 찾기 어려울 것이다.

피터 테민Peter Temin의 《잭슨주의 경제The Jacksonian Economy》는 완고한 늙은이 잭슨 대통령의 전기로, 그가 일으킨 혼란은 대부분 무시하면서 그가 남긴 전설에 초점을 맞춘다. 《필립 혼의 일기 1828~1851Diary of Philip Hone 1828~1851》는 관점도 협소하고 경제 분석도 매우 부정확하지만 잭슨의 바보짓을 통렬하게 공격한다. 반면에 노스와 프리드먼과 슈워츠는 당시 사건들을 객관적으로 간략하게 참조한다. 신랄한 관점을 원한다면 필립 혼의 책을 읽어보기 바란다.

그러나 당시 상황을 객관적으로 자세히 알고 싶다면, 피터 테민의 책이 가장 좋을 것이다. 양쪽 주장을 공정하게 소개하면서 판단을 독자에게 맡기기 때문이다.

21세기 고전

요즘 나온 책 중 20년 뒤에 고전이 될 투자 서적은 많지 않다. 고전은 10년마다 2권 정도 나올지 모르겠다. 장기 예측은 위험하지만 이와 관련해 반드시 읽어야 할 고전 2권을 소개한다.

매트 리들리, 《이성적 낙관주의자》, 2010

이 '역사책'은 사실 역사책이 아니다. 저자는 인류 문명이 발전하는 과정을 단계별로 보여준다. 인류가 자본주의적 창의력을 발휘해 반복되는 문제와 빈곤을 해결하면서, 수많은 산업과 기술을 개발하는 과정을 보여준다. 사실과 경험적 증거를 바탕으로 이야기를 풀어나가면서 식량난에만 집착하는 맬서스주의자들의 비관론이 틀렸다고 설명한다.

이미 언급했듯이 매트 리들리Matt Ridley의 《이성적 낙관주의자The Rational Optimist》는 단순한 역사책이 아니어서, 대중매체가 내세우는 근시안적 비관론을 반박한다. 저자는 역사를 이용해 전문가들의 종말론적 전망이 틀렸으며 미래를 낙관하는 편이 합리적이라고 밝힌다. 인류의 역사 중 자본주의와 자유시장이 번창하는 기간에는 다양한 아이디어가 놀라운 방식으로 상호작용하면서 상상할 수도 없는 창의적인 해결책이 도출되어 식량난과 질병 등 심각한 문제들이 해결되었다. 인류는 자유 일부가 억압되었을 때도 비참한 환경에 놀랍도록 잘 적응하고 극복했다. 사람들이 셰일가스 추출 기술을 개발해 석유고갈 문제를 해결한 것이 그런 예다. 이렇듯 다양한 아이디어가 상호작용하는 과정에서 불가능한 문제에 대한 해법이 도출된다. 옛날 플라톤이 말했듯 필요는 발명의 어머니다.

이 책은 매일 비관론을 퍼부어대는 대중매체에 휩쓸리지 않게 해준다. 덕분에 우리는 장기적으로 낙관적 전망을 유지하면서, 주식이야말로 자본주의의 놀라운 혁신에 동참하는 수단임을 깨닫게 된다. 자유무역과 세계화도 인류 발전에 필수적이다. 사람들이 연결되면 아이디어도 연결되어 마법이 일어나기 때문이다. 세계가 더 밀접하게 연결될수록 상품과 서비스의 교류도 활발해지지만, 아이디어 교류도 더 활발해지면서 놀라운 일이 더 많이 발생한다. 보호무역론자들은 이런 생각을 하지 못한다. 이들은 세상에 파이가 한정되어 있으며, 세계화가 일자리를 빼앗는다고 생각한다. 저자는 이 주장이 틀린 이유를 밝힌다.

윌리엄 아이작, 《무의미한 공황》, 2010

첫 문장만 봐도 2008년 금융위기에 대한 저자의 관점이 비주류임을 알 수 있다. "2008년 금융공황과 이후 이어진 심각한 침체는 일어날 필요가 없는 사건이었다. 그러나 우리는 질겁할 정도로 막대한 금전적, 인적, 정치적 비용을 치렀다."[11]

사람들은 2008년 금융위기가 주택 거품, 규제 완화, 은행들의 탐욕, 금융시장 과열에서 비롯된 자연스러운 결과라고 생각한다. 그러나 이는 대중매체가 사람들 머릿속에 주입한 허튼소리에 불과하다. 1980년대 초 저축대부조합 위기기간에 연방예금보험공사를 책임졌던 저자야말로 그 진범을 밝혀낼 적임자라 하겠다. 아이작은 2008년 9월 시가평가 회계규정을 폐지해야 한다고 공개적으로 주장했다. 증권거래위원회와 재무회계기준위원회(Financial Accounting Standards Board, FASB)가 그의 말에 귀 기울였다면, 세계 경제는 훨씬 빠르게 회복되었을 것이다.

그는 1980년대 저축대부조합의 문제를 단계적으로 설명하면서, 시가평가 회계규정 등 당국의 과잉대응이 2008년 공황을 불렀다고 주장한다. 1990년대와 2000년대에 줄지어 쏟아진 개선안들은 모두 1989~1992년 저축대부조합 사태 같은 위기 재발을 방지하려는 목적이었다. 그러나 오히려 훨씬 더 나쁜 결과를 불러오고 말았다. 증권거래위원회와 재무회계기준위원회는 취약한 회계기준을 채택한 탓에 1980년대 저축대부조합 위기가 발생했다고 잘못 진단했고 그 방지책으로 시가평가 회계규정을 도입하는 잘못을 저질렀다. 자본이 최소기준에 미달하는 은행들에 부과하는 가혹한 벌칙조항인 '적기시정조치Prompt Corrective Action' 탓에 은행들은 문제의 조짐이 보이면 즉시 부실자산을 처분할 수밖에 없었다. 이에 따라 자산 상각과 염가 처분이 악순환의 고리를 형성했고, 마침내 2008년 9월 공황을 불렀다. 저자는 3,000억 달러로 추정되던 대손이 시장과 무관한 불필요한 상각 탓에 1조 8,000억 달러로 불어나 시장의 유동성을 말려버린 과정을 사실과 숫자로 뒷받침한다. 사태가 걷잡을 수 없이 커지자 재무부는 연준의 위기관리에 비밀리에 개입해 이 사태를 정치문제로 삼았고, 제멋대로 몰아가면서 더 악화시켰다. 우리는 연준과 재무부가 생존기관과 파산기관을 선택한 이유를 아직도 알지 못한다. 이들이 그렇게 선택했을 때 대혼란이 발생했다는 사실만 알 뿐이다.

윌리엄 아이작William Issac의 《무의미한 공황Senseless Panic》은 사실을 바탕으로 시가평가 회계규정과 위기관리를 맹렬하게 비난한다. 아이작의 관점은 보기 드물게 옳으며 당국이 불필요하게 위기를 확대한 과정을 명확하게 보여준다(6장 참조). 2008년의 금융위기가 발생한 과정을 이해하면 다음 위기가 발생할 때 무엇을 봐야 하는지도 알 수 있다.

이제 독서클럽을 마무리할 때다. 읽을 책이 잔뜩 쌓였는가? 그러나 몇 권 더 추가해야 할 것이다. 내가 매우 좋아하는 행동재무학 분야가 남아 있기 때문이다. 이제 9장으로 넘어가자.

BEAT THE CROWD

감정과 편견을 통제하라: 행동재무학

우리는 8개 장을 거치면서 두뇌훈련을 했다. 이제 두뇌가 잘 돌아가는 느낌인가? 그런 느낌이 오더라도 지나친 흥분은 자제하기 바란다. 아무리 똑똑한 사람도 최대의 적은 당해낼 수 없기 때문이다. 그 적은 바로 자신이다. 즉 감정과 편견이다.

이런 현상을 전담하는 분야가 행동재무학behavioral finance이다. 내가 가장 좋아하는 분야이기도 하다. 행동재무학을 이용하면 우리가 감정과 편견에 빠져 실수하는 과정을 파악할 수 있다. 행동재무학을 공부하는 목적은 투자 판단을 그르치는 감정과 편견을 통제하기 위함이다. 행동재무학은 우리 마음속에 내재하는 (제시 리버모어의) 투기본능을 억제하는 무기가 된다.

그런데 최근에는 행동재무학의 초점이 '자기 통제'에서 '초과수익 획득'으로 바뀐 듯하다. 일부 전문가는 행동재무학으로 대중의 오류를 이용해 초과수익을 얻을 수 있다고 주장하면서 프리미엄을 요구하고 있다. 그러나 행동재무학의 본래 목적은 자신의 인지적 오류를 파악해서 실수를 방지하는 것이지, 남들의 실수를 이용하는 것이 아니다. 남들을 바보로 간주하는 것은 오만하고 어리석은 태도이며 투자에도 유용하지 않다.

행동재무학의 최신 기법들이 그럴듯해 보일지는 몰라도 실제로 투자 실적을 높여주는 것은 절대 아니다. 자기통제가 매력적으로 들리지는 않겠지만, 유행하는 행동재무학 최신 기법들보다 훨씬 유용하다.

9장에서 다룰 내용은 다음과 같다.

- 행동재무학을 누가 어떻게 사용하는가?
- 행동재무학을 적용할 때 유리한 분야는?
- 행동재무학을 제대로 이용하는 방법은?

행동재무학의 탄생

투자심리는 수십 년 전부터 연구 대상이었지만 행동재무학이 주류 학문으로 올라선 시점은 2002년이다. 바로 대니얼 카너먼Daniel Kahneman이 1979년 발표한 논문 〈전망이론: 위험한 상황에서 내리는 결정 분석Prospect Theory: An Analysis of Decision Under Risk〉(공저자 심리학자 아모스 트버스키Amos Tversky)으로 노벨경제학상을 받은 해다.[1]

두 심리학자는 사람들의 의사결정이 합리적이라는 오래된 가정

(예상 결과를 냉정하게 저울질하고 나서 선택한다는 이른바 '효용이론')에 도전했다. 두 사람은 가정을 넣은 질문을 만들어 이스라엘, 스웨덴, 미국 사람들에게 던졌다. 확률과 위험을 결합해서 만든 선택지 중에서 답을 고르는 방식이었다.

첫 번째 질문은 일정 확률로 큰 금액을 받는 선택지(예컨대 '1,000 달러를 받을 확률 50퍼센트')와 확실하게 적은 금액을 받는 선택지('450 달러를 받을 확률 100퍼센트') 중에서 고르는 방식이었다. 선택지에서 제시하는 금액은 이스라엘 중간 소득자 연봉의 3분의 1에 해당하는 거금이었다.

두 번째 질문은 반대로 손실을 떠안는 선택지 중에서 고르는 방식이었다. 예를 들면, '1,000달러를 잃을 확률 90퍼센트'와 '900달러를 잃을 확률 100퍼센트' 중에서 선택하는 식이었다.

효용이론에 의하면, 합리적인 사람은 450달러를 받을 확률 100퍼센트와 900달러를 잃을 확률 100퍼센트를 선택해야 한다.

그러나 카너먼과 트버스키의 조사에 의하면, 사람들이 손실에 대해서는 합리적이지 않았다. 이익에 대해서는 대다수가 450달러를 받을 확률 100퍼센트를 선택했으므로 효용이론과 일치했다. 그러나 손실에 대해서는 대부분 1,000달러를 잃을 확률 90퍼센트를 선택했다. 손실의 고통이 매우 큰 탓에, 사람들은 손실 피할 확률을 조금이라도 확보하려고 손실 가능 금액을 키웠던 것이다. 뒤집어 말하면, 돈을 벌 때 느끼는 기쁨보다 돈을 벌지 못할 때 느끼는 고통이 더 크다는 뜻이다. 그래서 "첫 번째 원칙은 돈을 잃지 않는 것이고, 두 번째 원칙은 첫 번째 원칙을 잊지 않는 것이다"라는 유명한 말이 모순인데도 옳은 말처럼 느껴지는 것이다(위의 두 원칙은 무위험 수익이나 완벽한 지식을 뜻하므로 불가능한 이야기다).

전망이론(또는 '근시안적 손실회피')에 의하면, 사람들은 일정 금액을 벌 때 느끼는 기쁨보다 같은 금액을 잃을 때 느끼는 고통이 2.5배나 크다. 이 차이가 사람들이 실수를 저지르는 핵심 요인이다. 주가가 하락하면 사람들은 추가 손실을 회피하려고 헐값에 주식을 판다. 반등 가능성이 커도 계속 주식을 보유하는 대신 추가 손실을 막으려 하는 것이다. 전망 이론은 주식의 변동성이 클 때 (장기적으로는 주식을 계속 보유하는 편이 유리한데도) 사람들이 불합리하게 주식을 서둘러 파는 이유를 설명해준다. 우리의 두뇌 구조는 이익 획득보다 손실 회피에 주력하도록 구성되었다는 의미다. 이후 다른 학자들도 카너먼과 트버스키의 연구에 가세해, 투자자들의 자멸적 오류 방지를 지원했고 이렇게 해서 행동재무학이라는 새로운 학문이 탄생했다.

표류하는 행동재무학

처음 약 10년 동안 행동재무학은 투기본능을 억제하고 심각한 실수를 피하는 일에 주력했다. 그러나 이후 다른 사고방식이 나타났다. 유진 파마는 시장이 매우 효율적이어서 초과수익이 불가능하다고 주장했지만 행동재무학 연구에 의하면 투자자들이 비합리적인 실수를 거듭 저지르는 것으로 드러났으므로, 이렇게 비합리적인 투자자들을 이용하면 초과수익을 얻을 수 있다는 사고방식이 등장한 것이다.[2]

곧 일각에서 투자자들의 비합리적인 행동이 자산 가격에 미치는 영향을 분석하기 시작했고, 이를 바탕으로 시장을 예측하는 모형을 개발하기 시작했다. 그리고 자기통제보다는 투자기법을 다루는 행동재무학 서적이 큰 인기를 끌자 최근 10년 동안은 초과수익을 추구하는 사고방식이 주류가 되었다. 이제 이들은 군중의 행동 편향을 이용하려고 시도 중이다. 즉 군중심리에 의해 가격이 왜곡되면 이를 이용해서 초과수익을 얻으려는 것이다.

그러나 이런 시도는 전혀 유용하지 않다. 시장이 단기적으로는 합리적이지 않다는 그들의 이론이 옳더라도 이런 기법으로 우위를 차지할 수는 없다. 8장에서 언급했듯이, 인기를 끄는 기법은 타당성이 금세 사라진다는, 이른바 사이러스(배우 겸 가수) 효과가 나타나기 때문이다. 이제 이 개념은 매우 널리 퍼졌으므로 이미 가격에 반영되었다고 봐야 한다. 그리고 이 기법을 이용해 실제로 성과를 올린 사람을 찾을 수 없다는 점에 유의하라.

학문과 자본주의와 마케팅의 결합

행동재무학을 이용해 초과수익을 얻으려는 시도는 학문 수준에서 그친 것이 아니다. 이미 '행동재무학 펀드'가 여러 개 출시되었다. 시장에서 누구나 살 수 있다는 말이다(사라고 추천하는 것은 아니다). 개별 기법은 달라도 이런 펀드 대부분이 군중행동에 의해 왜곡되는 가격을 이용해 초과수익을 얻으려 한다.

일부 펀드는 군집행동에 주목한다. 특정 인기 종목이나 섹터에 투자자들이 몰려들면서 주가가 과도하게 상승하는 현상을 이용한다는 말이다. 또 일부 펀드는 닻내림anchoring 효과에 주목한다. 특정 데이터를 판단의 기준으로 삼는 투자자들의 습성을 이용한다는 뜻이다. 예컨대 어떤 사람들은 신고가 종목은 상승세가 강화되므로 주가가 하락할 때가 매수 기회라고 믿는다. 또 어떤 사람들은 기업의 이익 변동 같은 정보에 대해 과잉반응하거나 과소반응한다(박스 내용 참조).

기이하게도 이런 펀드들은 계량 모형을 이용해서 오류를 탐색한다. 근본적으로 질적인 요소를 계량 모형으로 찾아내려는 시도가 우습기까지 하다. 이런 모형에 깔린 가정도 의심스럽다. 예를 들면 7장에서 논의했던 자본자산 가격결정 모형인 CAPM, PER, 평균회귀 등 결함투성이 낡은 가정이 많다. 효과가 있다는 증거는 잘 보이지 않는다. 여러 연구에 의하면 이런 펀드는 실적 면에서 그다지 유리하지 않다. 〈저널오브인베스팅Journal of Investing〉 논문에 의하면 실적이나 형태는 가치주와 비슷하면서 비용만 훨씬 많이 들어간다.[3]

행동재무학 펀드들은 이런 전문성에 대해 프리미엄을 요구한다. 이제 '행동재무학'은 근사한 광고 문구가 되었다. 한편으로는 우리가 감사할 일이다. 행동재무학으로 초과수익을 얻으려는 사람들이 많다는 사실을 알려주기 때문이다. 수요는 많은데 펀드 공급이 부족해서, 사람들이 비싼 보수도 기꺼이 지불한다는 뜻이다. 그러나 다시 강조하지만 행동재무학은 자기통제 수단이지 광고에 적합한 도구가 절대 아니다. 이런 펀드들은 실제로 행동재무학을 적용하지 않는다. 투자자들이 감정과 편견을 억제하는 데 아무런 보탬이 되지 않는다. 오히려 감정과 편견에 빠진 사람들이 이런 펀드를 사거나 판다. 물론 일부는 장기적으로 좋은 실적을 낼 수도 있다. 그렇더라도 '행동재무학'이라는 명칭은 광고 문구에 불과하다.

'닻내림'은 일반인은 물론 분석 전문가들 사이에서도 널리 나타나는 일종의 '후회 회피' 현상이다. 분석 전문가들은 기업의 이익을 예측하면서 생계를 유지한다. 이들은 자신의 예측이 적중하길 바라지만, 예측이 빗나가면 '깜짝실적earning surprise'이 등장한다. 이들은 자신의 예측 모형에 아무 문제가 없다고 확신하면서, 이익이 결국 평균회귀할 것이라고 믿는다. 기존 모형과 낡은 데이터를 고수할 뿐 장차 변화를 유발할 새로운 변수는 고려하지 않는다. 그리고서 1년 이상 계속 깜짝실적이 나타나야 비로소 경로를 바꾸려 한다. 2장에서도 말했듯이, 전문가들이 더 많이 틀리고 주장이 더 강하며 오류가 더 오래간다.

행동재무학과 전술적 포지셔닝

국가, 섹터, 스타일별 자산 배분이나 주식 비중 조절 등 포트폴리오의 포지셔닝을 구축할 때는 행동재무학이 유용하다. 그러나 최근 유행하는 행동재무학 펀드들의 주장은 옳지 않다.

예를 들어 일부 행동재무학 펀드는 가치투자가 다른 투자기법보다 본질적으로 우월하다고 주장하면서, 행동재무학 펀드를 가치투자펀드처럼 포장하고 선전하며 운용한다. 이들은 투자자들의 탐욕과 공포 때문에 주가가 내재가치에서 벗어나게 된다고 주장한다. 그러면 행동재무학 펀드매니저들이 군중의 인지적 오류를 역이용해서 초과수익을 얻을 수 있다고 말한다. 따라서 우리는 벤저민 그레이엄의 가르침에 따라 성장주 대신 저평가된 가치주를 사서 이 주식이 제대로 평가받을 때까지 기다려야 한다고 설명한다.

과거를 돌아보면 이 주장은 틀린 것으로 드러난다. 가치주가 실적이 좋을 때도 있었지만, 항상 좋았던 것은 아니다. 어떤 스타일도 항상 실적이 좋을 수는 없다. 스타일 사이의 우열은 늘 뒤바뀐다. 도표 9.1은 광범위 시가총액 가중 벤치마크인 러셀Russell 3000의 성장지수와 가치지수 월별 수익률 격차다. 세로줄의 플러스 부분은 성장지수가 앞선 기간이고, 마이너스 부분은 가치지수가 앞선 기간이다. 두 지수는 1979년 1월부터 산출되었으며, 가치지수가 앞선 기간이 50.7퍼센트였다. 동전 던지기의 확률인 셈이다.

그러나 이 도표는 소음이 심해서 이해하기 어려우므로 장기 수익

도표 9.1 성장주와 가치주, 월수익률

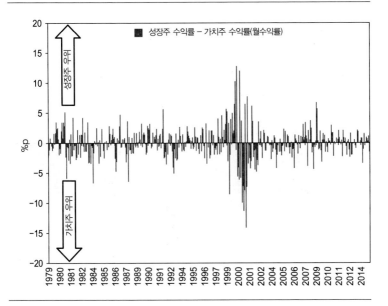

자료: 팩트세트, 2015.1.5. 러셀 3000 성장주와 러셀 3000 가치주 총수익지수, 1978.12.31.~2014.12.31.

률 추세가 더 유용하다. 성장주와 가치주의 연수익률은 어느 정도 계속 우위를 유지하는 경향이 나타난다. 도표 9.2는 1979년 이후 두 지수의 연수익률이다. 성장주가 36년 중 16년 앞섰다.

그러면 가치주는 언제 앞서는가? 주로 우리가 주식을 보유하고 싶지 않은 기간에 앞선다. 이번에는 가치주를 다른 관점에서 바라 보자. 도표 9.3은 과거 4회의 시장주기 동안 가치주 수익률에서 성 장주 수익률을 차감한 그래프다. 가치주가 앞설 때 곡선이 상승하 는 모습을 보인다. 수익률이 둘 다 마이너스이더라도 가치주의 수 익률이 더 높으면 역시 곡선이 상승한다.

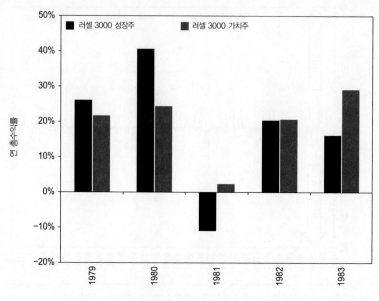

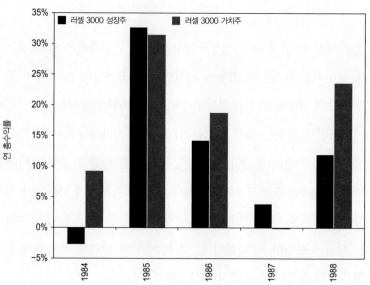

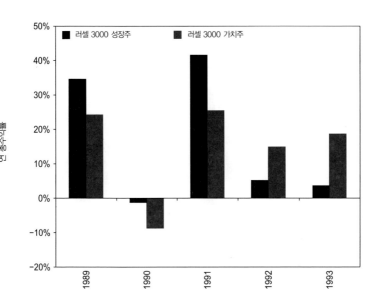

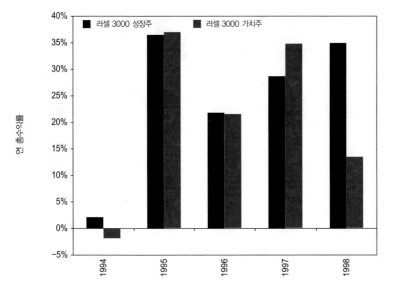

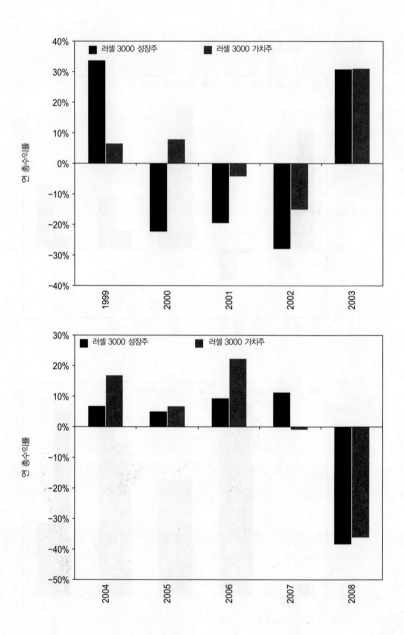

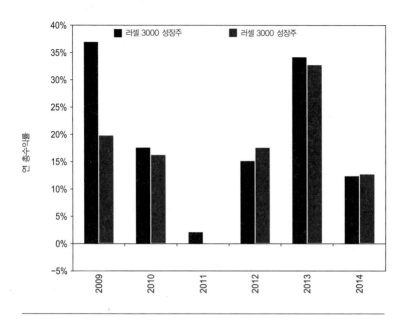

자료: 팩트세트, 2015.1.5. 러셀 3000 성장주와 러셀 3000 가치주 총수익지수, 1978.12.31.~2014.12.31.

가치주가 앞선 때는 주로 사람들이 겁에 질린 약세장 기간이었다. 가치주의 우위는 이후 강세장 초기의 1/3~1/2 동안에도 이어졌는데, 사람들이 약세장의 공포에서 아직 벗어나지 못한 기간이었다. 그다음에는 성장주가 우위를 탈환해 강세장 끝까지 앞서갔다. 그러나 2002~2007년 강세장은 예외여서 성장주가 앞선 기간이 매우 짧았다. 이는 시가평가 회계규정이 도입되면서 강세장이 갑자기 끝나버린 탓으로 볼 수 있다(1장 참조).

행동재무학은 가치주와 성장주의 수익률이 역전되는 시점을 찾는 데에도 유용하다. 그 시점은 흔히 가치주의 인기가 높아지는 때

도표 9.3 과거 4회의 시장주기 동안 가치주의 상대 수익률

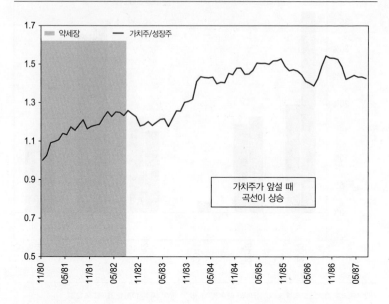

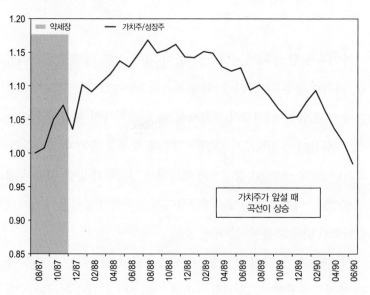

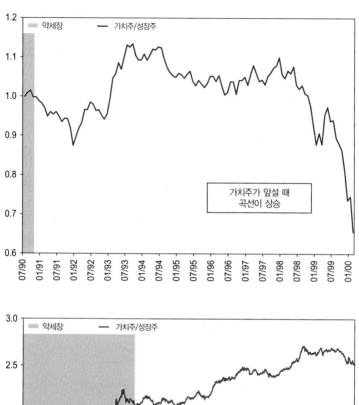

자료: 팩트세트, 2014.12.12. 러셀 3000 성장주와 러셀 3000 가치주 총수익지수, 1980.11.28.~2007.10.9. 데이터의 제약 탓에, 2002년 2월까지는 월 수익률, 그 후는 일 수익률을 적용했음.

다. 가치주가 상승할수록 가치주를 주목하는 사람들이 증가한다. 사람들은 최근정보편향recency bias(최근의 추세가 계속 이어진다고 믿는 습성)에 빠져, 과거에 가치주와 성장주의 우열이 뒤집혔다는 사실을 망각한다. 탐욕에 눈먼 사람들이 인기주를 따라간다. 전문가들은 저평가 종목을 제대로 찾으면 강세장 말기에 대박이 터진다고 주장하면서 '차기 대박 가치주'에 투자하라고 사람들을 부추기기 시작한다. 바로 이때가 그동안 소외된 성장주로 전환할 시점이다. 그러나 사람들은 편견에 사로잡혀 더 좋은 기회를 보지 못한다.

행동재무학은 정밀한 시점 선택 수단이 아니므로 전환 시점을 완벽하게 잡기는 어렵다. 실제로 완벽하게 시점을 알려주는 수단은 존재하지 않는다(그런 수단이 존재하더라도 사용자가 증가하면서 곧바로 주가에 반영되어 효과가 사라진다). 앞에서도 말했지만 전설적인 투자의 대가들도 실패율이 약 30퍼센트다. 전체 시장의 방향은 물론 주도주 전환 시점을 예측할 때도 약 30퍼센트는 실패한다. 그러나 정밀하게 적중시키지 않아도 된다. 스타일 전환 시점이 다소 일러도, 장기적으로 훌륭한 실적을 거둘 수 있기 때문이다. 열쇠는 포지션을 뒤집으라고 부추기는 온갖 유혹을 무시하면서 자제력을 유지하는 것이다. 맹목적으로 고집을 부리라는 말이 아니라 자제력을 발휘하라는 뜻이다. 이에 대해서는 뒤에서 더 논의하겠다.

행동재무학 옹호자들은 가치주를 사랑하지만 가치주에도 때가 있다. 간혹 저평가주가 인기를 끌 때는 저평가주를 사도 소용이 없다. 이 말에 벤저민 그레이엄이 지하에서 통곡하겠지만 사실이다.

마찬가지로 고PER주도 전성기를 맞이할 수 있다.

아이러니하게도 한 가지 스타일에만 집착하는 행동재무학 옹호자들의 행태 역시 중대한 행동 오류다. 편견이 판단을 흐리게 하기 때문이다. 행동재무학의 적절한 용도는 편견을 찾아내서 제거하고 이해하기 어려운 사실도 순순히 받아들이게 하는 것이다.

역발상 투자자들은 사람들의 심리가 전환되는 시점을 늘 염두에 두고 있어야 한다.

최근정보편향과 심리

주도주 전환 시점을 찾는 작업은 단순한 질문에서 시작된다. 이 국가, 섹터, 스타일의 인기가 과도하게 높은가, 낮은가?

약간 다른 질문도 던질 수 있다. 인기가 과도하게 높거나 낮은 이유가 무엇인가? 이유가 합리적이며 사실로 뒷받침되는가? 아니면 군중이 최근정보편향에 빠졌는가?

최근정보편향은 흔히 어리석은 판단을 낳는다. 2000년, 최근정보편향에 빠진 사람들은 기술주가 급상승할 것으로 믿었다. 2009년 3월, 최근정보편향에 빠진 사람들은 주식이 휴지가 될까 두려워했다. 도표 9.4와 도표 9.5는 최근정보편향이 미치는 영향을 보여준다. 사람들이 2000년에는 주가가 점선을 따라 곧장 상승한다고 믿었고, 2009년에는 점선을 따라 곧장 하락한다고 믿었다. 그러나 실

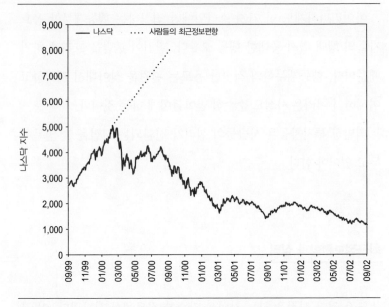

자료: 팩트세트, 2014.1.31. 나스닥 지수, 1999.9.30.~2002.9.30. 점선은 1999.9.30.~2000.3.10. 일 평균지수를 연장한 선.

제로 주가는 반대 방향으로 흘러갔다. 최근정보편향에 빠진 사람들
은 자신의 심리가 옳은지 그른지 판단할 수 없었다. 2000년에는 이
편향이 시장에서 나올 시점이 다가온다는 신호였다. 그리고 2009년
3월에는 시장에 머무는 편이 현명하다는 신호였다.

이번에는 최근정보편향을 스타일 선택에 적용해보자. 7장에서
우리는 소형주가 항상 유리하다는 그릇된 통념을 살펴봤다. 이 미
신은 2009년에 시작된 강세장 기간에도 입에서 입으로 퍼졌으며
2010~2013년에 소형주가 크게 앞서자 더욱 힘을 얻었다. 2014년
초, 대중매체는 강세장 하반기에 인기 높은 투기적 소형주가 유망

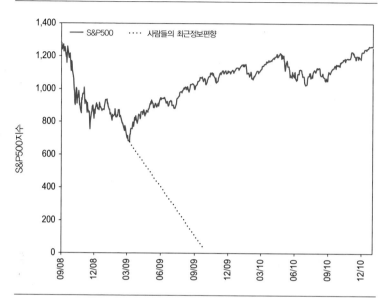

자료: 팩트세트, 2014.1.31. S&P500지수, 2008.9.30.~2010.12.31. 점선은 2008.9.30.~2009.3.9. 일 평균지수를 연장한 선.

하다고 떠들어댔다. 그러나 7장에서 분석했듯이, 과거에 소형주가 항상 우세했던 것은 아니다. 강세장 초기 몇 년 동안 강하게 반등한 덕분에 소형주의 평균 수익률이 올라갔던 것이다. 이런 흐름은 쉽게 파악할 수 있는데도 최근정보편향에 빠진 사람들은 알 수가 없었다. 도표 9.6에서 보듯이, 사람들은 최근 지수를 단순하게 연장한 점선을 따라 소형주가 상승할 것으로 기대했다. 그래서 소형주가 엄청난 인기를 끌었다. 그러나 최근정보편향이 빚어낸 과도한 인기였다. 아니나 다를까, 소형주는 거칠게 오르내리면서 횡보했다. 도표 9.7에서 보듯이, 대형주가 크게 앞서갔다. 대형주가 앞서가는 이

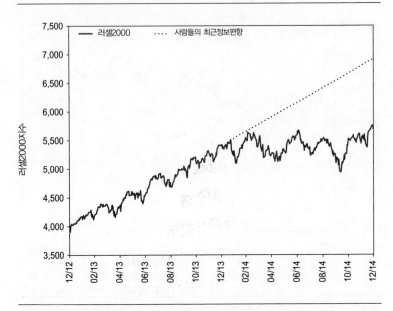

자료: 팩트세트, 2015.1.5. 러셀2000 총수익지수, 2012.12.31.~2014.12.31. 점선은 2012.12.31.~2014.1.22. 일 평균지수를 연장한 선.

유는 충분히 파악할 수 있었다. 그러나 사람들은 최근정보편향에 사로잡혀 추세가 친구라고 믿었으므로 대형주가 주도하는 흐름을 파악할 수 없었다.

솔직하게 고백하겠다. 우리 회사는 이미 2012년 소형주의 인기가 과도하다고 분석하고 소형주를 팔아 대형주를 샀다. 강세장이 후반전으로 진입하는 듯했으므로 시장심리가 개선되어 2008년 이후 겁먹고 떠났던 개인투자자들이 돌아올 것으로 봤다. 개인투자자들은 생소한 투기적 소형주 대신 대형주를 살 가능성이 훨씬 컸다.

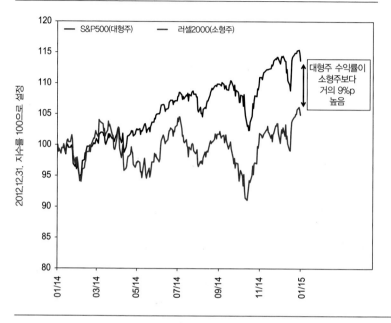

자료: 팩트세트, 2015.1.5. S&P500과 러셀2000 총수익지수, 2013.12.31.~2014.12.31.

그러나 돌아보니, 우리는 약 18개월이나 앞서가고 있었다. 모욕의 달인인 시장은 누구든 모욕하지만, 때로는 장기간 모욕하기도 한다. 우리는 이런 모욕에도 익숙해져야 하며 극복해내야 한다. 그 열쇠는 판단의 근거가 틀렸는지 확인해보고 자제력을 발휘하는 것이다. 판단의 근거가 틀렸다면 진로를 수정해야 한다. 그러나 틀리지 않았다면 참고 기다려야 한다. 다시 인기 추세로 갈아타라고 시장이 유혹하더라도 버텨야 한다. 유혹에 넘어가면 비싸게 사서 싸게 팔기 십상이다.

최근정보편향 등 인지오류를 이용하면 다양한 국가, 섹터, 스타일 등에서 기회와 위험을 찾아낼 수 있다. 그리고 어떤 주식이 과열상태인지 소외상태인지도 평가할 수 있다. 그러나 기본적 요소를 평가하려면, 행동재무학이 아니라 경제와 정치를 분석해야 한다. 행동재무학은 사람들이 지나치게 비관적이거나 낙관적인지를 평가할 때 더 적합하다.

행동재무학은 초과수익을 추구하기에 적합한 수단이 아니다. 대다수 투자자가 흔히 저지르는 실수를 피하게 해주는 수단이다. 최근에는 엉뚱한 용도로도 많이 사용되고 있지만, 행동재무학은 과열상태를 감지하거나 소외된 기회를 탐색하기에 더 적합하다.

과열상태인 인기 섹터는 어떤 모습일까? 이후 심각한 약세장으로 이어진 2000년 기술 섹터와 1980년 에너지 섹터가 대표적인 사례일 것이다. 그러나 더 절묘한 사례가 있다. 원자재, 특히 2010년 이후 금속 및 채광 섹터다.

2000년 9월부터 2010년 말까지 'MSCI 세계 금속 및 채광 지수'는 요란하게 상승하면서 'MSCI 세계지수'를 무려 455퍼센트포인트나 앞질렀다.[4] 그러나 이후 2013년 중반까지는 MSCI 세계지수보다 60퍼센트포인트 넘게 뒤처졌다. 하지만 대부분의 투자자는 금속 및 채광 섹터의 엄청난 기세에 익숙해진 나머지, 일시적 조정을 거쳐 곧 반등할 것으로 기대했다. 이 섹터는 인기과열 상태였던 것이다. 그러나 과거 사례로 보나 펀더멘털로 보나, 이 섹터는 단기간에 반등하기가 어려운 상황이었다.

이 섹터에 열광한 사람들은 무엇을 보지 못했을까? 금속 및 채광은 대호황과 대불황이 교차하는 경기순환 섹터다. 과거 사례를 보면, 금속 가격이 장기간 상승하고 나서 금속 관련 주식은 장기간 하락했다(도표 9.8 참조). 이는 본질적인 인과관계가 만들어낸 패턴이다. 원자재의 순환주기를 살펴보자. 원자재 공급이 장기간 억제되면 수요가 급증하면서 가격이 급등한다. 그러면 생산자들이 계속

도표 9.8 금속 및 채광 섹터와 동 가격의 실적 비교

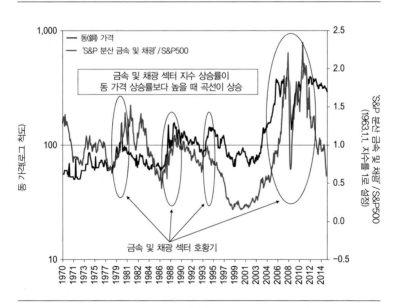

자료: 글로벌 파이낸셜 데이터, 2015.1.7. 전해질 구리 파운드당 가격(단위: 센트), 1970~2014. 'S&P 분산 금속 및 채광 섹터 지수'를 S&P500지수로 나눈 값(1963.1.1. 값을 1로 설정), 1970~2014.

생산량을 늘리게 되고, 마침내 공급이 수요를 초과한다. 그러나 금속 및 채광용 자산은 내용연수가 수십 년인 값비싼 장비여서, 상황이 바뀌어도 가동을 중단하기가 어렵다. 이후 원자재 가격이 하락하면 매출은 급감하지만 높은 고정비 탓에 수익성이 악화한다(이후 기업들이 장기간 설비를 증설하지 않으면 공급이 계속 감소한다. 그리고 다음 순환주기로 이어진다).

이것이 2010년 이후 금속 및 채광 섹터의 흐름이다. 지난 10년 동안 가격이 급등하자 새 광산에 대한 투자가 급증했고, 설비증설이 완료되면서 공급이 대폭 증가했다. 도표 9.9에서 보듯이 원자재 가격이 전반적으로 하락했는데 금속 및 채광 섹터 주식들은 다른 원자재 관련 주식들보다 훨씬 더 하락했다(도표 9.10 참조). 에너지 섹터 역시 호황과 불황이 교차하기 때문에 금속과 함께 움직인다. 셰일가스 섹터가 호황을 맞이해 공급을 대폭 늘린 탓에 에너지 가격, 매출, 이익이 대폭 하락했다.

지금까지 인기과열 상태에 빠진 섹터의 모습을 살펴봤다. 그러면 인기가 지나치게 낮은 섹터는 어떤 모습일까? 2012년 금융 섹터를 보자.

어떤 섹터가 2000년 기술주나 2008년 금융주처럼 약세장을 주도하면, 사람들은 약세장이 끝나고도 오랫동안 그 섹터를 피한다. 똑같은 현상이 반복될까 두려운 나머지 악재의 가능성이 조금만 보여도 극도로 민감하게 반응하는 것이다. 그래서 이 섹터는 다음 강세장 초기까지 수익률이 뒤처지기도 한다. 사람들은 계속 외면하면서

도표 9.9 일부 원자재 가격

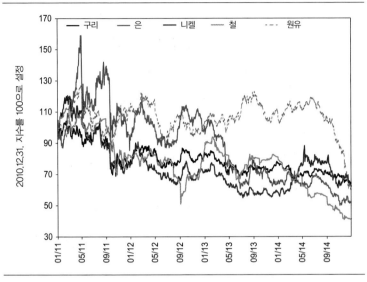

자료: 팩트세트, 2015.1.5. 벤치마크 원자재 가격, 2010.12.31.~2014.12.31. 2010.12.31. 지수를 100으로 설정

도표 9.10 원자재와 에너지의 상대실적

자료: 팩트세트, 2015.1.5. 'MSCI 세계 원자재 지수'를 'MSCI 세계 지수'로 나눈 값과 'MSCI 세계 에너지 지수'를 'MSCI 세계 지수'로 나눈 값(2010.12.31. 값을 1로 설정). 수익률에 배당 포함.

기본적 요소가 개선되는 증거조차 무시한다. 그래도 결국은 전환점이 찾아온다.

2012년 금융주, 특히 미국 금융주가 그런 섹터였다. 이전에도 사람들은 금융주를 꺼렸는데 그럴 만한 타당한 근거가 있었다. 세계적으로 금융 섹터에 대한 규제가 계속 강화되면서 금융 섹터의 불확실성이 증가했다. 리보Libor 금리조작사태 등 금융위기 관련 비리로 금융기관들이 소송을 당하면서 벌금에 대비해서 막대한 충당금을 적립해야 했으므로 수익성도 악화했다. 은행들은 자본을 확충해야 했으므로 대출을 억제하고 현금 보유량을 늘릴 수밖에 없었다. 양적 완화로 수익률 곡선이 평평해지면서 대출 수익성도 낮아졌다.

그러나 2012년 중반부터 상황이 개선되기 시작했다. 새로운 규제가 대부분 구체화되었다. 도드-프랭크법도 서서히 명확해졌는데 초안보다 훨씬 완화되었다. 이른바 '바젤 3Basel III'라는 새로운 세계 자본기준 계획이 발표되었으므로, 은행들도 이에 따라 계획을 수립할 수 있었다. 모두 악재였지만 초기에 걱정했던 만큼 심각하지는 않았다. 그런 면에서 사실은 호재였다. 세계와 미국에서 경제와 자본시장의 활기가 살아나면서 금융회사들이 다시 성장할 기회가 조성되었다.

사람들은 여전히 금융 섹터를 증오했지만 이 섹터는 기력을 회복해 이듬해 시장지수를 훨씬 뛰어넘었다(도표 9.11 참조). 금융 섹터는 마침내 인기를 회복했으나, 2013년 7월~2014년 8월 중반까지 시장지수 대비 수익률 압박을 받았으며, 이후 다시 인기를 상실했다

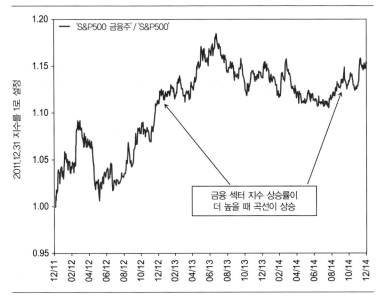

자료: 팩트세트, 2015.1.5. 'S&P500 금융주 총수익지수'를 S&P500 총수익지수로 나눈 값(2011.12.31. 지수를 1로 설정), 2014.12.31.까지 작성.

가 재차 상승 채비를 갖추고 있다.

두 사례 모두 군중은 최근 사례에 지나치게 몰두했다. 이러한 군중의 행태가 역발상 투자자들에게 기회를 만들어준다. 사람들은 그동안 원자재의 실적이 탁월했으므로 앞으로도 탁월할 것으로 생각했다. 또 그동안 금융주의 실적이 실망스러웠으므로 앞으로도 실망스러울 것으로 생각했다. 이처럼 사람들이 앞을 보지 않고 뒤만 돌아볼 때, 역발상 투자자들은 앞을 내다보면서 군중이 틀렸다는 근본적인 증거를 찾아내야 한다.

종목 선택

종목 선택에도 똑같은 사고 프로세스를 적용할 수 있다. 국가, 섹터, 규모, 스타일을 먼저 선택하고 나면 비중 결정에는 역발상 사고를 이용할 수 있다. 예를 들면 기업 고유의 요소를 이용하는 방법으로서 성장 잠재력, 재무건전성, 이익률, 세계시장 진출도, 경영진, 고객 및 하도급업체와의 관계, 가격 결정력 등을 고려해서 부문별 비중을 결정한다. 역발상 사고로 회생기업을 찾아내서 적용할 때 멋지게 통하는 기법이다.

나는 1984년에 출간한 첫 번째 저서 《슈퍼 스톡스》에서 처음 이 기법을 공개했다. 빠르게 성장하는 신생기업은 어떤 이유에서인지 월스트리트로부터 미움을 받는다. 경영진이 제품수명주기를 제대로 관리하지 못했거나 실수를 저지른 탓에 회사가 곤경에 처하면 투자자들로부터 외면당한다. 그러나 경영진이 회사를 다시 일으킨다면 이 회사는 놀라운 성장 잠재력을 보여줄 수 있다. 우리는 군중보다 먼저 이 사실을 파악해야 한다.

《슈퍼 스톡스》에서도 설명했듯이, 이익이 무한정 계속 증가하는 기업은 거의 없다. 대부분 고속성장 기업은 일시적으로 위기를 맞아 비틀거리면서 실적이 악화한다. 우량기업들은 대개 빠르게 회복한다. 그러나 군중은 소위 전문가들의 말에 현혹되어 이 사실을 망각한다.

이런 회사에 대한 분석가들의 반응을 살펴보자. 회사가 초기에 눈

부신 성장세를 보이면, 이에 매료된 분석가들은 회사의 장래를 지나치게 낙관해 터무니없이 높게 평가한다. 군중이 몰려들어 주가를 턱없이 올려놓아도 전문가들은 새로운 지평을 열 탁월한 기술회사라고 과장선정하면서 과도한 주가를 합리화한다. 그러다가 악재가 출현하면, 사람들은 회사를 비난하면서 주식을 내던진다. 전문가들은 회사의 기술력이 원래부터 취약했는데 경영진이 속였다고 주장한다.

과장선전도 잘못이지만 불평도 옳지 않다. 월스트리트의 기대가 지나치게 컸던 탓에 최근정보편향에 빠졌고, 그래서 실망도 컸던 것이다. 불평은 손실에 대해서 위안을 얻으려는 행태로서 일종의 인지적 오류(근시안적 손실 회피)다. 주가가 바닥을 칠 무렵 사람들의 기대감은 모두 사라진다. 사람들은 반등 가능성이 없다고 단념하지만, 이 회사가 그 정도로 취약한 것은 아니다.

사람들의 행동재무학적 오류를 이해하면, 시장이 거칠게 오르내릴 때도 도취감이나 공포에 휩쓸리지 않고 기회를 잡을 수 있다. 초기에 회사가 성장세를 보이면, 군중은 제품수명주기를 생각하지 못한 채 그 성장세가 무한정 이어질 것으로 생각한다. 제품수명주기는 아이디어로 시작해서 조사, 개발, 설계, 시험으로 이어지면서 큰 비용이 들어간다. 마케팅에는 더 큰 비용이 들어간다. 이후 주문이 들어오고 매출이 증가하면서 돈만 잡아먹던 프로젝트에서 이익이 발생한다. 마침내 이익이 치솟고 전망이 밝아지면 사람들은 열광하면서 반드시 잡아야 하는 종목이라고 주장한다. 그러나 이런 열광은 오래가지 않는다. 제품이 성숙기에 접어들고 경쟁사들이 모방

제품을 출시하면서 매출이 점차 감소한다. 제품은 수명주기를 탈수밖에 없는데도 사람들은 매출이 무한정 이어질 것으로 가정한다. 초기의 무서운 성장세가 먼 미래에도 그대로 유지될 것으로 기대하는 것이다. 이것이 최근정보편향이다.

일부 기업은 미래를 내다보고 신제품 계획을 수립해 성장세를 유지하기도 한다. 한 제품의 수명주기가 다하면 다른 제품으로 그 자리를 메워 매출을 계속 증가시킨다. 그러나 신생기업의 경영진은 대개 풋내기들이다. 그들은 일하면서 배우고 실수도 저지른다. 제품에 대한 시장의 반응이 그토록 빨리 식으리라고 예상하지 못한 탓에 후속 제품을 충분히 준비하지 못한다. 수립해놓은 계획을 실행하지 못했을 수도 있고, 차기 대박 제품 출시가 예정보다 지연되었을 수도 있다. 아니면 제품에 하자가 있었을지도 모른다. 그러나 모두 해결 가능한 문제일 뿐 이 회사가 부실하다는 징조는 아니다. 일시적인 역경에 불과하므로 절망할 필요는 없다.

원가 상승 탓에 손실이 발생하더라도 수익 잠재력은 여전하다. 아마도 역경에 빠진 시점에 원가가 높았을 수도 있다. 기업들은 매출 증가를 내다보면서 생산과 마케팅에 노력을 기울여야 한다. 다시 말해 "돈을 벌려면 돈을 써야 한다." 단기 전망이 어두울 때는 이런 비용을 통제하기가 어렵다. 문제 해결에도 돈이 들어간다. 고장 수리, 고객 불만 해소, 이미지 마케팅, 생산 프로세스 개선에도 적잖은 비용이 들어간다. 재고자산이나 생산장비에 문제가 생겨서 상각이 필요할 수도 있다.

기업이 회생하면 이런 손실은 걱정할 필요 없다. 일단 문제가 해결되면 매출이 다시 증가하고 이익이 나오면서 역경에서 벗어난다. 회생하지 못한다고 보고 헐값에 팔아버린 비관론자들은 땅을 치며 후회한다.

사람들은 선견지명이 없어서 이런 정상적인 진행 과정을 내다보지 못한다. 실수를 저지른 다음에는 자신을 돌아봐야 한다. 어디에서 방향을 잘못 잡았고, 어떤 편견이 있었는지 성찰하면서 자신의 실수로부터 배워야 한다. 군중이 기업의 회생 가능성을 무시할 때가 바로 역발상 투자자가 살 기회다.

이런 기업은 겉모습이 끔찍하다. 이익은 감소하며 적자로 돌아서기도 한다. 재건 과정도 혼란스러워 보인다. 임직원들은 사직하거나 해고당한다. 손실을 막으려고 경영진은 간접비용을 최대한 낮춘다. 생산성 낮은 개발 프로그램은 폐기한다. 제품군이 무더기로 사라질 수도 있다. 그러나 이 모든 과정이 회생기업에 보약이 된다. 경영진은 과감하게 군살을 빼고 핵심 역량에 노력을 집중하지만 이런 과정이 외부인들에게는 허우적거리는 모습으로 비친다.

이 과정이 지나가면 회복의 초기 신호가 나타난다. 신제품이 출시되고 기존 제품에 대한 신규 주문이 증가한다. 그런데도 전문가들은 여전히 회의적이다. 사람들은 기존의 사고방식을 좀처럼 바꾸지 못한다. 분석가들은 회복세를 깎아내린다. 기업이 제시하는 장기 전망이 허풍이라고 주장하면서 무시한다. 과대선전으로 투자자를 속였다고 생각하면서 여전히 기업을 증오한다. 경영진이 무능하고, 부정직하며, 지나치게 낙관적이라고 본다. 초기 회복 신호가 일시적인 반등에 불과하다고 간주한다. 모두 기업의 인기가 지나치게 떨어졌다는 조짐이다.

그러나 단지 소외된 주식을 선택한다고 모두 성공하는 것은 아니다. 일부 기업은 영영 회복하지 못한다. 완전히 폐업하거나 연이은 파산과 적자에서 벗어나지 못하는 기업도 있다. 기업의 실제 잠재력을 가늠할 때는 기본적 분석이 필요하다(행동재무학은 잠재기회 탐색에 유용할 뿐이다). 경영진은 문제를 성장 기회로 보는 사고방식을 가지고 있는가? 경쟁우위를 확보했는가? 직원들의 만족도는 높은가? 자금을 철저하게 관리하면서 비용을 적극적으로 절감하고 있는가? 시장의 변화를 제대로 파악하면서 신제품과 서비스를 잘 활용하는가? 이런 질문에 대해 긍정적인 평가가 많아질수록 잠재력이 높다고 볼 수 있다.

《슈퍼 스톡스》에서 나는 텍사스인스트루먼트Texas Instrument와 트랜지트론Transitron 두 회사 이야기를 했다. 역경 이후 한 기업은 회복했고 한 기업은 파산했다.

트랜지스터 시대 초기에, 텍사스인스트루먼트와 트랜지트론은 월스트리트의 사랑을 독차지했다. 둘 다 주가도 높았고 열렬한 추종자들도 있었다.

그러나 두 회사 모두 역경을 맞이했다. 제품도 훌륭했고 트랜지스터 시장이 급성장할 때 핵심 기업이었지만 한 기업은 사라지고 한 기업만 생존했다.

텍사스인스트루먼트는 문제를 찾아내서 해결했고, 이후 수십 년 동안 발전했다. 진정한 회생기업이 되었다. 그러나 트랜지트론은 회복하지 못했다. 적자가 반복되어 막대한 부채를 짊어지고 파산했다. 경영진은 초기 기술주 호황을 이용하지 못했다. 트랜지스터와 그 파생물인 집적회로가 구가한, 그야말로 경이적인 성장을 제대로 활용하지 못했다. 트랜지스터와 반도체 개발에서 초기에 거둔 성공을 되풀이하지 못했다. PC 시대의 막이 오르자, 트랜지트론은 반도체 사업을 접고 대신 케이블, 커넥터, 회로판 사업에 집중했다. 마이크로프로세서가 첨단기술의 생명선이 되었으나 트랜지트론은 1986년 사라졌다.

행동재무학을 이용하면 잠재 기회를 찾아낼 수 있다. 그러나 텍사스인스트루먼트와 트랜지트론 같은 기업을 구별하는 데에는 기본적 분석이 유용하다.

좋은 전략과 나쁜 전략

누군가 X 전략이 효과가 있다고 말한다. 그러나 그 전략은 효과가 있을 수도 있고 없을 수도 있다. 실제로 훌륭한 전략일 수도 있지만 말하는 사람의 편견에 불과할 수도 있다. 훌륭한 전략인지를 확인하는 방법은 무엇일까?

질문을 던져라. 이 전략을 써서 실제로 성공한 사람이 있는가? 성장투자로 성공을 거둔 사람은 많다. 벤저민 그레이엄처럼 가치투자로 성공한 전설적인 투자자도 많다. 앞장에서 살펴봤듯이 항상 효과를 발휘하는 전략은 없지만 때와 장소에 따라 효과를 발휘하는 전략은 있다. 존 템플턴 등은 국제투자로 큰 성공을 거두었다. 신흥시장 투자로 탁월한 실적을 거둔 사람도 있다.

사용해서 성공한 사람이 많은 전략일수록 실행하기가 쉽다. 그러나 사용해서 성공한 사람이 거의 없는 전략은 실행하기가 어렵다. 예를 들어 어떤 사람은 정점을 찾아내서 공매도하는 전략이 효과적이라고 주장한다. 그러나 이 전략으로 계속 성공한 사람은 내가 알기로 짐 채노스Jim Chanos 한 명뿐이다. 이 전략이 불가능하다는 말이 아니라 성공이 지극히 어렵다는 말이다. 투자에는 가능하냐가 아니라 성공 확률이 중요하다. 장기적으로 주가는 하락할 때보다 상승할 때가 훨씬 많다. 1928년 이후 상승한 해가 72.7퍼센트였다.[5] 순수하게 공매도 전략만 사용했다면 3분의 2 넘게 실패했을 것이다. 따라서 공매도 전략으로 이익을 내려면 적중률이 지극히 높아야 한다. 그러나 적중률을 지극히 높이기는 어렵다.

이 원칙은 소극적 투자에도 적용된다. 광범위 인덱스펀드를 사서 끝없이 계속 보유하는 방식은 더없이 타당하다. 그렇게 할 수만 있다면 훌륭하다는 말이다(그런 사람이라면 이 책을 읽을 이유가 없다). 그러나 실제로 이 방법으로 성공한 사람이 누구인가? 국내 펀드와 국외 펀드 사이에서 갈아타지도 않고 매매하지도 않으면서 인덱스펀드 한두 개를 10년, 20년, 30년 계속 보유할 수 있는가? 이 분야의 선구자들조차 국가와 섹터 사이에서 비중 조정이 필요하다고 말한다. 그러나 이런 조정도 적극적 의사결정이므로 실수를 저지를 수 있다.

소극적 상품을 산다고 소극적 투자가 되는 것은 아니다. 소극적 투자가 되려면 적극적인 의사결정이 전혀 없어야 한다. 추세나 경기순환을 찾으려 해서도 안 된다. 모두 잊고 기다려야 한다. 이런 자제력을 갖춘 투자자는 극소수다. 대부분은 남들처럼 행동재무학적 실수를 저지른다. 단지 개별 종목이나 적극운용 펀드 대신 ETF나 인덱스펀드 같은 소극적 상품을 사고팔 뿐이다. 소극적 운용 펀드를 매매하는 행위도 적극적 투자다.

정밀한 평가기준은 아니지만 ETF 자금의 일별 유·출입 동향을 보자. 매매의 단면만 볼 수 있지만, 이른바 소극적 투자자들이 단기 주가 흐름에 반응하는 행태를 개략적으로 파악할 수 있다. 도표 9.12는 2014년 9월~10월 주가 하락기의 ETF 자금 흐름이다. S&P500지수도 함께 표시했다. 지수가 반등하기 시작했는데도 매도세가 이어졌다. 근시안적 손실 회피를 보여주는 전형적인 모습이다. 적극적 투자자이든 소극적 투자자이든 모두 반응이 민감하다.

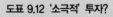

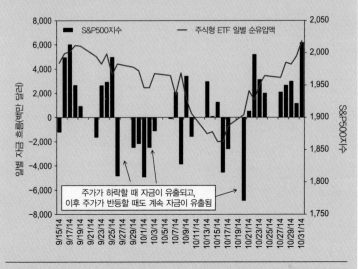

주가가 하락할 때 자금이 유출되고,
이후 주가가 반등할 때도 계속 자금이 유출됨

자료: 팩트세트, 2014.12.15. S&P500지수와 일별 ETF 순유입액, 2014.9.15.~2014.10.31.

시장을 떠나야 할 때

지금까지는 주식시장에 머물러야 할 때에 대해서 주로 논의했다.
그러나 주식시장을 떠나야 할 때도 있다. 약세장이 찾아와서 장기
간에 걸쳐 주가가 20퍼센트 넘게 하락할 가능성이 커 보인다면 시
장을 떠나는 편이 현명하다. 갑자기 10~20퍼센트 하락하는 조정과
는 달리, 약세장에는 근본적인 이유가 있어서 하락세가 장기간 이
어진다. 약세장은 깊고도 길게 이어지므로 그 시점을 정확하게 파

악할 필요가 없다. 사실 약세장은 시작된 다음에야 알 수 있으므로 정확하게 파악하려고 시도해서도 안 된다. 그러나 시장을 떠난다는 행위가 성장 투자자에게는 가장 큰 위험이 된다. 이 판단이 빗나가면 잃어버린 수익 기회를 벌충할 수 없기 때문이다. 약세장은 대개 매우 천천히 시작되므로 확실해질 때까지 몇 달 더 기다리더라도 수익률 몇 퍼센트포인트만 포기하면 된다.

약세장이 시작되는 방식은 두 가지다. 하나는 강세장이 근심의 벽을 타고 올라가 도취감 속에서 탈진해 죽고 나서 약세장이 시작되는 방식이다. 또 하나는 아무도 예상하지 못한 거대 악재가 덮치면서 약세장이 시작되는 방식이다. 2000년 닷컴 거품이 붕괴하면서 시작된 약세장은 근심의 벽을 타고 올라간 방식이었다. 그리고 시가평가 회계규정에서 비롯된 2007~2009년 약세장은 악재가 덮친 방식이었다.

악재가 덮쳐 시작되는 약세장은 드물다. 5장에서 논의한 제2차 세계대전도 악재가 덮친 방식이었다. 그러나 예상하지 못한 악재가 덮친다고 해서 강세장이 쉽게 약세장으로 전환되지는 않는다. 악재의 규모가 거대해야 한다. 이 글을 쓰는 시점 현재 세계 경제 규모는 75조 달러를 넘어 계속 증가하고 있다. 연성장률 2퍼센트와 인플레이션 2퍼센트를 가정하면, 강세장이 약세장으로 전환되려면 악재의 규모가 적어도 2조 달러는 되어야 한다. 그리고 모두가 예상하는 악재는 주가에 즉시 반영되므로 약세장을 이끌어내기 어렵다. 따라서 예상 밖의 거대 악재가 터져야 한다.

최근 악재가 덮쳐 시작된 약세장을 보고 나서, 사람들은 이런 약세장을 두려워한다. 그러나 천천히 시작되는 약세장이 훨씬 더 많다. 이런 약세장은 찾아내기도 더 쉽다. 도취감이 강세장의 종말을 알려주는 강력한 단서라서 눈에 잘 띄기 때문이다. 자제력이 강해 도취감에 휩쓸리지 않는 사람이라면, 이런 약세장을 찾아내기가 어렵지 않다.

도취감은 낙관론과는 다르다. 8장에서 템플턴 경이 묘사한 근심의 벽을 다시 살펴보자. "강세장은 비관론에서 태어나 회의론을 먹고 자라며, 낙관론 속에서 무르익다가 도취감에 빠져 죽는다." 대부분 강세장에서는 사람들이 적당히 낙관적이어서 미래를 극단적으로 밝게 전망하지는 않는다. 그러나 도취감은 달라서 도를 넘어선다. 최근 현상을 바탕으로 가까운 장래를 억지스러울 정도로 낙관하면서 "이번엔 다르다"라고 주장한다. 이런 도취감에 휩쓸리면 다가오는 하락 신호를 보지 못한다.

2000년에는 사방에 도취감이 넘쳐흘렀다. 2000년 1월 〈비즈니스 위크〉 표지 기사는 '신경제'를 내세우면서 기술주의 급등세가 다른 섹터로 확산할 것으로 예측했다. 1996년부터 줄곧 비관론을 펼쳤던 예측 전문가들은 항복했다. 수익률 곡선이 역전되었으나 이를 알아채고 걱정한 사람은 거의 없었다. 미국 경기선행지수가 하락하는데도 사람들은 눈치 채지 못했다. 파티가 곧 끝난다는 강력한 신호가 나왔는데도 아무도 대비하지 않았다. S&P500이 서서히 하락하기 시작한 3월에도 사람들은 '제2의 델Dell'을 잡으려고 닷컴 기업공개에 계속 몰려들었다. 이들은 완만한 하락세가 매수 기회라고 생각했다. 신경제에서는 주가가 하락할 리 없다고 믿었다. 전형적인 최근정보편향이다. 도표 9.4에서 확인한 것처럼 최근 추세가 무한정 이어질 것으로 가정했으며, 도취감과 탐욕에 휩쓸린 나머지 악재를 보지 못했다(박스 내용 참조).

악재를 보려면 자제력이 필요하다. 모두가 사야 한다고 외칠 때 회의적 관점을 유지하면서 이상과열에 휩싸인 군중과 거리를 두어야 한다.

《3개의 질문으로 주식시장을 이기다》에 실렸던 글

실제로 거품이 형성되면, 사람들은 거품을 거품이라고 부르지 않으며 두려워하지도 않는다. 1997, 1998, 1999년에 주요 신문 중에서 기술주가 거품이라고 보도한 곳은 하나도 없었다. 1999년 말 토니 퍼킨스Tony Perkins가 인터넷주에 거품이 끼었다고 썼지만 거의 주목받지 못했다. 나는 2000년 3월 〈포브스〉 칼럼에 기술주가 거품이라고 썼는데, 이것이 전국 잡지에 거의 처음으로 등장한 기술주 거품론이었다. 내가 2000년 초에 본 주식시장의 모습은 1980년 에너지 섹터와 무시무시할 정도로 비슷했다. 당시 거품이 낀 에너지 섹터는 붕괴하면서 약세장을 불러왔다.

기세를 걷잡을 수 없었던 1980년 에너지 섹터의 모습을 되돌아보자. 1970년대에는 세계 중앙은행들이 통화관리를 잘못한 탓에 인플레이션이 치솟으면서 원자재 시장이 호황을 맞이했다. 이란-이라크 전쟁이 격렬했는데도 OPEC는 강한 영향력을 행사했다. 유가는 배럴당 33달러였고, 4년 후 컨센서스 추정치는 배럴당 100달러였다. 유가 하락을 예측한 사람은 아무도 없었다. 2000년 초에도 비슷한 모습이었다. 컨센서스 추정치에 의하면 4년 후에는 세계 인터넷 사용자 수가 3배였고, 사람들은 신경제가 시작되어 패러다임이 바뀌므로 이익은 중요하지 않다고 말했다.

1980년 에너지주와 2000년 기술주 사이에는 공통점이 많았다. 2000년 3월 기준 미국 30대 기업이 주식시장 시가총액의 49퍼센트를 차지했는데, 30대 기업의 절반이 기술주였다.[6] 1980년에는 미국 30대 기업이 시가총액의 3분의 1을 차지했는데 그 절반이 에너지주였다. 1980년 에너지주가 전체 시장 시가총액에서 차지하는 비중이, 2000년 기술주가 전체 시장 시가총액에서 차지하는 비중과 비슷했다는 말이다. 공통점이 너무도 많았기 때문에, 나는 2000년에도 1980년과 비슷한 결과가 나올 수밖에 없다고 생각했다.

자제력의 중요성

원래 행동재무학의 용도는 역발상 관점을 이용해서 그동안 간과했던 방 안의 코끼리를 보는 데 있다. 즉 투자에서 실수를 유발하는 감정적 충동과 편견을 찾아내서 통제하는 것이다. 우리를 위협하는 최대의 적은 우리 자신이며, 행동재무학은 그 적을 막는 수단이다.

우리는 앞의 8개 장에서 군중을 이용하는 방법을 배웠지만 자제력을 발휘하지 못하면 아무 소용이 없다. 다른 사람의 실수는 쉽게 보인다. 그러나 자신의 실수는 쉽게 보이지 않는다. 자신의 감정적 충동과 편견을 보지 못하면 군중의 실수도 보지 못한다.

최근정보편향은 행동재무학적 오류 중 하나에 불과하다. 나는 《3개의 질문으로 주식시장을 이기다》에서 이런 오류를 여럿 설명했다. "지금 내 두뇌가 나의 어떤 약점을 공격하고 있지?"라는 질문을 던지면 자신의 오류를 찾아내서 극복할 수 있다. 그러나 겁먹을 필요는 없다. 당신을 고생시킬 생각은 없으니까. 주요 사항만 속성으로 가르쳐주겠다.

먼저 확증편향(자신의 생각과 일치하는 것만 받아들이는 경향)을 보자. 확증편향은 어디에서나 나타나는 인간의 본성이다. 4장에서 다루었던 지구온난화 논쟁이 그런 사례다. 논쟁의 양쪽 당사자들은 계속 확증편향을 드러낸다. 자신의 견해를 뒷받침하는 분석에만 매달릴 뿐 다른 분석은 무시한다. 경제학자들도 확증편향에서 헤어나오지 못한다. 5장에서 다루었지만, 공급 중시 사고와 수요 중시 사고 둘 다 수십 년 동안 확증편향에 매달렸다. 이는 자존심을 세우고 싶어 하는 우리의 뿌리 깊은 본능이다. 인간은 본능적으로 자신의 판단이 옳다고 믿고 싶어 한다. 그래서 확증편향에 빠지면 기분이 좋아진다.

기름진 음식, 마약류, 술을 먹어도 기분이 좋아진다. 그러나 건강에는 해롭다. 확증편향도 마찬가지다. 확증편향에 빠지면 통념에 휩쓸려 판단을 그르치기 쉽다. 1장에서 설명했듯이 우리는 누구나 실수를 저지르지만 실수를 인정하고 실수에서 교훈을 얻으면 발전할 수 있다. 그러나 확증편향에 빠지면 그럴 수 없다. 자신의 견해와 맞는 정보만 고집하고 다른 정보는 모두 무시하므로 자신의 판단이 빗나가는지 알 수가 없기 때문이다. 실수로부터 배우고 바로잡을 기회를 스스로 버리는 셈이다. 그래서 똑같은 실수를 되풀이하게 된다.

확증편향 탓에 "5월에 팔아라" 또는 "1월에 사라" 같은 그릇된 통념이 아직도 남아 있다. 이런 미신을 뒷받침하는 사례는 기억하고 모순되는 사례는 무시하기 때문이다. "연준에 맞서지 마라"도 확증편향에서 비롯된 말이다. 금리 인하는 호재이고 금리 인상은 악재라는 뜻이다. 그러나 연준이 주로 약세장 기간에 금리를 인하하고 강세장 기간에 금리를 인상한다는 사실만 고려해도 이 말이 틀렸음을 쉽게 알 수 있다. 그런데도 이런 미신을 퍼뜨리는 사람들은 데이터를 왜곡해서 자신의 주장을 뒷받침한다. 통계를 조작해서 속이는 못된 행동이다.

어떻게 하면 확증편향을 극복할 수 있을까? 글을 읽을 때 나타나는 자신의 감정적 반응을 돌아보라. 어떤 정보를 보고 기분이 좋아졌다면 이렇게 질문하라. "이 정보가 내 견해를 뒷받침해서 기분이 좋은가? 자화자찬하고 싶은가?" 어떤 정보를 무시하고 싶을 때도 질문을 던져보라. "내 이론이나 예측과 어긋나기 때문인가? 내가 틀렸다는 기분이 들어서인가?" 그렇다면 그 정보를 무시해서는 안 된다. 마음을 열어 받아들이고 합리적으로 생각하라.

다음은 과신이다. 쉽게 말하면, 자신의 투자 솜씨가 실제보다 훨씬 낫다고 믿으려는 경향이다. "자존심은 몰락을 부른다"라는 오랜 속담이 있다. 과신도 자존심을 세우고 싶어 하는 고질적인 본성에서 비롯된다. 사람들은 판단이 적중하면 자신의 솜씨가 뛰어나기 때문이라고 믿지 행운이라고는 절대 생각하지 않는다.

과신에는 어떤 문제가 있을까? 과신에 빠지면 자신이 틀릴 수 있다는 생각을 하지 못한다. 그러면 실수에 대비하지 못하게 된다. 위험관리를 하지 않기 때문이다. 그래서 형편없는 결정을 내리기 쉽다. 몹시 흥분해 잘나가는 공모주에 돈을 넣고, 동전주에 투기하며, 대박을 노리고, 급등락하는 섹터에 집중투자하기도 한다. 과신에 빠지면 주식시장에서 일확천금을 도모한다.

과신에 빠지면 매도 능력도 저하된다. 앞에서도 언급했지만, 투자 판단의 30퍼센트가 빗나가도 전설적인 투자자가 될 수 있다. 누구나 종목 선택에 실패할 수 있다는 의미다. 나 역시 종목 선택에 실패한다(다음 박스 내용 참조). 우리가 종목 선택에 실패할 수 있다고 생각하면 보유 종목들을 세심하게 관찰하게 된다. 그리고 일부 종목에서 문제가 발견되면 그 문제를 검토하고, 필요하면 더 나은 종목으로 교체한다. 그러나 과신에 빠진 사람은 이렇게 하기가 거의 불가능하다. 주식을 팔면 자신의 실수를 인정하는 셈이기 때문이다. 과신에 빠진 사람은 자신의 실수 가능성을 인정하지 않는다. 그 종목이 잠시 역경에 처했을 뿐이라고 믿는다. 실적이 개선되어 자신의 판단이 옳았다고 입증되길 바라면서 장기간 보유한다. 일부 종목은 실적이 개선되어 자존심을 높여주기도 한다. 그러나 개선되지 않는 종목이 더 많다.

분산투자했을 때는 한두 종목에서 문제가 발생해도 대수롭지 않다. 그러나 과신에 빠져 한 국가, 섹터, 시장에 집중투자한다면, 막대한 기회비용이 발생할 수도 있다.

다행히 과신도 극복할 수 있다. 자신에게 물어보라. "내 선택이 틀린다면?" 포스트잇에 써서 컴퓨터 모니터에 붙여둬라. 스마트폰 일정표에 입력해 주기적으로 상기하라. 종목이나 시장의 흐름이 예상에서 벗어나면 무시하지 말고 분석에 착수하라. 합당한 이유를 찾아보고 포트폴리오 조정이 필요한지 검토하라. 시장심리가 빚어낸 일시적인 현상이어서 아무 문제가 없다는 결론에 도달할 수도 있다. 아니면 실수를 발견해 좋은 학습 기회를 얻을 수도 있다. 실수 가능성을 인정하고 마음의 문을 열어두면 더 발전할 수 있다.

내가 〈포브스〉 칼럼에 시장예측과 추천 종목 수십 개를 공개하는 것은 축복이자 저주다. 투명하게 공개되는 실적이 남는다는 점에서는 축복이다. 나는 근거 없는 주장이나 가설 따위는 믿지 않는

켄 피셔 역발상 주식 투자

다. 당신도 믿어서는 안 된다. 그러나 내 자존심을 생각하면 저주다. 예상이 빗나가면 내 부실한 성적표가 만천하에 공개되기 때문이다. 나는 매년 1월이나 2월 〈포브스〉 칼럼에 연간 성적표를 공개한다. 적중한 사례와 빗나간 사례를 열거하고, 때로는 실수를 인정한다. 다음은 2012년 2월 27일 〈포브스〉 칼럼에 실렸던 글이다. 실수를 인정하는 태도가 정신건강과 영혼에도 좋다.

"2011년 내가 추천한 63개 종목의 실적이 S&P500보다 뒤처졌다. 〈포브스〉가 칼럼니스트 추천 종목의 실적을 공개한 16년 동안 이렇게 저조한 실적이 나온 사례는 네 번 있었다. 내가 추천한 종목에 동일 비중으로 투자했다면 수익률이 −6퍼센트였다. 같은 금액을 S&P500에 투자했다면 본전이었다. 내가 추천한 종목 중에는 외국 주식이 많았는데 이들의 실적이 엉망이었다. 최악의 종목은 7월에 추천한 독일 반도체 회사 엑시트론Aixtron이었다. 무려 63퍼센트나 고꾸라졌다. 최고의 종목은 브리스톨-마이어스스퀴브Bristol-Myers Squibb다. 2011년 2월 이후 44퍼센트 상승했다. 내가 2011년에 추천한 종목을 2012년에도 계속 보유하라고 권하는 바이다."

후회 회피(regret aversion, 나중에 후회할까 두려워 합리적으로 선택하지 못하는 현상)는 과신을 낳는다. 확증편향과 마찬가지로, 이것도 타고난 인간의 본성이다. 후회 회피는 손실의 고통을 덜어내려는 행태다. 손실이 발생했을 때 실수를 합리화하면 고통이 한결 가벼워지지만 자신의 잘못까지 드러나면 고통이 훨씬 더 커진다. 큰 고통을 맛보고 싶어 하는 사람은 없다. 그래서 사람들은 책임을 떠넘기려고 희생양을 찾는다. 그러나 이런 습성 때문에 사람들은 똑같은 실수를 반복하게 된다.

후회 회피는 실제로 어떤 모습일까? 우리가 산 주식이 곧바로 폭락했다고 가정해보자. 우리 생각이 다음 중 하나에 해당한다면 후회 회피가 된다. "CNBC에 출연한 전문가가 아주 멍청했어.", "CEO가 틀림없이 회계를 조작했어.", "내 아내(남편, 이웃, 직장 동료, 바리스타)가 추천하는 종목을 다시는 사지 않겠어." 이는 모두 책임을 남에게 떠넘겨 실수에서 오는 고통을 덜어내려는 행태다.

전체 시장의 흐름이 기대에서 벗어날 때도 마찬가지다. 닷컴 거품이 붕괴해 주가가 바닥까지 내려간 2002년 10월, 우리가 주식을 계속 보유 중이라고 가정해보자. 이때는 후회 회피가 이런 모습일 것이다. "신경제에서는 주가가 절대 하락할 수 없다는 CNBC 얼간이들 말만 믿었다가 완전히 망했어!", "자기도 믿지 않으면서 쓰레기 같은 닷컴 주식을 추천한 분석가들을 모조리 교도소에 처넣어야 해!", "무슨 배짱으로 기술주가 새로운 수익원이라고 주장한 거야? 말도 안 되는 사업 계획으로 CEO들이 거짓말을 했어!", "저 사악한 회계법인들은 엔론이 회계조작하는 줄 알고 있었을 거야. 아서 앤더슨까지 엔론이 사기치도록 내버려두는데 도대체 누가 주식에 투자할 수 있겠어?" 그리고 시대를 초월하는 만능 비난이 또 있다.

"사악한 은행들이 벌인 짓이야."(이런 비난 탓에 금융위기 이후 온갖 규제가 등장했다.)

《3개의 질문으로 주식시장을 이기다》에서 나는 장기적으로 성공하려면 잘못을 받아들여야 한다고 말했다. 잘못을 회피하지 말고 받아들여 배워야 한다. 어디에서 잘못했는지 찾아내 다음에 더 잘하는 방법을 생각해야 한다. 우리 회사는 2008년 이후 그렇게 했다. 우리는 시가평가 회계규정처럼 부차적인 규정 변경도 엄청난 재앙을 불러올 수 있다는 사실을 뒤늦게 깨달았다. 그래서 조사부를 강화해 문제의 소지가 있는 법률과 규정을 찾으려고 세계 구석구석을 뒤졌다. 직원들은 도드-프랭크법, EU 규정, 글로벌 은행자본기준 등을 모조리 읽었다. 배우고 적용해서 개선하자는 의도였다.

문제가 발생했을 때 그 책임을 남에게 전가하려는 생각이 들면, 자신에게 이렇게 물어보라. "이것이 온당한 행위인가? 아니면 마이클 잭슨처럼 거울에 비친 나의 모습부터 봐야 할까?"

이밖에도 행동재무학적 오류는 많지만 여기서는 질서 선호order preference 하나만 더 다루겠다. 〈에어플레인 2Airplane Ⅱ〉에서 윌리엄 샤트너가 등장하는 장면이다. 우주왕복선이 무모한 속도로 접근하자 우주정거장이 혼란에 휩싸이게 된다. 한 간부가 다가와서 상황을 보고한다. "선장님, 이 불빛이 깜박거리는 순서가 엉망입니다. 어떻게 할까요?" 샤트너가 명령한다. "순서에 따라 깜박거리게 하게." 질서 선호는 불빛이 순서에 따라 깜박거리기를 바라는 우리의 타고난 본성이다.

투자자는 보유 종목이 모두 상승하기를 바란다. 우리는 인터넷으로 증권계좌를 조회할 때 보유 종목이 모두 상승하며 평가익 상태이길 바란다. 하락 종목이나 평가손 종목은 하나도 없길 바란다. 그러나 이런 태도로는 숲을 보지 못하고 나무만 보게 되며 어리석은 결정을 내리기 쉽다. 상승 종목만 보유하려 하면, 단지 하락한다는 이유로 멀쩡한 종목도 팔게 된다. 분산투자를 거부하면서 인기 종목에만 과도하게 집중투자하게 된다. 그러면 대개 위험만 증가하고 수익률은 하락한다.

이런 오류를 피하려면 관점을 유지해야 한다. 전체 시장이 상승할 때도 일부 종목은 형편없이 하락할 수 있다. 그러나 몇몇 종목이 하락한다고 해서 평균 실적이 내려가는 것은 아니다. 진부한 표현이지만 전체는 부분의 합보다 크다. 전체 포트폴리오의 실적이 기대에서 벗어나면 철저하게 조사하라. 그러나 포트폴리오의 실적이 좋다면 몇몇 종목이 하락하는 것은 중요하지 않다. 일부 대박 종목이 그 손실을 메워주고도 남기 때문이다. 자존심을 세우려 하지 말고 전체 실적에 집중하라.

행동재무학적 오류를 더 알고 싶은가? 관련 책은 많다. 행동재무학의 대부 대니얼 카너먼이 수십 년에 걸친 연구를 집대성한 걸작 《생각에 관한 생각Thinking Fast and Slow》을 추천한다. 분량은 많지만 학술 서적은 아니다. 투자심리를 이해하려면 반드시 읽어야 할 책이다. 짧고 재미있는 책을 원한다면, 베넷 굿스피드Bennett Goodspeed의 《다우존스 산업평균The Tao Jones Averages》을 권한다. 캐서린 슐츠Kathryn Schulz의

《오류Being Wrong》는 행동재무학 서적은 아니지만 우리 두뇌가 실수를 유발하는 과정을 폭넓게 배울 수 있다. 유행을 타지 않는 양서다.

그러나 아직 서점으로 달려갈 때가 아니다. 10장이 남아 있다. 이제 마지막 장으로 넘어가보자.

KENFISHER

BEAT
THE
CROWD

부정적이고
근시안적인 대중매체

투자는 도전거리가 넘치는 분야다. 대박을 터뜨리려는 탐욕과도 싸워야 하고 달아나고 싶어지는 공포감도 극복해야 한다. 온종일 끊임없이 소음을 쏟아내는 대중매체로부터 우리 두뇌와 영혼을 지켜내는 일도 중요하다.

그러나 인간의 두뇌 구조는 이런 도전거리에 적합하지 않다. 석기시대 선조의 두뇌 구조와 똑같기 때문이다. 우리 두뇌는 낯선 사람들이 쏟아내는 수많은 주장을 걸러내도록 진화하지 않았다. 우리 선조는 그럴 필요가 없었기 때문이다. 우리 선조는 모든 공동체 사람과 알고 지냈고, 누가 믿을 만한 사람인지도 알고 있었다. 우리 조부나 증조부 시대까지만 해도 그렇게 살았다. 요즘은 한곳에 계속 머물러 사는 사람이 거의 없다. 학교, 직장, 배우자 또는 방랑 벽 때문에 이주한다. 그리고 대부분 두 번 이상 이주한다. 베이비붐 세대가 은퇴하면서 이주하는 사람들이 증가하고 있다. 그중에서도 밀레니얼 세대Millennial Generation(1980년대 초반부터 2000년대 초반 사이에 출생한 세대)의 이동이 가장 많다. 그러나 이 모든 현상이 인류 역사 기준으로는 최근에 일어난 일이다. 인류 문명이 시작되고 19세기까지는 사람들의 생활이 단순했다. 한 공동체에서 태어나 살다가 죽었고 이주가 드물었다. 일단 평판이 내려지면 모두에게 알려졌고 바뀌는 법도 없었다.

대중매체도 20세기 대부분 기간에는 이와 같았다. 내 아버지가 활동하던 시대에 나는 청소년이었는데 당시 방송국은 셋, 신문은 전국지가 하나, 지방지가 둘이었다. 대부분 대도시에는 조간신문과 석간신문이 있었고, 지방지도 곁들여 읽는 사람이 많았다. 금융계에서 신뢰받는 잡지는 4종이었는데, 〈포브스Forbes〉, 〈포천Fortune〉, 〈비즈니스위크BusinessWeek〉, 〈배런스Barron's〉였다. 이런 잡지들은 기사를 엄격하게 선별해서 실었다.

그러나 1980년대에 들어와 케이블 TV가 줄지어 등장하고 CNN이 24시간 뉴스를 방송하면서 판도가 바뀌기 시작했다. 방송국들이 시청률 경쟁을 벌이는 과정에서, 뉴스는 매력적인 앵커들이 선정적인 이야기를 지껄여대는 오락거리로 전락했다. 에드워드 머로우Edward Murrow나 월터 크롱카이트Walter Cronkite처럼 객관적인 보도로 신뢰받던 언론인들은 밀려나고 주장과 편견과 겉치레가 뉴스를 채웠다. 이어서 인터넷이 등장해 언론계를 뒤집어놓고 인쇄매체를 짓밟았다. 웹사이트들이 공짜 정보로 독자들을 유인하고 헐값에 광고주들을 훔쳐가자 전통적인 인쇄매체들은 베테랑 기자와 편집자들을 해고할 수밖에 없었다. 역사를 지켜본 노련한 고참들은 값싼 젊은 작가들로 대체되었다. 그 결과 보도의 정확성이 떨어지고 관점도 협소해졌다. 오랜 지식 기반이 사라진 것이다. 이제는 주요 금융지에 올라오는 기사도 대부분 풋내기 기자들이 쓴 글이다. 사건을 다루는 틀을 보면 알 수 있다. 이들은 경험이 부족한 탓에 모든 사건을 유례없는 거대한 사건처럼 기술한다. 오래전에 오류로 밝혀진 사실을 모르는 탓에 학교에서 배운 낡은 경제학 이론을 늘어놓는 기자도 많다.

게다가 블로그도 등장했다. 경험도 필요 없고 편집 기준 따위도 없다. 12세짜리도 블로그를 만들어 부실한 정보를 인터넷에 홍수처럼 쏟아낼 수 있다. 사람들은 가명 뒤에 숨어 책임감 없이 글을 쏟아낸다. 사실을 확인하거나, 출처를 점검하거나, 주장을 검증하는 사람은 거의 없다. 이렇게 새로운 세계가 열렸으나 안전한 세계는 아니다.

그러나 한 가지는 바뀌지 않았다. 나쁜 뉴스가 잘 팔린다는 사실이다. 1890년대에 미국의 신문 경영자 윌리엄 랜돌프 허스트William Randolph Hearst와 조셉 퓰리처Joseph Pulitzer는 이 사실을 이용해 선정적인 과장보도 경쟁을 벌였다. 독자들의 반응이 좋았으므로 선정적인 대중매체가 득세했다. 더 선정적일수록 더 성공했다. 1989년 〈뉴욕New York〉이라는 잡지에 실린 글 '웃음, 피, 그리고 비디오테이프—지역 TV 뉴스의 문제점'에서 에릭 풀리Eric Pooley 기자는 이렇게 말했다. "선정적인 이야기가 방송에 나가므로 사려 깊은 보도는 매장된다. 유혈 낭자한 보도가 잘 먹히기 때문이다."[1] 딱 맞는 표현이다.

경제신문 1면에 실제로 유혈 낭자한 장면이 실릴 일은 없지만 그 내용은 피바다를 연상시킨다. 참담한 실적과 주가 폭락이 1면 최상단을 차지한다. 근시안적 손실 회피를 이용하는 것이다. 사람들이 이익에서 느끼는 기쁨보다 손실에서 느끼는 고통이 더 크다는 사실을 기자와 편집자들도 알고 있으므로, 이들은 손실이 주는 충격가치를 십분 활용한다. 긍정적인 소식만 담긴 신문이나 뉴스는 아무도 보지 않는다. 사람들은 위험을 파악해서 대비하고 싶어 한다. 그래서 낙관론이 아닌 공포를 담아야 신문이 팔린다. 대중매체는 친절한 마음으로 객관적인 정보를 제공하는 자선단체가 아니다. 사람들의 원시적이고 본능적인 공포를 이용해 이익을 추구하는 영리조직이다.

10장에서는 끊임없이 소음을 쏟아내는 대중매체에 맞서는 방법을 다루려고 한다.

- 대중매체가 쏟아내는 부정적 보도를 이용하는 법
- 선정적인 대중매체가 시장의 장기 흐름에 미치는 영향
- 우리 미래가 전문가들의 어두운 전망보다 훨씬 밝은 이유

뉴스를 이용하는 법

대중매체는 공포를 팔아야 돈벌이가 되므로 이들의 보도가 현실을

정확하게 반영할 것으로 기대해서는 절대 안 된다. 설사 대중매체가 낙관론을 팔더라도 그 시점은 대개 강세장 끝물이다. 이번에도 도취감에 휩싸인 군중을 이용하는 것이다.

그러나 대중매체는 우리에게 커다란 선물을 주기도 한다. 시장심리를 파악하게 해주는 것이다. 1장에서 논의했듯이, 현대 대중매체는 대중의 집단사고를 조장하므로 대중매체를 보면 사람들의 생각, 공포, 심리 변화를 쉽게 파악할 수 있다. 대중매체가 장황하게 쏟아내는 이야기는 십중팔구 가격에 반영되어 있다. 우리는 이런 현상을 이용할 수 있다.

그중 한 사례로 양적 완화를 다시 살펴보자. 대중매체는 주가를 떠받치는 유일한 요소가 연준의 채권 매입이라고 계속 경고했다. 2012~2014년에 비관론자들은 그동안 양적 완화에 의해 통화가 창출되어 장기금리가 하락했지만, 양적 완화가 중단되면 자금이 빠져나가면서 주가가 폭락할 것이라고 주장했다. 아울러 그동안 풀린 자금 때문에 인플레이션이 치솟을 것이라고 말했다. 사람들은 두려움에 휩싸였다. 그러나 이는 이미 가격에 반영되었다는 강력한 신호였다.

게다가 대중매체는 수많은 반대 증거들을 무시했다. 예를 들면 양적 완화가 시작되고 4년 동안 주식형 펀드 순유입 자금은 대부분 마이너스였다. 그동안 자금이 유입되지 않았다는 개략적인 신호다. 연준이 공급한 '신규 자금' 대부분은 초과 준비금 형태로 연준에 예치되어 있었다. 실제로 통화가 창출되려면 은행 시스템에서 대출이 증가해야 하지만 대출 증가율은 지난 여섯 번의 경기순환주기 중 가장 낮았다. 연준이 양적 완화를 실행했는데도 은행들이 대출을 늘리지 않았다는 뜻이다. 이렇게 통화량 증가율이 최저 수준으로 내려가자 "도대체 통화가 무엇인가?"라는 질문까지 제기되었다. 정보는 모두 공개되어 있었다. 방 안에 코끼리가 있었다는 말이다. 그러나 사람들은 무시했다. 대중매체의 보도가 한 방향으로 치우쳤기 때문이다.

대중매체가 조장하는 공포감을 역이용할 수 있었다면, 2013년과 2014년에 성과를 거둘 수 있었다. 2013년 5월 22일, 당시 연준 의장이었던 벤 버냉키가 양적 완화를 단계적으로 축소한다고 발표하자 장기금리가 치솟았다. 양적 완화가 마침내 종료된다는 사실이 가격에 반영된 것이다. 금리는 연말까지 계속 상승했지만 주가는 폭락하지 않았다. 오히려 상승했다. 12월부터 연준이 월간 채권 매수 규모를 줄이기 시작했는데도 주가는 폭락하지 않았다. S&P500이 32.4퍼센트 상승하면서 2013년이 저물었다.[2] 연준은 2014년 회의 시점마다 양적 완화 규모를 100억 달러씩 축소해 10월에 프로그램을 완전히 종료했다. 주가는 상승했다. 그 흔한 10퍼센트 조정조차 없었다(채권시장도 금리를 떨어뜨리면서 사람들을 모욕했다). 이 글을 쓰는 현재 비관론자들은, 연준이 대차대조표를 축소하기 시작할 때 심판의 날이 올 것이라고 주장한다. 그러나 시장은 바보가 아니므로 이미 다 반영해놓았다.

우리는 이런 현상을 되풀이해서 봤다. 대중매체가 최악의 시나리오를 더 많이 떠들어댈수록 그 시나리오는 더 많이 주가에 반영되었다. 이 책에서 다룬 양적 완화, 오바마케어, 유로존 위기, 중국의 경착륙 등이 그런 사례다. 대중매체는 비관론을 쏟아내면서 시장을 짓눌렀지만 시장은 아랑곳하지 않고 상승했다.

일각에서는 대중매체가 부정적 심리를 확산시켜 주가를 떨어뜨리는 일종의 자기실현적 예언을 한다고 생각한다. 그러나 대중매체는 사람들의 기대수준을 낮춤으로써 근심의 벽을 높일 뿐이다. 기대수준이 장기간 낮은 수준에 머물면 시장은 깜짝 실적을 내놓으면서 상승하기 쉬워진다.

확신하기는 어렵지만, 나는 대중매체가 선정적인 보도를 쏟아내면서 집단사고를 조장한 까닭에 지난 수십 년 동안 시장주기가 더 길어진 것으로 추측한다. 1990년대의 강세장이 역사상 가장 길었다. 뒤이어 나타난 약세장도 역사상 가장 길었다. 2000년대의 강세장 역시 십중팔구 장기간 이어질 수 있었는데, 5년 차에 등장한 시가평가 회계규정 탓에 갑자기 끝나버렸다. 약세장도 17개월 동안 길게 이어졌다. 이 글을 쓰는 시점 기준으로, 현재 강세장은 거의 6년을 채우고 있으며 심리 면에서는 절반을 막 넘겼다. 예상 밖의 대형 악재가 나타나지 않는다면 이번 강세장도 10년을 채울지 모른다. 어쩌면 더 길어질 수도 있다. 모욕의 달인인 시장은 늘 사람들의 예상을 벗어나기 때문이다.

대중매체가 몰려다니는 탓에 시장주기가 길어졌다. 아무도 튀는 것을 좋아하지 않으므로 강세장이 시작되었어도 사람들은 깊은 비관론에서 벗어나기가 어렵다. 그래서 템플턴 경이 말한 심리주기, 즉 비관-회의-낙관-도취감 주기가 길어졌다. 그러나 시장주기는 표본이 너무 적어서 통계적으로 입증할 수 없다.

좋은 정보를 찾기 어려운 이유

대중매체만 부정적인 이야기에 열광하는 것이 아니다. 구글 역시 부정적인 이야기에 열광한다. 구글 검색에서도 부정적인 이야기가 상위를 차지한다. 내 말을 믿기 어려운가? 당신도 검색해보기를 바란다. 2014년 12월 2일, 나는 구글 뉴스에서 'Apple'을 검색했다. 검색 결과는 다음과 같았다.

"피고석에 앉은 애플: 10억 달러짜리 독점금지법 소송에서 공모자로 몰린 스티브 잡스"(Karen Gullo, Bloomberg, 2014.12.2.)

"애플 아이팟에 대한 독점금지법 소송에 등장한 스티브 잡스의 이메일"(Dan Levine, Reuters, 2014.12.2.)

"애플 소송의 핵심 증인은 여전히 스티브 잡스"(Brian X. Chen, The New York Times, 2014.11.30.)

"집단소송 원고들은 애플이 아이팟 소유자들을 호도했다고 주장"(Nick Statt, CNET, 2014.12.2.)

"애플 임원들에게 질문하고자 하는 GT 어드밴스트 채권자들"

(Joseph Checkler, The Wall Street Journal, 2014.12.2.)

"애플 주식이 과대평가된 매우 단순한 이유" (Susie Poppick, Time, 2014.12.2.)

"어제 애플이 6% 하락한 6가지 이유" (Peter Cohen, Forbes, 2014.12.2.)

"애플 매도를 추천하는 또 다른 애플 분석가" (Jennifer Booston, MarketWatch, 2014.12.2.)

1페이지에 나온 검색 기사 18개 중 애플에 명백하게 긍정적인 기사는 2개뿐이었다. 어느 분야에서 검색해도 결과는 비슷했다. 기업, 국가, 국민, 경제, 시장 등에 대해서도 부정적 이야기가 홍수처럼 쏟아진다('희귀종 아시아 개구리의 생활주기'처럼 아무도 관심을 보이지 않는 주제가 아니라면 말이다). 대중의 관심을 끄는 주제 영역에서는 객관적, 사실적, 심층적, 긍정적 분석이 상위에 오르는 경우가 드물다. 유용해 보이는 학구적 분석이라면 십중팔구 상위에 오르지 못한다. 검색엔진 알고리즘도 개발자와 마찬가지로 근시안적이기 때문이다.

구글 검색도 이런 실정이므로 대중매체는 더 부정적으로 갈 수밖에 없다. 구글 상위에 올라가지 못하면 망한다. 1페이지에 들어가지 못하면 독자들이 검색할 수 없기 때문이다. 그래서 대중매체는 구글 검색에 최적화하려고 선정적인 키워드를 동원해 나쁜 소식, 비판적인 기사, 어두운 전망을 쏟아낸다.

1페이지에 나오는 부정적인 이야기들을 통해 우리는 어떤 심리가 가격에 반영되었는지 파악할 수 있다. 그러나 방 안의 코끼리(사람들에게 무시당하는 유용한 정보)는 찾을 수 없다. 코끼리는 항상 숨어 있기 때문이다. 아마도 4~5페이지를 넘겨가며 검색을 하거나 현실세계에서 찾아야 할 것이다. 귀찮긴 하지만 그래도 찾아내면 유용하다. 구글도 부정적 이야기로 공포감을 조성하고, 이런 공포감은 가격에 모두 반영된다는 사실에 우리는 역발상을 적용할 수 있다.

대중매체가 항상 놓치는 것

대중매체가 늘어놓는 비관론은 3장과 4장에서도 반박했지만, 하나 남겨둔 비관론이 있다. 이제 기술이 한계에 도달했으므로 1~2세대 뒤에는 자원이 바닥난다는 경고다.

이런 비관론의 창시자는 앨 고어, 아니(실수했다) 토머스 맬서스 Thomas Malthus다. 18세기 철학자 맬서스는 인구 증가율이 식량 증가율보다 높으므로 사망률을 높이고 출생률을 낮추지 않으면 인류가 생존할 수 없다고 믿었다. 무서운 이야기다. 여기서 지루하게 그의 이론을 자세히 다루지는 않겠다. 다만, 그동안 인구가 수십억 증가했지만 식량생산은 훨씬 더 증가한 덕분에 인류 대부분이 풍족하게 살아간다는 사실만 밝혀두고자 한다. 식량을 충분히 섭취하는 인구의 비중은, 내가 어렸던 시절보다 지금이 훨씬 높다. 현재 기아에 시달리는 지역은 몇 곳에 불과하다. 아프리카 지역 대부분은 끊임없이 말썽부리는 정치가 발전을 가로막는 듯하다. 그러나 내가 어린 시절 굶주리던 대부분의 지역은, 인구가 훨씬 증가했는데도 이제는 굶주리지 않는다. 아이러니하게도 한때 애덤 스미스의 사도라고 자처했던 맬서스는 기술, 자본주의, 창의성 등 핵심 요소를 간과했다. 아직도 굶주리는 지역이 있지만 이는 식량이 부족해서가 아니라 부패와 무역 장벽이 시장을 억누르기 때문이다. 북한 등의 기아는 사람들이 잘못한 탓이다.

맬서스가 죽고 거의 200년이 지났는데도 그의 철학은 멀쩡히 살아남아 대중매체의 과장보도에 이용되고 있다. 자원이 고갈된다는 살벌한 경고만큼 사람들의 이목을 사로잡는 보도가 어디 있겠는가? 사람들은 살벌한 경고가 아무리 많이 쏟아져도 질릴 줄 모른다. 1973년 영화 〈소일렌트 그린Soylent Green〉(천연 식품이 사라진 2022년의 지구를 그린 영화)은 대박을 터뜨렸고, 레이첼 카슨Rachel Carson의 《침묵의 봄Silent Spring》(살충제의 폐해를 다룬 책)은 1960년대 베스트셀러가 되었다. 이런 이야기는 한없이 먹힌다.

자원이 고갈된다는 과장보도는 지금까지 계속 빗나갔고 앞으로도 틀림없이 빗나갈 것이다. 그래도 대중매체는 이런 사실을 밝히지 않을 것이다. 지나친 낙관주의처럼 보이는가? 자본주의와 인류의 창의성을 믿어야 장기적으로 무한한 인류의 잠재력을 내다볼 수 있다. 그러나 신문은 믿음이 아니라 냉소를 담아야 팔린다.

기술과 자본주의와 창의성이 인류의 미래 문제들을 어떻게 해결할 것인지는 아무도 알 수 없다. 우리가 미래를 내다보는 능력이 형편없이 부족하기 때문이다. 1989년에 나온 영화 〈백 투 더 퓨처 2Back to the Future Ⅱ〉에서 상상한 2015년의 모습을 보자. 자동차와 스케이트보드가 날아다니는 모습은 보이지만 레이저프린터, 인터넷, 아이폰, 유전자 염기서열분석, 전기자동차의 테슬라 등은 보이지 않는다. 그러나 우리는 미래를 정확하게 예측할 필요가 없다. 단지 조금 믿기만 하면 된다.

역사가 이를 뒷받침한다. 1894년의 말똥 위기Great Horse Manure Crisis가 그런 사례다. 당시 산업국가들은 도시화가 진행되면서 문제가 발생했다. 도시로 몰려드는 인구가 증가할수록 사람과 재화를 수송하려면 더 많은 말이 필요했다. 뉴욕, 런던 등 대도시에는 마차를 끄는 말이 수만 마리나 있었다. 이런 말들이 매일 배설하는 똥이 수백 톤에 달했는데, 매일 치우지 않으면 파리가 들끓고 전염병이 퍼질 상황이었다.

인구가 증가하면서 도시가 말똥에 파묻힌다는 공포감이 확산됐다. 1894년 런던의 〈타임스Times〉 기자는 50년 안에 런던 전역에 말똥이 약 3미터나 쌓일 것으로 예측했다. 세계 곳곳에서 도시 계획 전문가들이 몰려와서 비상대책회의를 열었다(요즘 사람들의 기후변화에 대한 공포감과 비슷했다). 그러나 아무도 해결책을 제시하지 못했다. 파멸을 피할 길이 보이지 않았다. 그러나 이때 자동차가 등장했다.

기술이 문제를 해결한 것이다. 자동차가 마차를 대신하면서 위기는 사라졌다.

피크오일Peak Oil(석유생산이 정점에 이르는 시점) 이론도 그런 사례다. 1956년 지구물리학자 킹 허버트M. King Hubbert는 가까운 장래에 세계 석유 생산량이 정점에 도달하고 난 뒤 계속 감소해 마침내 바닥이 날 것이라고 주장했다. 처음에 그는 정점 시점을 1970년으로 예측했다. 그러나 새로운 유정이 발견되고 신기술이 나오면서 석유 생산량이 감소하지 않자, 정점 시점을 계속 뒤로 미뤘다. 그런데도 이 이론은 계속 재활용되면서 인기를 유지했다.

이후 셰일가스(셰일오일 포함) 개발이 호황을 맞이했다. 지구물리학자들은 셰일가스의 존재를 오래전부터 파악하고 있었다. 그러나 사람들이 기술을 과소평가한 탓에, 셰일가스를 추출할 방법이 없다고 생각했다. 하지만 유가가 상승하자 막대한 자본이 투입되어 셰일가스 추출 기술이 개발되었다. 1990년대 말 지구물리학자들은 옛날 기술인 수압파쇄법과 수평시추법을 결합해 셰일층에서 천연가스와 석유를 추출하는 기술을 개발했다(이 과정에서 막대한 데이터 분석이 필요했는데, 무어의 법칙도 큰 도움이 되었다).

2000년대 중반에는 고유가를 배경으로 기업들이 셰일가스 추출 기술에 투자하면서 텍사스, 노스다코타, 펜실베이니아 등에서 대대적으로 셰일가스 프로젝트를 진행했다. 이제 미국의 석유 생산량은 1980년대 초 수준을 넘어 치솟았고, 피크오일 이론은 1894년의 말똥 위기론처럼 냉소의 대상이 되었다.

기술에는 한계가 없다. 기술은 우리가 상상하지도 못하는 방식으로 발전하면서 자원의 효율성을 높이고 환경을 보호하며 식량을 제공한다. 자본주의와 자유시장은 과거에 말똥과 석유고갈 문제를 해결했듯이 앞으로도 온갖 문제를 해결할 것이다. 시장은 1980년대와 1990년대 미국의 석유생산에 영향을 미쳤으나 그 과정을 이해하는 사람은 거의 없다. 당시 석유 생산이 감소하자 석유고갈론이 힘을 얻었다. 그러나 저유가가 석유고갈론의 주범이라는 사실을 깨달은 사람은 드물었다. 도표 10.1을 보자. 1980년대 초에 폭락했던 유가는 거의 15년 동안 10~30달러 수준에 머물렀다. 수익성이 나빠진

도표 10.1 원유 가격과 미국의 원유 생산량

자료: 팩트세트, 2015.1.6. 미국 원유 생산량과 서부텍사스산 벤치마크 원유 가격, 1982.12.31.~2014.12.31.

탓에 미국 유정에 대한 투자가 중단되었다. 석유 생산에는 고정비가 많이 들어가므로 석유 매출 규모는 항상 가격에 민감했다. 따라서 신규 유정에 투자하는 것보다 수입하는 편이 장기간 더 경제적이었다. 그러나 일단 유가가 상승해 신규 유정 투자가 타당성을 회복하자 기업들이 투자해서 생산량을 대폭 늘렸다. 이윤 동기를 무시하면 안 된다. 장기적으로 기술이 미치는 영향도 절대 과소평가하면 안 된다.

우리는 기술을 믿나이다

스티브 포브스가 2007년 침체에 대응해서 펴낸 2009년의 저서 《자본주의는 어떻게 우리를 구할 것인가》에서 마법 같은 자본주의가 기술 발전을 이끌어 농경시대로부터 산업시대를 열었으며, 이후에도 인류가 생존하고 번영하게 해준다고 말했다. 기술은 매일 우리가 상상하지도 못하는 놀라운 방식으로 결합하면서 새로운 기술을 탄생시킨다. 기술 발전에는 한계가 없으며 우리의 생활은 상상도 못하는 방식으로 개선될 것이다.

현재 근시안적인 대중매체는 기술과 혁신이 한계에 도달했다고 떠들어대지만 그 말을 믿어서는 안 된다. 1930년대 말 미국에서 케인스 경제학을 선도하던 앨빈 한센Alvin Hansen은 '구조적 장기침체secular stagnation'라는 용어를 만들어냈지만, 이제는 구조적 장기침체가 사라졌다. 기술 발전은 갈수록 더 빨라지고 놀라워진다. 인터넷 기술만 그런 것이 아니다. 4장에서 설명한 기술의 발전 추세를 다시 떠올려보자. 무어의 법칙에 의하면, 반도체 집적회로의 성능은 1.5년마다 약 두 배로 증가한다. 쿠미의 법칙에 의하면, 컴퓨터의 에너지 효율성은 1.5년마다 두 배씩 향상된다. 크라이더의 법칙에 의하면, 데이터 저장 용량은 13개월마다 두 배로 증가한다. 섀넌-하틀리 정리에 의하면, 통신속도 향상에는 한계가 없다. 사람들은 끊임없이 이런 기술을 결합해 우리의 생활 방식을 바꾸는 놀라운 제품을 만들어낸다.

순수기술만 발전 가능성이 무한한 것은 아니다. 택배 용도로 개발 중인 무인항공기(드론) 기술을 생각해보라. 의료기술도 생각해보라. DNA 염기서열결정도 무어의 법칙과 같은 속도로 발전하고 있다. 이 기술이 다른 기술과 결합하면 각 개인에 맞춰 치료하는, 이른바 맞춤의료가 가능해질 것이다. 수십 년 뒤에는 현재의 의료기술이 원시적으로 보일 것이다. 의료는 내 전문 분야가 아니므로 자세한 논의는 하지 않겠다. 의료에 관해서 상상의 나래를 펴고 싶은 사람은 레이 커즈와일Ray Kurzweil의 《특이점이 온다The Singularity Is Near》를 읽어보기 바란다. 인간이 기계를 이용해 영생을 얻게 된다는 식의 극단적인 주장도 있지만, 이런 환상을 걷어내면 기술의 무한한 잠재력을 잘 보여주는 훌륭한 책이다. 인류의 미래는 우리가 상상하는 것보다 훨씬 밝다.

이제 투자자에게 가장 중요한 핵심을 전달하겠다. 주식을 통해서 우리는 이 모든 것을 소유할 수 있다. 기업은 신기술을 개발하고 적용하며 결합해 성장하면서 이익을 창출한다. 기술은 끝없이 발전하므로 이익도 끝없이 증가한다. 기업은 기술을 개발하는 동시에 기술을 더 창의적으로 소비한다. 우리는 주식을 통해서만 과거, 현재, 미래 기술의 결합과 발전을 향유할 수 있다. 그래서 주식은 지금까지 다른 유동자산보다 투자자에게 높은 수익을 안겨줬다. 주가는 하락할 때보다 상승할 때가 훨씬 많다. 구조적 장기침체를 논하면서 주식을 팔라고 주장하는 대중매체를 우리는 무시해야 한다. 그런 주장은 현재는 물론 먼 장래와도 전혀 무관하기 때문이다. 자유시장이 존재하는 한 기술과 창의성이 모든 문제를 해결해줄 것이다. 다행스럽게도 우리는 놀라운 능력으로 자유시장을 잘 지키고 있다. 가장 중요한 핵심은 주식에 투자해야 장래에 부를 축적할 수 있다는 사실이다.

마지막으로 요점을 정리하기에는 나의 아버지가 1958년의 저서 《위대한 기업에 투자하라》에 남긴 결론을 인용하는 것이 최선인 듯하다.

— 인류의 생활수준은 지난 5,000년 동안 향상된 것보다도, 1900년대 후반 50년 동안 더 많이 향상될 것이다. 최근에는 투자에 따르는 위험이 컸지만 투자에 대한 보상은 더 컸다. 앞으로 50년 동안 투자에 따르는 위험과 보상은 과거 수백 년보다 더 클 것이다.

아버지가 1958년에 쓴 이 글은 현재에도 그대로 적용된다. 당시에는 무어의 법칙도 없었다. 그러나 아버지는 기술, 창의성, 자유시장의 놀라운 능력을 믿었고, 이들이 무한한 기회를 제공한다는 사실도 알고 있었다.

암울한 전망이 쏟아질 때는 위의 인용문을 기억하라. 장기적으로 세계 경제가 엉망이 된다고 대중매체가 떠들어대면 위의 인용문을 기억하라. 전문가들이 이번엔 달라서 위기를 절대 극복하지 못한다고 주장하면 위의 인용문을 기억하라. 시장은 아름답고, 변덕스러우며, 혼란스럽고, 미래지향적이다. 다양한 기술이 결합해 시장에서 창출되는 부를 군중과 대중매체는 절대 파악할 수 없다. 세상은 가끔 침체하기도 하지만 무한한 잠재력을 지니고 있으므로 머지않아 활기를 되찾고 더욱 발전한다. 요기 베라가 늘 말했듯이 "모두 전에 봤던 장면이다."

켄 피셔는 내가 무척 좋아하는 저자다. 지금까지 내가 번역한 켄 피셔의 책이 이 책을 포함해서 4권이다. 나머지 3권은《슈퍼 스톡스》(2009),《시장을 뒤흔든 100명의 거인들》(2009),《주식시장의 17가지 미신》(2013)이다.

필립 피셔의 아들 켄 피셔는 자타가 공인하는 실력자다. 2015년 운용 자산이 680억 달러에 이르는 미국 최대 자산운용사를 경영하고 있으며, 2014년 재산이 27억 달러에 이르는 억만장자다.

게다가 글솜씨도 탁월하고 개성이 넘친다. 짐 로저스, 버튼 맬킬, 나심 니콜라스 탈레브처럼 가끔 독설을 섞어가면서 거침없이 자신의 주장을 펼친다. 투자철학은 데이비드 드레먼과 쌍벽을 이루는 역발상 투자방식이다.

나는 지금까지 피셔의 책을 번역하면서 한 번도 실망한 적이 없다. 새로운 지식도 풍부하게 전해주지만, 무엇보다도 나의 그릇된 통념을 가차없이 깨뜨리면서, 새로운 사고방식을 가르쳐주기 때문이다. 피셔는 나의 편견을 바로잡아줬다. 아마도 독자 대부분이 이 책을 읽으면서 자신의 사고방식에 대해 강력한 도전을 받게 될 것이다. 피셔의 주장이 매우 선명하고 직설적인 탓에, 일부 독자는 불쾌감을 느낄지도 모른다. 그러나 자신을 돌아보기에는 더없이 소중한 기회가 되리라 생각한다. 이 책을 통해 모두가 독자적인 사고방식을 터득하기를 바라는 마음이다.

주

2장

1. "Investor Sentiment and Stock Returns," Kenneth L. Fisher and Meir Statman, Financial Analysts Journal, March/April 2000.
2. "What Goes Up...," Ken Fisher, Forbes, June 15, 1987.
3. "Double Damned," Ken Fisher, Forbes, October 5, 1987.
4. FactSet, as of 8/19/2014. S&P500 Total Return Index, 12/31/2010 ~10/3/2011.
5. "A Big (Bull) Surprise for 2014," Ken Fisher, Forbes, January 20, 2014.
6. "All or Nothing in 2014," Ken Fisher, Forbes, February 10, 2014.
7. FactSet, as of 1/2/2015. S&P500 Total Return Index, 12/31/2013~12/31/2014.

3장

1. FactSet, as of 11/31/2014. S&P500 Price Index, 8/31/2001~9/30/2011.

2. FactSet, as of 11/30/2014. S&P500 Price Index, 12/31/1999~12/31/2002.

3. "US Industrial Production Rises in March," Sarah Portlock, The Wall Street Journal, 4/16/2014. http://online.wsj.com/news/articles/SB 10001424052702303626804579505150315991462 (accessed 5/14/ 2014).

4. "US Retail Sales Rise Slightly, Far Below Expectations," Staff writers, Reuters, 5/13/2014. www.nytimes.com/2014/05/14/business/us-retail-sales-rise-slightly-far-below-expectations.html (accessed 5/14/2014).

5. "US Consumer Spending Surges, Boosts Growth Outlook," Staff writers, Reuters, 5/5/2014. www.hawaiireporter.com/us-consumer-spending-surges-boosts-growth-outlook/123 (accessed 5/14/2014).

6. "Trade Data Indicate Economy Contracted," Ben Leubsdorf, The Wall Street Journal, 5/6/2014. http://online.wsj.com/news/articles/SB 10001424052702304101504579545522484566420 (accessed 5/14/2014).

7. "Comprehensive Benchmark Revisions for The Conference Board Leading Economic Index for the United States," Gad Levanon, Atamam Ozyildirim, Brian Schaitkin and Justyna Zabinska, The Conference Board, Economics Program Working Paper #11–06, December 2011. www.conference-board.org/pdf_free/workingpapers/ EPWP1106.pdf (accessed 12/9/2014).

8. World Bank, as of 7/17/2014, Nominal GDP of Ukraine, Iraq and the world, 2013.

9. World Bank, as of 7/17/2014, Nominal GDP of Syria and the world, 2013.

10. World Bank, as of 7/17/2014, Nominal GDP of Egypt and the world,

2013.

11. FactSet, as of 7/17/2014. S&P500 Price Index, 6/12/1950~7/17/1950.

12. FactSet, as of 7/17/2014. S&P500 Price Index, 6/23/1950~7/27/1953.

13. FactSet, as of 7/17/2014. S&P500 Price Index, 10/23/1962~11/5/ 1962.

14. FactSet, as of 7/17/2014. S&P500 Price Index, 12/8/1994~ 12/20/1995.

15. FactSet, as of 1/21/2015. S&P500 Price Index, 4/30/1938~5/31/1938.

4장
—

1. Bureau of Labor Statistics, as of 6/21/2014. Employment/population ratio for college graduates and total civilian labor force, January 2004–May 2014.

2. Bureau of Labor Statistics, as of 6/21/2014. Growth in nonfarm payrolls for college graduates and total civilian labor force, January 2004–May 2014.

3. Bureau of Labor Statistics, as of 6/21/2014. Unemployment rates for college graduates and total civilian labor force, December 2007–June 2010.

4. Bureau of Labor Statistics, as of 6/21/2014. Median weekly earnings for college graduates and total civilian labor force, Q1 2004–Q2 2014.

5. "The 2014 Long–Term Budget Outlook," Congressional Budget Office, July 2014.

6. Eurostat, as of 10/3/2014. Greek government debt as a percentage of GDP, 2009 and 2013.

7. Eurostat, as of 10/3/2014. Irish government debt as a percentage of GDP, 2009 and 2013.

8. Eurostat, as of 10/3/2014. Portuguese, Spanish and Italian government debt as a percentage of GDP, 2009 and 2013.

9. "Income Inequality in the United States, 1913-1998," Thomas Piketty and Emmanuel Saez, The Quarterly Journal of Economics, Vol. 118, No. 1 (February 2003): 1-39.

10. "Explaining Income Inequality by Household Demographics," mark J. Perry, AEIdeas, 12/6/2013. http://www.aei.org/publication/explaining-inocme-inequality-by-household-demographics/ (accessed 2/24/2015).

11. "Is the United States Still a Land of Opportunity? Recent Trends in Intergenerational Mobility," Raj Chetty, Nathaniel Hendren, patrick Kline, Emmanuel Saez and Nicholas Turner, NBER Working Paper Series, Working Paper 19844, January 2014.

12. Currency Composition of Official Foreign Exchange Reserves, Internaional Monetary Fund (IMF). www.imf.org/External/np/sta/cofer/eng/index.htm (accessed 10/31/2013).

5장

---

1. "Profit Without Prosperity," William Lazonick, Harvard Business Review, September 2014. http://hbr.org/2014/09/profits-without-prosperity (accessed 2/24/2015).

2. US Bureau of Economic Analysis, as of 2/10/215. US real non-residential fixed investment, 3/31/2011~12/31/2014.

3. Business Cycles, Wesley Clair Mitchell (Berkeley: University of

California Press, 1913), vii. http://archive.org/stream/cu3192400
3462680#page/n185/mode/1up (accessed 10/14/2014).

4. Business Cycles, Wesley Clair Mitchell (Berkeley: University of California Press, 1913), 162. http://archive.org/stream/cu319240034 62680#page/n185/mode/1up (accessed 10/14/2014).

5. "The Cyclical Behavior of the Term Structure of Interest Rates," Reuben A. Kessel. First published as Chapters 1 and 4 of NBER Occasional Paper 91, 1965. Citation comes from Essays on Interest Rates, Vol. 2, Jack M. Guttentag, ed. (UMI, 1971), 384. www.nber.org/chapters/ c4003.pdf (accessed 10/14/2014)

6. "Recession? – A Market View," Larry Butler, Federal Reserve Bank of San Francisco Economic Letter, December 15, 1978. http://www. fedinprint.org/items/fedfel/y1978idec13.html (accessed 2/24/2015)

7. "New Indexes of Coincident and Leading Economic Indicators," James H. Stock and Mark W. Watson, NBER Macroeconomics Annual 1989, Vol. 4, Olivier Jean Blanchard and Stanley Fischer, eds. (Cambridge, MA: MIT Press, 1989). www.nber.org/chapters/c10968. pdf (accessed 10/14/2014).

8. FactSet, as of 10/14/2014. US 10–Year Treasury Yield (Constant Maturity) and S&P500 Total Return Index, 5/22/2013~12/31/2013.

9 "On Milton Friedman's Ninetieth Birthday," remarks by Governor Ben S. Bernanke at the Conference to Honor Milton Friedman, University of Chicago, Chicago, Illinois, November 8, 2002. Speech published by the United States Federal Reserve. www.federalreserve.gov/boarddocs/ Speeches/2002/20021108/default.htm (accessed 10/14/2014).

10. FactSet, as of 10/15/2014. US 10–Year Treasury Yield (Constant Maturity) and Effective Fed–Funds Rate, 12/31/2012~12/31/2013.

11. FactSet, as of 1/14/2015. S&P500 Price Index, 11/21/1963~11/22/

1963.

12. FactSet, as of 1/14/2015. S&P500 Price Index, 11/25/1963~11/26/1963.

13. FactSet, as of 1/14/2015. Dow Jones Industrial Average, 12/31/1900~12/31/1901.

14. 위의 책.

15. 위의 책.

16. FactSet, as of 1/14/2015. Dow Jones Industrial Average, 6/27/1914−12/31/1914.

17. FactSet, as of 1/14/2015. S&P500 Price Index, 5/9/1940~4/28/1942.

18. That Which Is Seen and That Which Is Not Seen, Frederic Bastiat, 1850. Reproduced by Maestro Reprints.

6장
—

1. "Fearless Dominance and the US Presidency: Implications of Psychopathic Personality Traits for Successful and Unsuccessful Political Leadership," Scott O. Lilienfeld, Irwin D. Walderman, Kristin Landfield, Ashley L. Watts, Steven Ruebnzer and Thomas R. Faschingbauer, Journal of Personality and Social Psychology, Vol. 103, No. 3 (September 2012): 489−505. http://psycnet.apa.org/Journals/psp/103/3/489/ (accessed 10/21/2014).

2. "Nation Tunes In to See Which Sociopath More Likable This Time," The Onion, 12/16/2012. http://www.theonion.com/articles/nation-tunes-in-to-see-which-sociopath-more-likabl,29946/ (accessed 2/24/2015).

3. US Census Bureau, as of 7/6/2014.

4. "Resume of Congressional Activity – First Session of the One Hundred Thirteenth Congress," Congressional Record – Daily Digest, US House Clerk's Office, February 27, 2014.

5. Gallup, as of 10/21/2014. Congressional Job Approval Ratings, 1974–2014. www.gallup.com/poll/1600/congress-public.aspx (accessed 10/21/2014).

6. FactSet, as of 9/30/2014. S&P500 Total Return Index, 12/31/2012~12/31/2013.

7. "The Role of Monetary Policy," Milton Friedman, The American Economic Review, Vol. 58, No. 1 (March 1968). https://www.aeaweb.org/aer/top20/58.1.1-17.pdf (accessed 10/21/2014).

8. "Phillips Curves, Expectations of Inflation and Optimal Unemployment Over Time," Edmund S. Phelps, Economica, New Series, Vol. 34, No. 5 (August 1967): 254–281. www.columbia.edu/~esp2/PhilipsCurvesExpectationsofInflationandOptimalUnemployentOverTime.pdf (accessed 10/21/2014).

9. FactSet, as of 10/22/2014. S&P500 Total Return Index, 4/16/2002~7/25/2002.

10. US Census Bureau, as of 12/31/2008.

11. Department of Health and Human Services and Centers for Disease Control, as of 3/31/2014. Gallup–Healthways Well–Being Index, as of 6/30/2014.

12. United States Census Bureau, as of 1/15/2015. Total United States Population, 2013.

13. Testimony of William M. Isaac, Former Chairman, Federal Deposit Insurance Association, before the Subcommittee on Capital Markets, Insurance, and Government Sponsored Enterprises, US House of Representatives Committee on Financial Services, March 12, 2009.

www.williamisaac.com/published—works/testimony—before—the—
us—house—of—representatives/ (accessed 2/24/2015).

14. "Proprietary Trading: Regulators Will Need More Comprehensive
    Information to Fully Monitor Compliance With New Restrictions
    When Implemented," United States Government Accountability
    Office Report to Congressional Committees, July 2011.
    www.gao.gov/assets/330/321006pdf (accessed 10/22/2014).

15. 워싱턴뮤추얼의 감독공시자료에 의하면, 2008년 6월 30일에 은행이 보
    유한 예금이 약 1,819억 달러였다. 저축기관감독청은 9월 고객들이 인출
    한 금액을 167억 달러로 추정했다. Sources: Washington Mutual, Inc.,
    Forum 10—Q for the quarter ending June 30, 2008. United States
    Securities and Exchange Commission, www.sec.gov/Archives
    /edgar/data/933136/000104746908009146/a2187197z10—q.htm
    (accessed 10/23/2014). "WaMu Is Seized, Sold Off to J.P. Morgan, in
    Largest Failure in U.S. Banking History," Robin Seidel, David Einrich
    and Dan Fitzpatrick, The Wall Street Journal, 9/26/2008.
    http://online.wsj.com/articles/SB122238415586576687 (accessed
    10/23/2014).

16. "Report on the Troubled Asset Relief Program — April 2014,"
    Congressional Budget Office, April 17, 2014. www.cbo.gov/
    publication/45260 (accessed 10/23/2014).

17. "JP Morgan's Dimon Hits Back at Government Over Bear Stearns
    Suit," Sarah N. Lynch and Kim Doxon, Reuters, 10/10/2012.
    http://www.reuters.com/article/2012/10/11/us—jpmorgan—dimon—
    bearstearns—idUSBRE8991CE20121011 (accessed 2/24/2015).

7장
—

1. "Portfolio Selection," Harry Markowitz, The Journal of Finance, Vol. 7, No. 1 (March 1952): 77–91.

2. "Cognitive Biases in Market Forecasts," Kenneth L. Fisher and Meir Staman, The Journal of Portfolio Management, Fall 2000.

3. "Price–Earnings Ratios as Forecasters of Returns: The Stock Market Outlook in 1996," Robert J. Shiller, Yale University. www.econ.yale.edu/~shiller/data/peratio.html (accessed 10/29/2014).

4. Security Analysis, Benjamin Graham and David Dodd (New York: McGrawHill, 1st ed., 1934), 452.

5. "Valuation Ratios and the Long–Run Stock Market Outlook," John Y. Campbell and Robert J. Shiller, The Journal of Portfolio Management, Winter 1998: 11–26. www4.fe.uc.pt/jasa/m_i_2010_2011/valuationratiosandthelongrunstockmarketoutlook.pdf (accessed 10/29/2014).

6. "The Mystery of Lofty Stock Market Elevations," Robert J. Shiller, The New York Times, 8/16/2014.

7. "Parallels to 1937," Robert J. Shiller, Project Syndicate, 9/11/2014.

8. FactSet, as of 10/30/2014. S&P500 Total Return Index, 12/31/1998~12/31/2008.

9. "Valuation Ratios and the Long–Run Stock Market Outlook," John Y. Campbell and Robert J. Shiller, The Journal of Portfolio Management, Winter 1998: 11–26.

10. Morningstar, FactSet and Global Financial Data, Inc., as of 6/2/2014.

11. "The Cross–Section of Expected Stock Returns," Eugene F. Fama and Kenneth R. French, The Journal of Finance, Vol. 47, No. 2 (June

켄 피셔 역발상 주식 투자

1992): 427-465. www.bengrahaminvesting.ca/Research/Papers/ French/The_Cross-Section_of_Expected_Stock-Returns.pdf (accessed 10/30/2014).

12. The Beach Boys and the California Myth, David Leaf (New York: Grosset & Dunlap, 1978).

13. "Japanese Monetary Policy: A Case of Self-Induced Paralysis," Ben S. Bernanke, Princeton University, December 1999. https://www.princeton.edu/~pkrugman/bernanke_paralysis.pdf (accessed 11/3/2014).

14. "You Know It's a Tough Market When Bernanke Can't Refinance," Elizabeth Campbell and Lorraine Woellert, Bloomberg, 10/3/2014. http://www.bloomberg.com/news/articles/2014-10-02/you-know-it-s-a-tough-market-when-ben-bernanke-can-t-refinance (accessed 2/24/2015).

8장

1. 로버트 해그스트럼Robert G. Hagstrom, 《다시 워런 버핏처럼 투자하라 The Warren Buffet Way》, (New York: John Wiley & Sons, 1994), mass market ed., 1997, 27.

2. 필립 피셔Phillip A. Fisher, 《위대한 기업에 투자하라Common Stocks and Uncommon Profits》, (New York: Harper & Brothers, 1958), rev. ed., 2003.

3. 필립 피셔Phillip A. Fisher, 《위대한 기업에 투자하라Common Stocks and Uncommon Profits》, (New York: Harper & Brothers, 1958), rev. ed., 2003.

4. "Jesse Livermore Ends Life in Hotel," The New York Times,

November 29, 1940.

5. Roger W. Babson, Business Barometers Used in the Accumulation of Money, 6th ed., (Boston: Babson's Statistical Organization, 1913), 23.

6. "Jay Gould," The New York Times, December 3, 1892.

7. "Seventy Years Rest Lightly on Mrs. Hetty Green," The New York Times, November 5, 1905.

8. "Even a Genius Can Get Suckered," Thomas Levenson, CNN Politics.com, July 29, 2009. www.cnn.com/2009/POLITICS/07/29/levenson.finance.regulation/ (accessed 11/12/2014).

9. Reverend Joseph Spence, Observations, Anecdotes, and Characters of Books and Men, (London: Walter Scott, 1820), 71.

10. Kenneth L. Fisher, "Gifts of the Gurus," Forbes, June 3, 1985.

11. William M. Isaac with Philip C. Meyer, Senseless Panic, (Hoboken, NJ: John Wiley & Sons, 2010), xv.

9장

1. "Prospect Theory: An Analysis of Decision Under Risk(전망이론: 위험한 상황에서 내리는 결정 분석)," Daniel Kahneman and Amos Tversky, Economatrica, Vol. 47, No. 2 (March 1979): 263-292.

2. "Is Behavioral Finance a Growth Industry?" Knowledge@Wharton, Wharton/University of Pennsylvania, October 10, 2001. http://knowledge.wharton.upenn.edu/article/is-behavioral-finance-a-growth-industry/ (accessed 11/18/2014).

3. "Behavioral Finance: Are the Disciples Profiting From the Doctrine?" Colby Wright, Prithviraj Banerjee and Vaneesha Boney, Journal of

Investing, Vol. 17, No. 4 (Winter 2008): 82–90.

4. FactSet, as of 12/15/2014. MSCI World Metals & Mining minus MSCI World, returns with net dividends, 9/30/2000~12/31/2010.

5. FactSet, as of 11/15/2014. S&P500 Total Return Index, 1/1/1928~12/31/2013.

6. Standard & Poor's Research Insight, top 30 stocks by market capitalization of the S&P500 Index.

10장

1. "Grins, Gore, and Videotape-The Trouble With Local TV News," Eric Pooley, ⟨New York⟩, October 9, 1989, 37–44.

2. FactSet, as of 9/30/2014. S&P500 Total Return Index, 12/31/2012~ 12/31/2013.

옮긴이 이건

투자 분야 전문 번역가, 한경대 지식재산연구원 교수. 연세대 경영학과를 졸업하고 같은 대학원에서 경영학 석사학위를 받았으며, 캘리포니아대 샌디에이고캠퍼스에서 유학했다. 장기신용은행에서 주식펀드매니저, 국제채권딜러 등을 담당했고, 삼성증권과 마이다스에 셋자산운용에서 일했다. 영국 IBJ 인터내셔널에서 국제채권딜러 직무훈련을 받았고, 영국에서 국제증권 딜러 자격을 취득했다. 지은 책으로《대한민국 1%가 되는 투자의 기술》이 있고, 옮긴 책으로《증권분석》3판, 6판,《투자철학》《월가의 영웅》《워런 버핏의 주주 서한》《현명한 투자자 핵심 요약판》등이 있다.

블로그 http://keonlee.com / 이메일 keonlee@empas.com

켄 피셔 역발상 주식 투자

제1판 1쇄 발행 | 2017년 6월 30일
제1판 19쇄 발행 | 2024년 11월 29일

지은이 | 켄 피셔 · 엘리자베스 델린저
옮긴이 | 이건
펴낸이 | 김수언
펴낸곳 | 한국경제신문 한경BP

주소 | 서울특별시 중구 청파로 463
기획출판팀 | 02-3604-556, 584
영업마케팅팀 | 02-3604-595, 562   FAX | 02-3604-599
H | http://bp.hankyung.com   E | bp@hankyung.com
F | www.facebook.com/hankyungbp
등록 | 제 2-315(1967. 5. 15)

ISBN 978-89-475-4227-2   03320